Wir sind das,
was wir „Gott" nennen

Gespräche mit dem Sein

Konrad Pinegger

Wir sind das,
was wir „Gott" nennen

Gespräche mit dem Sein

Bibliografische Information der Deutschen Nationalbibliothek: Die Deutsche Nationalbibliothek verzeichnet diese Publikation in der Deutschen Nationalbibliografie; detaillierte bibliografische Daten sind im Internet über http://dnb.dnb.de abrufbar.

2. Auflage © 2019 Konrad Pinegger

Illustration: Marah Strohmeyer-Haider

Herstellung und Verlag:
BoD – Books on Demand, Norderstedt

ISBN-Nr. 9783749420223

Inhaltsverzeichnis

Dieses Buch wäre nicht ohne die Wunder-volle Hilfe Jener entstanden, welche sich in selbstloser Weise für die vorliegende Fassung engagiert haben.

Auf diesem Weg mein Dank an: Margot Pinegger, Bernd Strohmeyer, Alfons Huber, Gundel Eichler und nicht zuletzt an Marah Strohmeyer Haider für das Wunder-volle Covergemälde

Gebrauchsanweisung zum Lesen des Buches oder: „Ganz schön dick aufgetragen"

Sie halten ein Handbuch für die Rückkehr zur Glückseligkeit in der Hand, und das Erste was dabei bereits auffällt: Der Titel ist ziemlich dick aufgetragen. Nun – es ist das, was es ist, ein Handbuch, eine Art Gebrauchsanweisung. Am Ende des Buches werden Sie feststellen, dass nachdem einige Punkte behandelt wurden, an Stelle von Anweisungen eine Einladung steht, eine bestimmte Blickrichtung einzunehmen. Wenn Sie (die) den (De-)Mut haben und Ihr Augenmerk entsprechend ausrichten, werden Sie in einen Prozess treten, in dem Sie verwandelt werden, ganz „von selbst". Und Sie werden die Erfahrung machen, dass Ihr Leben gewinnt und Sie mehr und mehr zu Ihrer Glückseligkeit zurückfinden.

Wow, werden Sie sagen, das ist ja ganz schön viel versprochen. Werden dieses Buch, diese Gebrauchsanweisung halten können, was sie versprechen? Nach der Lektüre, werden Sie es wissen, dann werden Sie der Einladung am Ende des Buches folgen oder nicht. Sie werden die Glückseligkeit zu sich ins Herz, ins Bewusstsein laden oder nicht. Es liegt an Ihnen. Die Glückseligkeit ist nämlich das, woher wir ursprünglich kommen, sie ist unsere Urheimat, sie ist das, was wir wirklich sind. Zumindest steht das so in diesem Handbuch, diesem Buch, welches – wahrscheinlich um sich bewusst geheimnisvoll zu machen und damit die Neugier der Leser zu wecken, so werden Sie denken – den Untertitel „Gespräche mit dem Sein" trägt. Ist das nicht noch dicker aufgetragen und auch noch ziemlich abgehoben? Das, was sich hinter diesem ominösen Untertitel verbirgt, ist allerdings das wirklich Geheimnisvolle an diesem Buch.

Es ist nun leider oder Gott sei Dank eines der Bücher, von dem der Autor sagen kann, ich habe es aufgeschrieben, aber ich habe es nicht erdacht. Wenn ich jetzt und hier diesen Satz schreibe, weiß ich, dass das stimmt und gleichzeitig falsch ist. „Oh je" werden Sie sagen, „es ist was Esoterisches und es ist gechannelt". Viele Bücher, die heutzutage in einem bestimmten Genre unterschiedlicher Qualität erscheinen, sagen von sich, sie seien nur vom Autor niedergeschrieben, kämen aber ganz woanders her. Aber woher kommen sie? Wer hat sie dann „erdacht"?

Ist dieses Buch ein diktiertes Buch? Mit Entschiedenheit nicht, denn die Botschaft kam nicht von irgendeinem Ort „außerhalb" von mir und, zugegebener Maßen auch „ja", es ist diktiert, wie es wohl alle Bücher mehr oder weniger sind, denn woher kommen sie? Sie kommen alle aus dem Geist. Aber, so erfahren wir auch in diesem Buch, nicht aus einem individuellen Geist – denn die Trennung im Geist ist eine rein künstliche – sondern aus dem universellen Geist. Mein Buch kommt also daher, von wo auch alle anderen Bücher, die „gechannelten" und zum Beispiel auch Ludwig Thomas Werke herkommen, aus dem universellen Geist, aus dem reinen Geist, der vielleicht durch einen (scheinbar) individuellen Filter läuft.

Der Geist lebt in uns, in jedem von uns und wie uns das Buch auch sagen wird, ist er dort in bestimmten Gedanken dichter und in manchen geistigen Landschaften in uns weniger dicht.

Der Text kam dadurch zustande, dass ich unbewusst nachfragte, als ich mich in einem verzweifelten Angstzustand befand und innerlich, unbewusst um Hilfe und auch um Klarheit bat, die innere Verworrenheit, die mit der Angst zu tun hatte, zu verstehen. Diese Hilfe wurde mir unerwartet geschenkt, in dem mir die Gnade zuteilwurde, Zugang zu einer wenig verdichteten Geistigkeit in mir zu bekommen. Daraus entstand der Basistext des Buches, „Angst und Glückseligkeit". Der Basistext war die mich verwandelnde Antwort auf meine unbewusste Bitte. Dies hatte zur Folge, dass sich die Angst löste. Obgleich der Basistext schon alles enthält und alles Wesentliche in einer poetischen, bilderreichen Sprache ausdrückt, warf er jenseits dessen, dass er mir Antworten gab, auch weitere Fragen auf. Solche Fragen wie: „Und wie mach' ich das jetzt konkret?" So bat ich um weitere Klärung, und daraus entstand der Rest des Buches, den ich dann Kommentar zum Basistext nannte.

Das wirklich absolut Heikle an diesem Buch ist, dass hier offensichtlich „Gott" auftritt und zu uns spricht, ähnlich wie in den hervorragenden Büchern Neale Donald Walschs. Das ist es, womit viele Leser wohl ganz enorme und für mich auch nachvollziehbare Schwierigkeiten haben werden. Viele werden dies entweder als ein Plagiat Walschs empfinden, andere vielleicht als geschmacklos oder größenwahnsinnig oder am wahrscheinlichsten, alles zusammen.

Fakt ist, dass dieser Text entstanden ist. Der Inhalt spricht für sich und er wird viele Herzen „erleuch-ten" (erleichtern) und vielen Menschen im Alltagsleben helfen können. Vielleicht kann er sogar ein Quäntchen mehr Liebe in die Welt bringen. Und als drittes: Dieser „Gott", der hier auftritt und spricht, ist in jedem Menschen, er ist auch in Ihnen, jetzt in diesem Moment. Jedem Menschen ist es gegeben, diesen Zugang zu dem „Gott" in sich, also – um schon einmal in der Sprache dieses Textes zu sprechen – zu dem Teil reinen unverdichteten Geistes in sich zu erschließen. Wenn Sie diese Punkte annehmen können, ist es gar nicht mehr so unwahrscheinlich, dass „Gott" spricht. Es ist nur ein Bereich im Inneren des Geistes, der weniger verstrickt und verdichtet ist als die anderen Teile. Der Teil eben, in dem das, was wir „Gott" nennen, in uns wohnt. Zu diesem Bereich kann jeder Zu-gang bekommen.

Dieser Text ist deshalb außer der Tatsache, dass er etwas Besonderes ist, etwas ganz Gewöhnliches. Wem das aber immer noch zuviel ist, den lade ich ein, das Buch als Dichtung zu lesen, wobei der Autor eine dramaturgische Gottesfigur einführt und ihr Worte in den Mund legt, wie Nietzsche seinem „Zarathustra" oder Gibran seinem „Prophet". Das macht nicht den geringsten Unterschied, denn wer weiß schon, ob es nicht in Wirklichkeit ganz gleichgültig ist, ob es nun diktiert oder erfunden ist. Das Wesentliche ist der Text und die Überprüfung, ob dieser etwas in Ihnen anspricht und in Bewegung bringt. Sie werden es spüren.

Der Begriff „Gott" ist ein von Menschen erdachter, um etwas Unfassbares fassen zu können. Deshalb wird Gott in diesem Text in Anführungszeichen gesetzt. Andere Begriffe für dieses Unfassbare wie der reine Geist, das reine Bewusstsein, das Unverdichtete, das Paradies, die Glückseligkeit, das Universelle, das Wesentliche (und andere, welche alle synonym verwendet werden), sind inhaltlich auf keine bestimmte Geistesrichtung, Philosophie oder Religion gerichtet und wurden ohne Anführungszeichen „durchgegeben".

Der Text (ausgenommen meiner menschlichen Unzulänglichkeiten, z.B. meiner sprachlichen „Fähigkeiten" durch die der Text fließen musste, um aufs Papier zu kommen) entstammt der Quelle des Universellen und steht daher jenseits aller religiösen Richtungen, obgleich Textstellen auftauchen, die an Worte aus der Bibel erinnern oder andere, bei denen Bezug genommen wird auf äußerst inspirierte Geister aus verschiedenen „Religionen" oder spirituellen Richtungen, weshalb auch Begriffe aus religiösen und spirituellen Bereichen verwendet werden. Jene Textstellen die an Worte aus der Bibel erinnern, kamen mit der Durchsage und unterscheiden sich u.U. von den gängigen Übersetzungen, daher werden sie von mir nicht als Zitate behandelt.

Die Aufteilung in Kapitel fügte ich nachträglich ein, um dem Text mehr Struktur zu geben und Textstellen leichter auffindbar zu machen.

Dies bietet eine weitere Möglichkeit, wie das Buch zu nützen wäre – nachdem man es mindestens einmal ganz gelesen hat – einfach irgendeine Seite aufzuschlagen und zu sehen, ob einem das kleine Unterkapitel auf dieser „zufällig" erwischten Seite etwas zu seiner Situation zu sagen hat. Man könnte es auf diese Weise zu Lebensfragen auch divinatorisch benützen, wie z.B. „I Ging", Engels- oder Tarotkarten oä.

Der Text beinhaltet ein paar formelle Besonderheiten, um bestimmte Dinge zum Ausdruck zu bringen. Zum einen wurden zusammengesetzte Worte manchmal mit einem Bindestrich verbunden, um eine verborgene Bedeutung eines Wortes deutlicher zu machen. Des Weiteren gehören alle Worte, die mit einer gepunkteten Linie unterstrichen sind einem verdichteten und somit illusionären Bereich an. Sie sind nicht in der absoluten Wirklichkeit als wirklich zu sehen, nur als Begriffe einer relativen Wirklichkeit, welche unsere mehr oder weniger unreflektierten Denkmuster deutlich machen. Manchmal sind es auch Begriffe die wir in der Regel nur vordergründig verwenden ohne den absoluten Inhalt erfassen zu können, zum Beispiel das Wort Gott. Wörtliche Rede, Eigennamen oder sonst herauszuhebende Begriffe stehen in Anführungszeichen.

Im Text spricht Sie der Sprecher (wen Sie auch immer als diesen sehen wollen) kollektiv oder individuell mit Ihr oder Du an, was unter anderem auch den äußerst persönlichen Charakter des Gesprächs zum Ausdruck bringt, denn schließlich spricht ja hier ein Aspekt des Seins – nämlich ein Entdichteter – zu einem etwas verdichteteren Aspekt des selben universellen Seins. Diese persönlichen Anreden sollten großgeschrieben werden, während das „ich", mit dem der Sprecher von sich spricht, klein bleibt. Das Rätsel, warum das so ist, löst sich am Ende des Textes. Manchmal fühlte ich mich mit dem Du selbst angesprochen, doch diese Stellen werden, so denke ich, im Text erkenntlich und gelten übrigens für jeden andern auch.

Nun wünsche ich Ihnen eine wundervolle Verwandlung beim Heimkehren in die Glückseligkeit und gehen Sie – um mit Rilke zu sprechen – dann fortan in dieser Verwandlung ein und aus.

Konrad Pinegger
Wonneberg im März 2007
Bzw. zur überarbeiteten Neufassung
Siegsdorf 2019

Stiller Freund der vielen Fernen, fühle,

wie dein Atem noch den Raum vermehrt.

Im Gebälk der finstern Glockenstühle

laß dich läuten. Das, was an dir zehrt,

wird ein Starkes über dieser Nahrung.

Geh in der Verwandlung aus und ein.

Was ist deine leidendste Erfahrung?

Ist dir trinken bitter, werde Wein.

Sei in dieser Nacht aus Übermaß

Zauberkraft am Kreuzweg deiner Sinne,

ihrer seltsamen Begegnung Sinn.

Und wenn dich das Irdische vergaß,

zu der stillen Erde sag: Ich rinne,

Zu dem raschen Wasser sprich: Ich bin

(Rilke, Die Sonette an Orpheus, XXIX)[1]

Der Name, der sich nennen lässt,

ist nicht der ewige Name.

„Nichtsein" nenne ich den Anfang von Himmel und Erde.

„Sein" nenne ich die Mutter der Einzelwesen.

(Laotse, Tao te king, aus dem 1. Spruch)[2]

Basistext

Rückkehr zur Glückseligkeit

Die wahre Heimat des Menschen ist die Glückseligkeit.
Damit die Glückseligkeit erfahrbar, erlebbar werden kann, muss es auch
einen Zustand geben, der nicht Glückseligkeit ist. Erst wenn wir das
Gegenteil der Glückseligkeit kennen, können wir diese als solche erkennen.
Diesen Zustand nennen wir hier die Angst (welche viele Formen annimmt:
Gewalt, Depression, Krankheit und jede Form von Negativität, welche zu
Leiden führt). Ihr haltet Euch aber oft unnötigerweise und/oder zu lange in
der Angst auf, weil die Glückseligkeit Angst macht, die Kontrolle zu verlieren.

Kontrolle ist Ego, Vertrauen ist „Gott".

Die Entstehung der materiellen Welt ist Verdichtung, der Geist Gottes aber
ist entdichtet und lebt doch in der Dichte genauso.

Entdichtung sowie Verdichtung gehen auch im psychischen Bereich
vonstatten:
Wir erleben ein Ereignis (vielleicht hat die heimische Fußballmannschaft
gewonnen, oder jemand hat seine Arbeit verloren.). Durch die Bewertung
des jeweiligen Ereignisses, welche wiederum auf Konditionierung beruht,
entstehen Gefühle von Freude oder Leid.

Angst – welche sich auch als Gewalt, Aggression, Depression oder Leiden
zeigt, die geschaffen wurden, damit die Glückseligkeit erfahrbar und
erlebbar wird – wird jetzt benutzt, um sich eine scheinbar sicherere und
berechenbare Welt daraus zu bauen. Diese Berechenbarkeit wird dann zum
eigenen Gefängnis. Daraus gehen weitere Angst und Not, jede Form von
Leiden, ja sogar Unfälle und Naturkatastrophen hervor.

Ihr trennt Euch von der Glückseligkeit aufgrund von Bewertungen. Ihr lasst
Euch schnell einfangen, aus der Glückseligkeit heraus und aus der
Verbindung mit mir zu gehen. So seid Ihr dann auf Euch gestellt und dem
Schicksal ausgeliefert, das heißt, Ihr seid nun Euren inneren Programmen
ausgesetzt, welche sich dann ungehindert verwirklichen.

Die Angst–Seite gibt es nur, damit die Glückseligkeitsseite von Euch erlebt werden kann. Die Angst–Seite ist wie das Bild, das ihr Euch von der sogenannten Hölle macht. Eine Hölle auf Erden wie Ihr das nennt, denn eine andere Hölle gibt es nicht. Ihr habt die Tendenz, dort über das nötige Maß hinaus zu verweilen. Ihr verliert dabei den „Draht" zur Glückseligkeit und vergesst, dass es diese andere Seite überhaupt gibt, dass sie als Euer hauptsächlicher Aufenthaltsort bestimmt ist. Diese wunderbare Welt ist die „Vererdung" meines Gedankens der Glückseligkeit. Die Erde ist der „Himmel".

Du fragst Dich gerade innerlich, ob denn dann etwas schiefgelaufen sei mit dem Menschsein.

Nein, dies ist einfach ein Prozess. Leiden ist immer auch eine Motivation zur Freiheit, zur Glückseligkeit. Leiden kann Anlass sein, den „Draht" zum Wesentlichen wieder aufzunehmen. Das heißt, den roten Faden seiner Menschengeschichte in diesem Leben wieder aufzugreifen, um zu sehen, dass er in ein Paradies führt. Und das eigentlich nur kurz verlassen werden sollte, um die Glückseligkeit wieder neu zu erleben und dann ins „vergessene" Paradies zurückzukehren.

(KP): "Warum nützen wir dann die Chance so wenig, das Leiden als Hinweis und Alarmsignal zu nutzen, um schnell wieder auf die Glückseligkeitsseite zu kommen?"

Dort hinzukommen hat seinen Preis. Die andere Seite, die verdichtete Seite der Glückseligkeit ist die Angst. Ihr leidet an Angst. So braucht ihr Linderung. Ihr braucht zur Linderung Sicherheit und Ihr macht diese Sicherheit in dieser Angstwelt, die Ihr erschafft; in der Hölle. Zum Beispiel führt die Freude am Materiellen (hier ist keine Verdammung des Materiellen gemeint, sondern nur ein Aufzeigen von Ursache und Wirkung) letztendlich zur Trennung von anderen (z.B. von denen, die sich etwas Bestimmtes nicht leisten können und schürt so Egoidentifikation, Isolation, Rivalität und Wettbewerb). Wenn ihr Euch von anderen trennt, trennt ihr Euch somit auch ein Stück damit von mir und damit wiederum von der wahren Freude. Es entsteht Abhängigkeit aufgrund von Bewertungen: „ich habe etwas Schönes gekauft und deshalb lasse ich der Freude ihren Lauf". Diese Freude ist also an eine Bedingung geknüpft durch das Brauchen des Objekts oder eines

Umstandes, um die Freude fließen lassen zu können. Dieses Brauchen führt schließlich zu Wettbewerb und Rivalität, zum Krieg (von kriegen) mit anderen. Es entsteht ein (illusorisches) Bild des Mangels: „Ich brauche für meine Freude etwas Bestimmtes, aber die Menge auf der Welt ist begrenzt, darum muss ich sehen, dass das Geld zu mir fließt und nicht zu anderen". Dieses Gefühl des Brauchens kommt ins Spiel, weil diese Freude uns scheinbare Sicherheit vermittelt und zur Angstreduzierung dient, und plötzlich entstand wirklich eine Abhängigkeit.

Ebenso soll die Angst durch Berechenbarkeit gebunden werden, durch den Willen, die Welt mit ihren sogenannten Unbilden und Risiken in den Griff zu bekommen, wie Ihr das so treffend zum Ausdruck bringt. Dadurch wird jedoch mehr Hölle geschaffen und dadurch wiederum ein mehr Darin– verbleiben–Wollen. Die scheinbare Sicherheit, welche damit einerseits erreicht wird, schafft andererseits ein Mehr an Angst, welche dem Leid mehr Raum verschafft und dadurch die Trennung von der „Seite" der Glückseligkeit verursacht. Die Angst–Seite – das kann nicht oft genug wiederholt werden – ist nur dazu da, damit Ihr die Glückseligkeitsseite wahrnehmen könnt.

Jedem, der sich wirklich dafür öffnet mit der Glückseligkeitsseite zu verschmelzen, wird geholfen.
Ich respektiere immer Eure Entscheidungen, das ist ein wesentlicher Bestandteil des Menschseins und seines Sinns. So trete ich nicht in Erscheinung, wenn Ihr Euch für den Ausbau der Hölle entscheidet, denn auch das führt Euch irgendwann zu mir zurück.
Es gibt nur mich. Ich bin auch die Hölle.
Dennoch gibt es nicht wirklich einen wesentlichen Grund, diese in mir auszubauen. Es würde letztlich nur ein Rest davon genügen, gerade genug, so dass das Erleben der Glückseligkeit immer wieder aufgefrischt werden kann, indem man nur kurz in die Angst–Seite abtaucht. Nur um wieder kennen zu lernen, wie wunder–voll die Glückseligkeit und das Leben an sich sind. Die Angstseite kann Euch helfen mehr Menschlichkeit zu entwickeln, welche immer die Brücke zur Glückseligkeitsseite darstellt. Die Angstseite fordert Euch ja immer heraus, Euch für noch mehr Angst zu entscheiden oder, wenn es einmal „zuviel" wird, doch für das „Loslassen" und für die Glückseligkeit. Vieles davon läuft ab wie ein innerer Film. Doch wenn Ihr

Gewahrsein für diese Prozesse entwickelt, könnt Ihr bewusst im entsprechenden Moment Euer Herz für die Rückkehr in die Glückseligkeit öffnen.

Werfen wir beispielsweise einen Blick auf die heutigen Paarbeziehungen. Die Paarbeziehungen wurden geschaffen als ein Medium der Glückseligkeit. Auch hier ist es so, dass viele nach einiger Zeit der wahren Glückseligkeit mit einem Partner die Wechselseitigkeit und die zwangsläufige Unberechenbarkeit des Anderen absichern möchten, weil sie sich von dem Tun und den Emotionen des Anderen abhängig wähnen. Jemand merkt z.B. dass, nachdem er sich gebunden hat, das Tun und Lassen des Anderen ihn nicht unberührt lässt. Er versucht daher, damit er nicht verletzt wird, den Anderen aus seiner Authentizität und Lebendigkeit zu bringen, um ihn nach seinen Vorstellungen zu erziehen oder zu formen. Damit ist es dann mit der Glückseligkeit in der Beziehung vorbei. Und es entsteht durch den Versuch der Absicherung des Lebendigen langsam die Hölle, die, wenn man es dann nicht mehr aushält, zu Trennung und zu Leid führt. Gerade der Versuch die Glückseligkeit zu sichern hatte sie gerade zum Verschwinden gebracht und schuf ein kleines Stück Hölle.

Ihr könnt Euch immer, wann immer Ihr es entscheidet, von der Angst–Seite abwenden. Das hat wie gesagt, einen Preis. Das Entrichten dieses „Preises" erzeugt das, was von mir als Wunder bezeichnet wurde, es ist die innere Verwandlung.

Nun, dieser Preis ist die Entscheidung des Abschieds von der Angstseite, verbunden mit dem Abschied von allem, was Ihr dort angelegt habt um Sicherheit zu erlangen, was Ihr dort angelegt habt, wie Kapital auf einer Bank. Jetzt heißt es aber, diese Schatzbriefe, Investmentfonds und Guthaben aufzugeben. Es ist wie ein Verreisen, wobei man die angehäuften Konten einfach zurücklässt, ohne sich weiter darum zu kümmern, weder jemals wieder einzahlt noch abhebt (was ohnedies nicht möglich war, denn diese Bank gibt nichts zurück was sie einmal hat). Du fährst fort, lässt die Konten, die unwichtig geworden sind, zurück und vergisst sie.
Diese Anlagen auf dieser metaphorischen Bank wurden jedoch wie Wurzeln in Eurer Seele, die Euch binden. Doch wenn die Anlagen losgelassen und die Wurzeln gekappt werden, weil sie nur als Hindernis und Gefängnis

wahrgenommen werden, vermodern sie und werden zum Kompost neuer Zeit.

Es geht also um die Aufgabe von Kontrolle.
Wo Ihr in der Kontrolle seid, kann ich Euch nicht befreien. Wo Ihr Knechtschaft wollt, muss ich sie Euch lassen, denn wir sind Eins und erschaffen gemeinsam, aber nie einer gegen den „Willen" des anderen.

Die Kontrolle abzugeben scheint Euch wie der Sprung aus dem sichereren Flugzeug ins Nichts. Doch das sichere Flugzeug war immer nur eine Illusion. Ihr wart bildlich gesprochen immer freischwebend im „Nichts", weil das die einzige Form des Lebens ist. Eine Form, die das sogenannte „Leben" und den sogenannten Tod mit einschließt.
Die Existenz ist gewissermaßen ein freies Schweben. Solange Ihr es nicht als irgendetwas, beispielsweise als Gefahr erkennt, ist es gelebte Unsterblichkeit und somit angstfrei und glückselig.
Wenn Ihr auf die Welt kommt, muss sich die Einheit aufteilen und (unterscheidendes) Bewusst–sein erscheint, d.h., um Glückseligkeit wahrnehmen zu können, muss es Angst geben. Damit wird das freie Schweben als Gefahr erlebt (mehr oder weniger in jedermanns Lebensgeschichte), und führt dann zum Angst–zustand, in dem Ihr dann zur Linderung der Angst Illusionen der Sicherheit benützt (wie die Illusion des sicheren Flugzeugs in unserer Metapher).

Je mehr Ihr Euch aber in der Scheinsicherheit wohlfühlt, heimisch niederlasst und aufgrund der Anlagen (auf der Angstseite) hier in der Hölle Wurzeln schlagt, um so mehr schwindet die Motivation, mit der Glückseligkeit wieder in Verbindung zu kommen. Nur entsprechend großes Leid kann dann noch eine Verbindung schaffen. Viele mögen sich nach der Glückseligkeit sehnen, wollen aber Ihre Anlagen nicht zurücklassen und die seelischen Wurzeln nicht kappen, die sie in Ihrer Hölle festhalten.

Wer die Hölle als Heimat genommen hat, dem scheint die Glückseligkeit als sehr bedrohlich.
Die Glückseligkeit wäre dann ein Ort, der uns auffordert, alles aufzugeben, was uns wert und heilig wurde (aber keine Liebe ist). Aus der Höllenheimat heraus – welche Ihr vielleicht gerade für den Moment soweit abgesichert habt, dass Leid und Katastrophen sich gerade woanders abspielen, die aber

doch nach wie vor der Ort der Angst ist – wird diese Angst auf den Zustand der Glückseligkeit projiziert. Der Ort der Glückseligkeit ist dann vor allem die Aufforderung, die Kontrolle aufzugeben, um sich dem Sein ganz oder zumindest mehr hinzugeben.

Viele Menschen leben nach folgendem Muster und sagen sich:
"Ich sitze in der Hölle, um mich herum ist die Angst, die ich mittels Illusionen abgepuffert habe und sage „mir geht's gut". Aber da draußen, in dem Zustand der Glückseligkeit, lauert die Gefahr des scheinbar völlig ungerichteten, chaotischen und desillusionierenden Seins."
So wird jedoch die Angst, die in Eurem jetzigen Zustand gegenwärtig ist, verdrängt und nach draußen, auf die Glückseligkeit projiziert, welche die eigentliche Heimat des Menschseins ist.

Das macht es vielen Menschen so schwer, sich der Glückseligkeit wieder zuzuwenden. Der innere Kontaktpunkt der Glückseligkeit ist nun in gegenteiliger Weise im Wesenszustand des Menschen mit der Angst verknüpft, während die Angst abgepuffert wurde und als solche nur noch als „Spitze des Eisbergs" wahrgenommen wird. Die innere „Polung" hat sich also umgedreht. So entscheidet Ihr Euch, in der (abgepufferten) Angst zu bleiben und noch mehr auf den Konten anzulegen und ich segne Euch dabei, denn ich segne Eure Entscheidungen.

Wenn Du fragst, wie es nun konkret zu bewerkstelligen ist, von der Angst in die Glückseligkeit überzugehen und fortwährend aus Angst und Glückseligkeit ein– und auszugehen wie es Euch beliebt, so:

Entscheide Dich dafür.

Lass die Sicherungen los und übergib Dich dem Leben und der langsam immer stärker aufkommenden Liebe hin, denn Lieben heißt, die Sicherung aufzugeben.

Wenn Du also entschieden bist, mache Dich einfach bereit. Sei da, öffne Dich, gib Dich mir hin und warte auf mich. Ich komme dann, um Dich zu verwandeln.

Ich komme, so oft Du das bestimmst und mich rufst, bis Du selbst willentlich aus jedem der beiden Zustände ein- und ausgehen kannst, wie Du es möchtest. Natürlich kannst Du dabei die Erfahrung machen, dass es nicht nötig ist, im Angst–Zustand, in der Hölle Wurzeln zu schlagen, die es einem dann schwerer machen, wieder loszukommen.

Auf mich zu warten heißt, willens zu sein, die geschaffenen Illusionen loszulassen und damit willens zu sein, Dich zu verschenken. Warte einfach nur - willens - das Mysterium möge eintreten. Wartend und offen – nicht erwartend – zulassen, was kommt.

Franz Kafka hat so schöne Worte für sein Erlebnis des Wunders der Verwandlung gefunden:
„Du brauchst dein Zimmer gar nicht zu verlassen. Bleib an deinem Tisch sitzen und lausche. Du brauchst nicht einmal zu lauschen. Warte einfach. Du brauchst nicht einmal zu warten, lerne einfach still zu sein, still und allein. Dann wird die Welt sich Dir aus freien Stücken zur Demaskierung anbieten. Sie hat keine andere Wahl. Ekstatisch wälzt sie sich zu Deinen Füßen."[3]
Sich mir auszusetzen ist alles, was zu tun ist. Die Möglichkeit, von mir liebend verwandelt zu werden, liegt nicht in einem Tun, sie liegt in der Offenheit des bewussten Wartens ohne Vorstellung und ohne Absicht. Loslassen, sich hingeben und nehmen.

Ich nehme Dich nur ein kleines Stückchen mit, dann lasse ich Dich gehen und Du kannst wandeln zwischen Glückseligkeit und Angst. Wenn Du in der Angst wieder festsitzt und mich rufst, nehme ich Dich wieder ein kleines Stückchen mit, bis Du selbst „laufen" lernst. So lautet die Botschaft auch für dieses Weihnachten, wie auch zu allen anderen Zeiten: „Fürchtet Euch nicht!".

Ob nun ein Menschenkind, ein Erlöser geboren wurde oder nicht, ist nicht von Bedeutung:
Die Erlösung wurde geboren und wird es ständig und sie lautet: „Fürchtet euch nicht!" – und fürchtet Ihr Euch doch, so ruft mich und wir erleben miteinander ein „Wunder" der Verwandlung, immer und immer, ewiglich. Daher bist Du aus mir geboren und wir haben uns nicht getrennt, es sei denn durch die Illusionen der sicheren Flugzeuge.

Ausführungen zum Basistext

Zur Einstimmung drei Lieblingstexte von mir, welche sich mir erst durch das Schreiben dieses Buches in ihrer ganzen Wucht und Schönheit eröffneten:

"Wenn wir uns von unserer primären Vollkommenheit,

unserer Vollständigkeit, unserer Einheit

mit der Welt und Gott abwenden,

erschaffen wir die Illusion,

etwas außerhalb unserer Selbst zu brauchen,

um vollständig zu sein.

Auf dieser Abhängigkeit von dem was außen ist,

beruht das menschliche Ego."

(Oscar Ichazo)[4]

„Wer das Leben gewinnen will, wird es verlieren; wer aber das Leben um meinetwillen verliert, wird es gewinnen."[5]

Das Maha Prajna Paramita Hrdaya Sutra (das Herzsutra).
Boddhisatva Avalokitesvara erkennt in der Übung der Prajna Paramitas, dass alle fünf Skandhas leer sind und überwindet so alles Leiden.

Shariputra, „Form ist nichts anderes als Leere, Leere nichts anderes als Form. Form ist wirklich Leere, Leere wirklich Form. Das Gleiche gilt für Empfindung, Wahrnehmung, Wollen und unterscheidendes Denken."

Shariputra, „Alle Dharmas sind ausgezeichnet durch Leere, sie entstehen nicht und vergehen nicht, sind weder rein noch unrein, nehmen weder zu noch ab. Daher gibt es in der Leere keine Form, keine Empfindung, Wahrnehmung, Wille oder unterscheidendes Denken, weder Auge, Ohr,

Nase, Zunge, oder Bewusstsein, weder Ton, Duft oder Geschmack weder ein Bereich der Sinne, noch ein Bereich der Vorstellung, weder Unwissenheit, noch ein Ende von Unwissenheit, weder Alter und Tod, noch ein Ende von Alter und Tod, weder Illusion, noch ein Ende von Illusion, weder ein Entstehen von Leiden, noch ein Ende von Leiden, kein Auslöschen, keinen Weg, keine Erkenntnis und kein Erlangen, weil es nichts zu erlangen gibt…"

(Ein grundlegender Text des Mahayana Buddhismus)[6]

Theophanie: Ein Abriss der Themen und Perspektiven

Wie „funktioniert" Verwandlung

Konrad Pinegger: *„Könntest Du etwas mehr sagen über die innere Haltung des Wartens und Sich–mitnehmen–Lassens von Dir? Manchmal hat es bei mir mehr funktioniert manchmal weniger, womit hängt das zusammen?"*

Das sind zwei Fragen und sie haben miteinander zu tun. Wenn es mehr funktionierte, liegt das natürlich an der anderen Qualität der inneren Haltung, als wenn es weniger funktioniert.

Und gleichzeitig handelt es sich natürlich nicht um Funktionen. Das macht es für Euch scheinbar so schwierig „Wahrheit/Wirklichkeit" aufzunehmen. Die innere Haltung die mehr funktioniert, ist die der Bereitschaft nicht anzuhaften, alle Dinge loszulassen, also die Bereitschaft, gegebenenfalls auch ohne all dem zu leben, was Ihr an–geschafft habt und was unwesentlich ist. Ihr könnt mit all den Dingen spielen und Euch daran freuen, doch wenn Ihr beginnt, Euch daran zu fixieren und damit zu identifizieren, verstellt Ihr Euch den Zugang.

Die Bereitschaft, die hier gemeint ist geht sogar darüber hinaus: Dahin, auch an Beziehungen nicht zu haften. Denn was gehalten wird, wird dadurch auch getötet. Was man halten will, wird man verlieren. Selbst wenn trotz des Festhaltens die äußere Form von etwas erhalten bliebe, würde das Wesentliche, das, was einen eigentlich erfreute, verschwinden.

Es geht bei dieser inneren Haltung des Wartens um das, was Du mitunter „leere Mitte" nennst – eine Bereitschaft, ohne Haltegriff zu leben. Haltegriffe, von denen Ihr denkt, dass sie Euch im Leben geholfen haben mögen, welche aber, weil Ihr sie nicht mehr losgelassen habt, zu Schlingen wurden. Diese hindern Euch jetzt, Euch wirklich fallen lassen zu können.

Handeln, das nicht aus der Quelle der Liebe gespeist ist, ist Überanstrengung.

Dieser Aspekt der Behinderung des Fallenlassens ist leichter zu verstehen und anzunehmen, als der folgende Aspekt:

Über das Gesagte hinaus gibt es auch ein Loslassen, das auch das betrifft, was Ihr für Liebe haltet, in Beziehungen zwischen Liebespartnern oder zwischen Eltern und Kinder. Was Ihr für Liebe haltet, ist immer noch eine Vorstufe dessen, was Liebe jenseits des zwangsläufig illusionären Weltlichen ist.

Die Liebe baut alle Dinge auf und die Liebe reißt sie wieder ein. Nur Liebe vermag überhaupt etwas. Liebe ist Vermögen im Sinne von Handlungskraft oder Potenz. Wenn Du also etwas anwenden willst in der Welt, in Deinem Leben, muss Liebe einfließen können als die reine ungetrübte Wirkkraft. Alles andere würde lediglich ein Verschieben von Umständen darstellen. Und das ist es, was ihr Menschen fast ausschließlich betreibt.
Wenn Ihr etwas erreichen wollt, wenn Ihr – wie Ihr es nennt – gestaltend in Eurer Leben eingreifen wollt, weil Ihr nicht Opfer sein wollt sondern Akteur; weil Ihr Euch befreien wollt, weil Ihr die Lebensgesetze nutzen wollt wie manche Ratgeber das beschreiben, dann verschiebt Ihr nur Dinge. Ihr verschiebt Dinge, wie Möbel in einem Zimmer verschoben werden.
Es mag dann vielleicht wirklich angenehmer geworden sein oder es mögen Vorteile entstanden sein, die vor dem Verschieben nicht da waren – möglicherweise sieht man jetzt von seinem Sitzplatz aus dem Fenster oder Ähnliches, oder Dinge können besser verstaut werden. Dennoch ist nichts Wesentliches passiert, es ist immer noch wie vorher. Qualitativ hat sich nichts geändert. Und so verschiebt Ihr den ganzen Tag über Dinge und das kostet Energie in rauen Mengen. Die meisten von Euch überanstrengen sich permanent damit, ohne wirklich irgendein Ziel zu erreichen. Nur vordergründige Ziele werden damit erreicht, die aber von vornherein dem Verfall anheim gegeben sind und gleichzeitig, wenn man es von einer wesentlicheren Warte heraus betrachtet, gar nicht wirklich stattfanden. Ein riesiger Aufwand für Nichts, ohne Produkt, ohne Ergebnis.

Der Antrieb hinter der Anstrengung des Verschiebens ist die Angst. Angst ist der Motor all das zu tun, ist Motivation all dieser Aktivität. Letztendlich wird all diese Kraft, die aufgrund Eurer Angst umgesetzt wird, in die Illusion der Sicherung investiert. Dort verpufft die Kraft, sie ist ausgegeben und in der vermeidlichen Sicherheit angelegt. Angelegt wie auf einer Bank, von der Euer Kapital, Eure eingesetzte Energie nicht mehr abrufbar sind.

Das ist der Grund, warum ich vormals sagte: „Die Bank, auf der Ihr aus Angst und zur scheinbaren Absicherung anlegt, gibt nichts mehr heraus". Was angelegt wurde, ebenso die Anstrengung die geleistet wurde, ist weg, nicht mehr nutzbar. Die Energie muss aus dem Wesentlichen oder Universellen wieder bezogen werden, sehr oft nur, damit sie zur Angstabsicherung wieder in Anstrengung fließen kann (usw.).

Das ist ein Wortspiel, merkt ihr: „Die Angst bleibt dann sicher, wenn Ihr sie absichert, obgleich Ihr das Gegenteil intendiert!"

Also, fast alle alltäglichen Anstrengungen, wie z.B. in der Arbeitswelt Märkte zu kontrollieren, Management, Buchungen, Pläne, Transaktionen, Erweiterungen – fast alles ist aus Angst gespeist. Auch das Meiste der Anstrengungen in helfenden Berufen oder anderen beruflichen oder privaten Bereichen.

Wenn die Arbeit aus der Quelle gespeist würde (welche Liebe „in meinem Sinn" ist, die oft nicht viel mit dem zu tun hat, was Ihr darunter versteht), wäre sie nicht anstrengend, nicht in dieser Weise anstrengend, wie es Eure Arbeit oft ist. Diese Anstrengung entsteht aus dem Vorwärtspeitschen, zu dem Euch Euer innerer Sklaventreiber – die Angst – antreibt. Die Angst ist nichts anderes als ein Merkmal der Trennung vom Urgrund, von mir und so auch von Euch, denn Ihr und ich sind eins.

Die Schöpferkraft tritt durch Bewusstsein in Erscheinung.

Ich bin das Alles und in Allem. Ich bin die Summe alles Existierenden und aller Möglichkeiten, ich bin die Summe und auch das „Mehr". Denn wie Ihr richtig sagt, gibt es in einer Einheit immer ein „Mehr" als die Summe, aus dem sich eine „Einheit" zusammensetzt. Dieses „Mehr" entspricht – und aus diesem „Mehr" entspringt in gewissem Sinne eine Grenzenlosigkeit, nämlich die Unendlichkeit der kreativen Schöpferkraft, die mit sich selbst spielt. Sie tritt auf der Erde durch Euch und in Eurem Bewusstsein in Erscheinung und kommt so durch Euch zum Entstehen. Es wird durch Euch gelebt. Ihr könnt durch Euren freien Willen damit spielen und gestalten. Ihr tut das nur leider sehr oft viel zu ernst, da Ihr angstgetrieben – das heißt trennungsbedingt – anstrengende Arbeit leistet und Euch von der Glückseligkeit entfernt.

„Gott" und Mensch leben gegenseitig aus einander heraus

Ihr lebt durch mich und ich habe mir durch Euch und diese Eure Welt die Freude und Möglichkeit gegeben, in Euch zu leben, mit Euch zu lachen, zu weinen, zu leiden und zu verwandeln. Ich habe mich Euch ganz anvertraut und Eure Gefühle und Empfindungen sind auch bei mir.

Die Trennung hier auf der Erde von mir ist keine endgültige. Wenn Ihr lernt, zu allen Dingen, die Euch begegnen, „Ja" zu sagen, seid Ihr in der Glückseligkeit wieder zu Hause und angekommen. Die Trennung ist aufgehoben und Ihr könnt aus der Quelle schöpfen. Alle Dinge, Geschehnisse, die Euch begegnen, sind von mir, sie sind aus und von uns beiden, letztendlich. Sie alle sind Geschenke, nicht nur die sogenannten guten Ereignisse und Situationen, oder jene wo ich angeblich Gebete erhörte und Du einen Wunsch erfüllt bekommen hast. Nein, alles kommt von mir, von uns beiden, wenn Du so willst, und nur Deine Bewertung (die wiederum aus Angst und Trennung von mir herrührt), macht ein schweres Schicksal oder ein freudiges Ereignis daraus.

Das heißt nicht, dass manches nicht schwer ist für Euch, z.B. wenn Ihr ein Kind verliert oder wenn ein geliebter Partner geht, oder Unfälle passieren. Es heißt aber auch gleichzeitig nicht, dass dem – zumindest nicht nach einer Zeit – nicht möglich wäre, zuzustimmen. Durch Zustimmung kommt Ihr wieder in Fluss, in die Liebe. Jede Ablehnung bedeutet Kampf, unsinniger Kampf, da sich Wirklichkeit nicht manipulieren lässt.

„Gott" und Mensch werden Eins im inneren „Ja"

Durch die Zustimmung kehrst Du zurück zum großen „Ja" und somit zu einer Glückseligkeit jenseits der Schicksale.

Ihr empfindet es manchmal als lieblos, herzlos, kalt, hart oder gefühllos, wenn sich jemand nach einem schweren Schicksal wieder dem Leben zuwendet, ja und sogar vielleicht auch noch „Ja" sagt zu dem, was passiert ist. Als hätte es mit Liebe etwas zu tun, wenn jemand mit dem Leben und der Wirklichkeit in Kampf steht. Das würde nur zu Bitterkeit und Leiden führen. Nein zu etwas zu sagen bedeutet die Aufrechterhaltung einer großen Illusion. Wenn Ihr „Nein" sagt zu irgendeinem Vorkommnis oder Umstand, sagt Ihr „Nein" zu mir, denn ich bin alles was ist, auch das Schicksal.

Ich mache es nicht und setze es Euch vor, ich bin es als <u>Funktion</u>.

Ihr drückt die Knöpfe und entscheidet Euch, „Ja" oder „Nein" zu sagen und dementsprechend nützt Ihr mich zur Lösung und Erkenntnis (Entdichtung) oder zur Aufrechterhaltung der Angst.
Ich bin der Verwirklicher Eures Schicksals, doch Ihr gestaltet es, indem Ihr mich in der einen oder anderen Weise benützt.
Ich gebe mich in diesem Sinne als ein Geschenk an Euch, das Ihr benützen könnt. Ich gebe mich Euch ganz, mit allem was ich bin und mit allem, wie ich im Leben erscheine. Du bist es, der daraus freudige Ereignisse und schwere Schicksale macht.

Natürlich gibt es tiefe Liebesbindungen und Schmerz, wenn jemand geht oder jemand, den man liebt leidet. Gerade deshalb, weil es manchmal so schwer ist, ist es eine Herausforderung. Das wäre es nicht, wenn alles leicht wäre im Leben.
Schicksalhafte Ereignisse fordern Euch heraus und lassen Euch nur die Wahl zwischen zwei Alternativen:
Ihr könnt es leugnen, dagegen ankämpfen, mir zürnen, oder Ihr könnt es nehmen, „Ja" dazu sagen und damit wieder eine Brücke zum Sinn und somit zu Eurer wahren Heimat schlagen.
Denn – wie gesagt – der Kampf gegen die Wirklichkeit, gegen ein schweres Schicksal, den Tod von jemandem hat nichts mit Liebe der geliebten Person gegenüber zu tun. Ihr schuldet der geliebten Person nichts, der Ihr ja Eure Liebe gebt, aber Ihr schuldet Euch und mir die Zustimmung.

„Nein" als die Illusion, selbst Gott ohne Gott zu sein.

Ihr könnt Nein zu etwas sagen, aber Ihr schafft dadurch mehr Illusion der Trennung und des Kämpfenmüssens und dadurch mehr Angst, weniger Glückseligkeit und damit weniger die Möglichkeit, aus der Liebe Energie zu schöpfen. Ihr packt laufend Energie in die Sicherung der Angst, die aus dem Glauben an die Trennung entsteht, um Euch darin zu erschöpfen und zu überanstrengen, um dann durch frühes Alter, Kraftlosigkeit, Krankheit und Siechtum in immer mehr Leiden zu gehen. Das ist der Preis, den Ihr bezahlt, um selbst (ohne im Einklang mit dem reinen Geist zu sein) „Gott" sein zu können.

Der Glaube an die Trennung oder die scheinbare Vertreibung aus dem Paradies

Der freie Wille „Ja" oder „Nein" zu mir sagen zu können, verleitet Euch zu der Illusion, Euch selbst für „Gott" zu halten. Das ist ein Aspekt von dem, was in Eurer „Genesis", in der Paradiesgeschichte mit dem Sündenfall gemeint ist.
Aber es ist keine Sünde, dass Ihr Euch für mich haltet. Es ist aus der Trennung heraus naheliegend, dass der, welcher den Urgrund, die Einheit verloren hat denkt, er müsse nun selbst steuern, kontrollieren und gestalten. Das für Euch Paradoxe daran ist, dass Ihr „Gott" seid, wir sind es immer zusammen und könnten nicht anders sein.
Denn seid gewiss, ich bin das „Alles", aus der Summe und dem „Mehr". Wie könnte ich da nicht Du sein und Du nicht ich.
Wir sind – und deshalb sind wir „Gott".

Nur – in Deiner Illusion, „Gott" zu sein – weil Du neben dem „Ja" auch „Nein" sagen kannst – versuchst Du mich los zu werden, mich auszubooten. Du fängst an, es allein machen zu wollen und vergisst dabei, dass wir nicht getrennt sein können.

Das ist es auch, was Euch die Paradiesgeschichte sagt, in der sich tiefsinnige Geister die Mühe gemacht haben, Euch in verschlüsselter Form eine Darstellung wesentlicher Zusammenhänge bezüglich des in

Erscheinungtretens von Leben und Welt im menschlichem Bewusstsein zu geben. Dabei ist die Entschlüsselung nur Wenigen gelungen, da die Geschichte entweder zu wörtlich genommen wurde oder als irgendein Schöpfungsmythos, zusammen mit denen der sogenannten „Naturvölker" in den Papierkorb des „aufgeklärten Geistes" geworfen wurde.

Der metaphorische Adam in Eurer Paradiesgeschichte hat (stellvertretend für die Menschheit einer gewissen Entwicklungsphase), aufgrund seines „aufdämmernden" Bewusstseins die Sichtweise der (scheinbaren) Trennung von mir eingeläutet – was auch nötig war, sonst hätte er, (hättet Ihr, hätten wir) nicht Mensch werden können.

Bewusstsein und „Sündenfall"

Das löste Angst aus, wie es bei jedem Kind beim Verlassen der symbiotischen Phase Angst auslöst, denn das heißt die (scheinbare) Trennung zu erfahren. Adams nächster Schritt war, dass er glaubte, er müsse nun allein handeln. Er grenzte sich damit ab und setzte sich selbst als handelndes Zentrum ein, indem er „Nein" sagte. „Nein" zu diesem angeblichen Verbot, von dem Eure Geschichte erzählt.

Mit dem „Nein" entzog er sich natürlich nicht meinem Willen, denn unser Wille ist immer eins und ungetrennt. Er schuf aber dadurch die „Illusion" der Trennung. Als scheinbar eigene Entität, als die er sich jetzt erkannte, erfuhr er aufgrund seines Glaubens seine Unabhängigkeit, andererseits den Verlust der Einheit. Er und Ihr, alle „Adams" erfahren das eigene Bewusstsein, die Selbsterkenntnis auch durch die scheinbare Trennung von der Einheit als schuldhaft. Die damit verbundene Schuld würde sich erst mit der Aufgabe der Illusion der Getrenntheit auflösen, wenn das Paradies und die Welt wieder als eins erkannt werden würden.

Aus dem mit der Illusion der Getrenntheit resultierendem Schuldgefühl schuf der Mensch die Welt aus dem Paradies. Sie entstand durch die Identifizierung mit der Trennung und somit mit der Schuld. Diese Welt, die aus diesem- und zu diesem Selbstwerdungsprozess entstand, enthält immer noch das Paradies.

Wiedererweckung des „Paradieses"

Dieses Paradies kann jederzeit durch die Änderung eines Blickwinkels zum Leben erweckt werden, und zwar nur dadurch, dass ihr Euch nicht mehr mit der Trennung identifiziert sondern mit der Einheit, mit Eurer wahren Natur, die ich bin.

Natürlich reden wir hier in Bildern, die aber für etwas sehr Reales stehen, ebenso ist „Adam" eine Metapher und gleichzeitig wirklich.
Ihr seid Adam.

„Nein", Ontogenese und Persönlichkeitsentwicklung

Das Auf–die–Welt–Kommen ist für Euch wie ein Fallen aus dem Paradies. Aus dem Paradies der Symbiose. Die Menschheit ist immer in der Symbiose mit mir, ob es die Menschen erkennen oder nicht. Bei der körperlichen Menschwerdung des Einzelnen vertritt die Mutter die Einheit mit mir.

Auch ein Kind, das aus der Symbiose fiel, beginnt in der sogenannten Trotzphase schnell „Nein" zu sagen. Was es auch muss, sonst könnte es nicht auf der Welt ankommen, sich entwickeln und Mensch sein. Aber es vertieft die unbewusste Annahme der Trennung erst einmal mit dem „Nein", um sich mehr in die Erde einzugraben, zu inkarnieren, ins Fleisch, in das Materielle zu gehen. Das ist der Weg auf die Erde.
Mit den „Nein's" grenzt Ihr Euch ab, schafft Euch eine Persönlichkeit oder Identität, aber Ihr macht Euch auch dichter, materieller und geht damit mehr in die (scheinbare) „Trennung" und in die Angst. Obwohl Ihr meint, der Angst damit zu entkommen.

„Ja" ist Sinn, Verbindung, Liebe

Es geht hier in Eurem Erdenlebensdasein darum, die einende Kraft des „Ja" zu entdecken und zu nutzen. Denn ich bin das „Ja". Ich bin auch im „Nein", weil die Möglichkeit zum „Nein" das „Ja" erst möglich macht.
In jedem „Ja" liegt jedoch eine Annäherung, an mich, ein „Mir-Ähnlicher-Werden" durch eine Entdichtung.

Das echte frei–willige „Ja" ist immer eine Brücke zu mir und zur Einheit mit mir.
Das „Ja" ist der Weg aus der Angst hin zur Glückseligkeit.
Das „Ja" ist die Lösung, auch wenn es Euch in manchen Fällen noch grotesk vorkommt.

Dennoch werdet Ihr es mit der Zeit verstehen, Ihr seid ganz nahe daran. Es geht darum, jedes Schicksal als Geschenk in Form einer „Brücke" zu betrachten, mittels der es möglich ist, mit einem „Ja" wieder zu mir zu gelangen (und somit wieder zu Euch). Es geschieht (frei–willig) durch das Annehmen dessen, was ist und der Zustimmung und dem Einverstandensein.
Dies trifft gerade auf die schweren Schicksale zu. Das Freudige, oder das, was Ihr für freudig haltet, ist ja leicht(er) zu nehmen.

Im Grunde kreieren wir das, was Du freudige Ereignisse oder schwere Schicksale nennst, gemeinsam, wie könnten wir anders? Wir kreieren das, was Du erfahren möchtest, die Art und Weise, wie Du mittels Annahme und Zustimmung wieder zur Einheit finden möchtest gemeinsam, indem ich der Verstärker, Verdichter und Manifestierer Deiner auch unbewussten Gedanken bin.
Wir schöpfen gemeinsam, so als würden wir ein Ereignis zeugen, so wie ein Kind gezeugt wird.
Oft wird ein Kind, das dann auf der Welt ist, von Dir abgelehnt, weil Du das, was Du im Kreieren des Schicksals unbewusst erfahren wolltest, plötzlich bewusst nicht mehr willst.

Was wollen wir denn gemeinsam erfahren, wenn wir ein bestimmtes schweres Schicksal wählen? Wir wollen gemeinsam Versöhnung oder Zustimmung erleben, als das Medium, das die Trennung aufhebt und uns zur Glückseligkeit führt und somit zur Quelle, welche die Liebe ist. Glückseligkeit ist gemeint, wenn ich von Liebe spreche. Es ist die Urheimat. Kurz, Ihr wollt Euch im *„Ja"* üben und die wiedergewonnene Einheit und Heimat genießen. Die Heimat heißt Kraft der Liebe und der Weg heißt „Ja".

Liebe lebt durch Weitergabe

Die genommene Liebe sowie die gegebene, wird als Glückseligkeit erfahren, als Sinn, Ordnung, Sicherheit oder Kraft und kann als solche wieder weitergegeben werden. Nur durch die Weitergabe wird jedoch der Fluss am Laufen gehalten und bringt wieder neue Glückseligkeit. Geben ist Glückseligkeit, Nehmen ist Glückseligkeit. Geben und Nehmen ist der Fluss. Der Fluss ist Glückseligkeit. Wie oft wollt Ihr lieben (oder auch Liebe erfahren) und schöpft aus dem Leeren?

Liebe ist Wirkkraft, die sich nicht erschöpft

Ich bin die Quelle, die Kraft, ich bin die Glückseligkeit. In der Glückseligkeit treffen wir uns bewusst, in Leiden und Angst nur unbewusst.
Die Kanäle, durch die Liebe Kraft zu schöpfen, wären so vielfältig, ja unendlich und werden doch noch nicht so sehr genutzt. Vieles an Kraft wird im Schlaf bezogen. Dennoch gäbe es viele andere Kanäle, doch dazu an anderer Stelle mehr.

Die Wirkkraft, die etwas Wesentliches vermag, ist die Liebe. Sie betreibt alles, ohne sich zu erschöpfen und ohne Verlust. Was ausgegeben wird (was in Eurem Sinne dieses Wortes gar nicht passiert) kommt automatisch zurück. Dieser „Energiehaushalt" ist immer gleich und gleich ausgeglichen, unveränderbar, kann aber zu Veränderungen in dieser „unwirklichen" Welt herangezogen werden.

Angst, die Illusion der Ferne; Ferne, die Angst macht

Die Welt, wie Ihr sie erlebt ist unwirklich, weil sie Projektion ist. Zu einem Teil ist sie Wiederspiegelung des reinen Geistes, den Ihr momentan noch nicht in adäquateren Formen wahrnehmen könnt, und zu einem anderen Teil ist sie etwas von Euch Kreiertes, so wie Ihr Träume kreiert. Beides mischt sich ineinander. Je mehr Ihr in dem von Euch Projizierten lebt, desto ferner seid Ihr mir von Eurem Empfinden her. Lebt Ihr mehr in den Wiederspiegelungen des Universellen, habt Ihr das Gefühl, mir näher zu sein. So fühlt Ihr Euch mir innerlich näher oder ferner, seid vom Gefühl her offener oder verschlossener.

In Wahrheit seid Ihr alle gleich nah.

Nähe oder Ferne ist hier nur eine Empfindung, und gehört der Illusion, der Täuschung an.

Im Gefühl der Ferne geht Ihr mehr in die Verdichtung und somit in die Angst, was zu mehr Anstrengung führt, da Ihr dann das Gefühl habt, dass mehr mit Kraftaufwand verschoben werden muss, um ein Gefühl der Sicherheit zu erreichen. Die Scheinsicherheit kostet Euch mehr Mühe. Mit weniger Angst benötigt Ihr weniger Aufwand und Anstrengung. Dennoch bleibt es auch mit weniger Angst immer noch eine Scheinsicherheit, weil die wahre Sicherheit woanders liegt.

Gerichtete Aufmerksamkeit erschafft, z.B. Sicherheit

Die wahre Sicherheit liegt einfach in dem Fokus Eurer Wahrnehmung. Wenn sich der Fokus Deiner Wahrnehmung auf die Sicherheit richtet, ist die Sicherheit gegeben. Eine Sicherheit, die aus einem Gefühl der inneren Sicherheit entspringt und sich dann zu einer scheinbar äußeren Sicherheit ausdehnt.

Mit dem Fokus der Wahrnehmung erschaffst Du, erschaffen wir gemeinsam das, auf was Du ausgerichtet bist. Aus dem heraus entsteht immer mehr ein Gefühl der Sicherheit, das trägt. Wir erschaffen mittels Aufmerksamkeit (d.h. durch Ausrichtung des inneren Fokus) gemeinsam, in dem wir aus dem unerschöpflichen Reservoir an Möglichkeiten bewusst oder unbewusst wählen. Sicherheit kann also durch eine Wahl, eine Entscheidung erlangt werden. Es ist die Entscheidung, mit mir wieder Verbindung aufzunehmen. In dieser Verbindung erkennt Ihr auf's Neue, dass Angst illusionär ist, während die Verbindung zum Wesentlichen Euch Sicherheit vermittelt. Ihr werdet dann erkennen, dass nichts Wesentlichem etwas angehabt werden kann, und dass alles Unwesentliche sowieso der Vergänglichkeit anheimfällt. Das Unwesentliche muss dem Bereich der Illusion zugerechnet werden, bei dem Ihr froh sein könnt, wenn die Illusion sich löst und den Blick auf das Wesentliche freigibt.

Die Schau, welche nicht Illusionäres in sich festhalten muss, schafft das Gefühl wahrer Sicherheit. Wenn Du fragst, wie das Wesentliche vom Unwesentlichen zu unterscheiden ist, so ist es eben genau das: Es kann dem Wesentlichen kein Schaden zugefügt werden. Es ist daher „bleibend". Vielleicht ändern sich Formen, aber im Wesentlichen bleibt es, was es ist. Das Unwesentliche zeichnet sich dadurch aus, dass es verletzbar, angreifbar, vergänglich ist und zerstört werden kann.

Identifiziert Ihr Euch mit Angst und Trennung, erschafft Ihr die Unsicherheit. Erkennt Ihr Euch als mir inhärent, als Teil des Wesentlichen, entsteht Sicherheit.
Nun ist es nicht möglich, den Fokus der Wahrnehmung auf Sicherheit zu richten, wenn im Hintergrund die Angst der Antrieb Deiner Handlungen und Gedanken ist.
Auch wenn Du in voller Bereitschaft auf mich wartest und erlöst werden willst von der Angst, und bereit bist, die Anlagen, die Dich in der Angst halten, loszulassen, aber im Hintergrund gleichzeitig wiederum die Angst die Motivation dafür ist, wird es nicht funktionieren.
Daher braucht es eine völlig bewusste Entscheidung zur Sicherheit in mir. Es ist zugegebener Maßen ein Sprung ins „Nichts", denn es braucht Vertrauen zur Entscheidung für die Sicherheit und gleichzeitig ist die Quelle des Vertrauens diese Entscheidung. Es ist ein Sprung ins „Nichts" als eine Er-innerung an mich und er wird immer belohnt.

Die Angst, die Angst hat vor der Sicherheit

Die Angst hält Dich in der Angst, in der Hölle, weil Du sie Dir nur im Bewusstsein als Angst, als etwas Unangenehmes vorstellst. Im Unbewussten aber wird die Angst von Dir als Sicherheit gesehen und behandelt. Ihr sagt, die Angst will ja vor etwas warnen. Die Angst, welche „warnt", wird von Euch nicht als Bedrohung erkannt, sondern wird innerlich eher der Sicherheit zugerechnet.
Also das berühmte Beispiel: Du begegnest einem Löwen und Ihr steht Euch beide gegenüber. Deine Angst sagt Dir, der Löwe ist gefährlich, er wird Dich fressen. Die Angst warnt, so meinst Du, so dass Du Dich noch retten kannst, etwa indem Du Dich durch Weglaufen in Sicherheit bringen kannst oder

noch etwas ausklügeln kannst, um der Gefahr zu entrinnen.

Ihr empfindet die Angst also nicht an derselben Stelle wie die Bedrohung. Du empfindest die Angst in Dir und die Bedrohung außerhalb von Dir, in Form des Löwen.

Du denkst, aufgrund der Angst noch eine Chance zu haben, deshalb wird die Angst innerlich als Sicherheit gehandelt. Da die innere Verwechslung ständig unbewusst aufrechterhalten wird, ist es so schwer für Euch, aus der Angst in die Glückseligkeit zu gehen.

Ihr wollt mit einem Fuß in Richtung Glückseligkeit gehen, weil das Leben so unbefriedigend und leidbehaftet ist und Ihr Euch die Glückseligkeit doch irgendwie sorgenfreier vorstellt. Mit dem anderen Fuß krallt Ihr Euch in die Angst ein, die Ihr für die Sicherheit haltet und geht nicht in die Glückseligkeit, die Ihr für die Bedrohung haltet. Da passierte also eine innere Umkehrung. Warum?

Tod und Tod

Weil die Glückseligkeit eine Bedrohung ist. Sie ist definitiv die größte Bedrohung für jegliche Formen der Stagnation, der Verdichtung, Materialisierung, des Festhaltens, der Ablenkung, Verdrängung, Fixierungen und Identifikationen die man sich vorstellen kann. Man könnte die Liste noch lang weiterführen. Es ist die Bedrohung für all das, was den Lebensstrom hindert. Es ist der wahre Tod. Der wahre Tod, den Ihr ständig im Leben sterben könnt, um in die Glückseligkeit zu kommen.

Das andere, was ihr den (körperlichen) Tod nennt, ist nicht der Tod, es ist eine Hoch-Zeit. Eine „Hoch–Zeit" des Lebens mit sich selbst, es ist eine Vereinigung, in der das Leben in Euch wieder zu sich selbst kommen kann. Der wahre Tod kann Euch helfen, diese Vereinigung schon im Leben zu erreichen, und fortan hat der Tod seinen Stachel verloren.

Die Illusion, dass die Angst eigentlich der Sicherheit zuzurechnen ist, welche zum Teil aus unbewussten Prozessen gespeichert ist, macht es schwer, sich dem wahren Tod hinzugeben und immer wieder zu sich hin und zu mir hin zu „sterben". Sterben in dem Sinne, dass Ihr nur das „Unwesentliche" an

Euch mir hin–gebt. In diesem Sterben des Unwesentlichen in Dir erwache ich, das Leben, in Dir – und wir sind Eins. Aber das Paradox gilt auch umgekehrt.

Bedrohung im „Außen" als die Stagnation im „Innen"

Gehen wir noch einmal zu unserem Löwen zurück, den wir weiter oben verlassen haben und der Angst, die er auslöst, oder nehmen wir jede andere vermeintliche Angstquelle.
Ist es denn Angst, die Euch eine Chance gibt zu flüchten und zu entkommen? Ist es Angst, die Euch warnt und vielleicht zur Rettung beitragen kann? Oder ist es Angst, die uns lähmt, wegzulaufen, oder die es verhindert, das was vielleicht unausweichlich ist, anzunehmen und sich dem hinzugeben?

Wenn Ihr es genau betrachtet, werdet Ihr feststellen, dass Euch die Angst nicht unbedingt befähigt, in einer „Notsituation" etwas „Sinnvolles" zu tun, bzw. überhaupt „in die Puschen zu kommen" (d.h. Eurem Ziel und Zweck gemäß sinnvoll zu handeln; ob es letztendlich Sinn macht oder nur ein Ausweichen ist, bleibt offen). Wenn Ihr es einmal so betrachtet, ist dann die Bedrohung nicht außen, sondern eher innen.
Wenn Ihr Euch bedroht fühlen könnt, lag die Bedrohung schon vorher (potentiell) in Euch und nicht erst ab da, als sie als Löwe auftrat. Wie wäre es, Euch einmal vor–zustellen, dass nicht der Löwe die Bedrohung schuf oder nach sich zog, sondern die potentielle Möglichkeit der Bedrohung, welche in Euch gespeichert lag und unbewusst gewählt wurde?
Wer sich bedroht fühlen kann, erfährt auf diese Weise, dass er zu viel Festes, zu viel Starres in sein Leben gebracht hat, dass er mittels der besagten Anlagen, von denen wir vormals sprachen, zu viel Geistiges in sich verdichtete und damit ein „mehr" an Angst schuf. Wäre der vom Löwen bedrohte Mensch zuvor den Weg gegangen im Leben, den wahren Tod zu sterben, hätte er keine Angst vor dem „Tod" des körperlichen Sterbens. Er stünde ohne Gefühle der Bedrohung und ohne Angst vor dem Löwen. Einmal weil er, ohne durch die lähmende Angst gehindert zu sein, handlungsfähig ist – und sollte sein Schicksal unausweichlich sein, sich auch dieser Erfahrung voll und ganz hingeben kann. Im Übrigen ist es nicht

erstrebenswerter zu überleben, als von einem Löwen getötet zu werden. Man überlebt genauso, wie man dem körperlichen Tod nicht entgeht. Es gibt jedoch Möglichkeiten, einen sanfteren „Tod" zu wählen.

Nun fragst Du Dich: Haben wir jetzt vielleicht doch das Schlechte, das Böse entdeckt und es in der „Angst" identifiziert, die ja der Stein allen Anstoßes und zu nichts nütze zu sein scheint? Natürlich nicht, denn erinnert Euch, alles ist eins, alles ist ein wundervolles Geschenk, so ist auch die Angst nicht etwas Wunder–bares (ohne Wunder, bar der Wunder) oder etwas Wunder–volles (voll der Wunder) sondern gleichzeitig beides.

Was ist das „Wunder" der Angst?
Die Angst ist tatsächlich ein Warninstrument (natürlich genauso, wie die potentielle Möglichkeit, sich bedroht zu fühlen). Sie warnt aber nicht vor „äußeren" Dingen sondern zeigt an, dass Ihr viel Festes und Starres in Euer Leben gebracht habt, dass vieles an geistiger Schwingung verdichtet wurde. Als Mensch braucht man eine gewisse Dichte, um im Körperlichen leben zu können. Aber wenn der Dichtegrad überhandnimmt, geht Ihr wieder in Richtung körperlicher Tod und das Leben verliert an Attraktivität und Farbe.

Es müssen – wie ja schon beschrieben wurde – dann mehr Anlagen gemacht werden, um sich wieder für eine Zeit gut zu fühlen. Dieser Mensch braucht dann den wahren Tod, um wieder leben zu können und um seinen Dichtegrad wieder mehr zu entdichten.

Rückkehr des „verlorenen Sohnes"

Es ist, wie wenn jemand von zu Hause weggeht, von seinem zu Hause, dass jemandes wahre Sicherheit bedeutet. Weil man aber eine andere Erfahrung machen möchte, etwas anderes sehen möchte; vielleicht, weil es einem langweilig wurde, immer in der gleichen Sicherheit zu leben, verlässt jemand dieses Haus.

Je weiter er weggeht, umso unwohler fühlt er sich, und Ängste tauchen auf. Die Ängste aber erinnern ihn an den Ort, wo es keine Ängste gab, sie erinnern an seine wahre Heimat und er beschließt, zurückzugehen. Die Erfahrung der „Ferne" von der Heimat hat sein Empfinden der wundervollen

Sicherheit und Geborgenheit zu Hause wieder aufgefrischt und es ist nicht mehr langweilig. Letztendlich wollte dieser Mensch die Erfahrung machen, wieder heimzukommen (wie Ihr alle) und die kann man bekanntlich nur machen, wenn man die Heimat verlässt.

Diese Botschaft steckte einst hauptsächlich in der Geschichte vom verlorenen Sohn. Später wurde diese mehr auf die Versöhnung gemünzt, auf das Thema „Schuld". Es sollte damit zum Ausdruck gebracht werden, dass Euch Gott immer vergibt. Diese Wendung der Geschichte zeigt, dass Ihr die Heimat schon verlassen hattet. Denn wo sollte hier eine Vergebung stattfinden?

Wegzugehen und heimzukommen ist das Leben und der Rhythmus dieser Welt und dieses Lebens. Ihr könnt dadurch nicht in Schuld kommen, es ist vollkommen unmöglich. Ihr könnt nicht aus etwas Allumfassendem herausfallen. So habt auch Ihr zwar das Gefühl, die Heimat zu verlassen, tut es aber niemals wirklich oder könnt es niemals tun. Ihr seid immer zu Hause, immer bei mir, in mir, eins mit mir. Dies zu erkennen, löst die Er–innerung an Eure Heimat aus und das Heimkommen ist das Wahrnehmen des 'Ich–bin–schon–da' in der Einheit mit dem was Ihr Gott nennt.

Angst als Signal zur „Rückkehr"

Die Angst ist es, die Euch dabei hilft, die Euch sagt: „Es ist wieder einmal Zeit zu erkennen, dass Du zu Hause bist", dass nichts passieren kann, dass Du im immerwährenden Leben aufgehoben bist. Dieses Leben gibt Euch die Möglichkeit, aus diesem Gefühl des Zuhause–Seins hinausgehen zu können. Das ist eine tolle Möglichkeit, werdet Ihr sagen, aber sie beinhaltet eben auch, das Gefühl des Heimkommens, des Zuhause–Seins immer wieder zu erleben.
Ihr könnt es, wenn Ihr wollt, jede Sekunde erleben. Dass Ihr diese Möglichkeit nicht nutzt, hat auch mit der inneren Verwechslung, von dem was Angst ist und dem was Ihr für Sicherheit haltet, zu tun. Ihr seid in der Illusion gefangen.

Die Taoisten wussten: „Wir sehen nur mittels Paradoxons hinter die Illusion"

Das sogenannte Paradoxon ist eine Möglichkeit, hinter die Illusionen zu blicken, denen immer eine gewisse Einseitigkeit bzw. ein Entweder/Oder anhaftet. Das Paradoxon wird dadurch zum Paradoxon, in dem es Raum für ein Sowohl–als–auch bietet.
Ihr werdet natürlich dem entgegen anführen, dass es für Euch schwierig ist, Paradoxons zu verstehen. Es ist jedoch einfach, so einfach, dass Ihr immer wieder darüber stolpert und Euch von der Schwierigkeit einfangen lasst, weil Ihr die Schwierigkeit scheinbar braucht, um in der Angst zu bleiben.
Die Schwierigkeit entsteht aus Angst und hilft Euch, Euch dort festzuhalten, wo Ihr seid.
Es ist einfach, das Wesentliche zu erkennen. Genauso einfach ist es, von der Angstseite zur „Glückseligkeitsseite" zu gelangen. Vielleicht zu einfach für schwierig verdichtet denkende Menschen.

Allerdings funktioniert dieser Wechsel auch nicht nach der herkömmlichen Methode. Es geht nicht, indem Du irgendetwas machst. Du drückst einen Knopf, lässt eine schlechte Angewohnheit los, strebst nach mehr Reinheit und schon stellt sich die Glückseligkeit ein. Das eben gerade ist es nicht. Zum anderen sagte ich, dass es doch mit der Qualität der inneren Haltung zu tun hat und da sind wir wieder bei dem Paradoxon.

Der Glückseligkeit verwandt: „Annehmen was ist" und „Sowohl als auch"

Der Zustand der Glückseligkeit hat zum einen mit dem „Annehmen was ist" zu tun, an Stelle des „Weghaben–Wollens" und zum anderen mit der Sichtweise des „Sowohl–als–auch" an Stelle des „Entweder/Oder". Für Dein Alltagsleben heißt das, dass es ganz gleichgültig ist, welche Angewohnheiten Du hast. Nicht einmal ob Du Angst hast, ist wichtig, da Du sie eben nicht dadurch entdichten kannst, indem Du sie weghaben willst. Beginne damit, Dich zu lassen, wie Du bist. Als Nächstes erkenne, wenn irgendetwas erscheint, damit auch das „Gegenteil" gegeben ist.

So könntest Du sogar Angst haben und gleichzeitig glückselig sein. Doch in der Glückseligkeit löst sich die Angst und wird vielleicht zu etwas, wie freudige Erregung, Forschergeist, Neugierde oder Offenheit und Mut, Neuland zu betreten, jeweils ohne Getriebensein oder Anhaftung. Aus – wie Ihr so trefflich formuliert – Spaß an der Freude, aus Leichtigkeit.

Angst ist deshalb in der Glückseligkeit vorhanden, weil beides dasselbe ist, so wie Wahrheit und Illusion dasselbe sind, jedoch in einem anderen Aggregatszustand. Das heißt, beides (und das gilt für alle Gegenteile) besteht aus dem gleichen (Nicht)Stoff.

Alles ist aus mir.

Die Unterscheidung der Qualitäten liegt in der unterschiedlichen Dichte des (Nicht)Stoffes, der ich bin, als Schwingung.

Hier ganz nebenbei eine Info für Dich persönlich:

Das ist auch der Grund, warum Homöopathie funktioniert (natürlich ist es keine Funktion, es ist ein Arbeiten mit dem Mysterium). In der Herstellung homöopathischer Heilmittel wird materieller Stoff entdichtet. Der Stoff mag entschwinden, die Essenz aber bleibt. Je entdichteter die Essenz ist, umso ähnlicher ist sie mir. Denn ich bin die entdichtete Form von allem. Ich bin das Geistige, frei Gelöste, Entdichtete oder die frei schwingende „Version" der materiellen Welt. Ich bin die andere Seite der sichtbaren Medaille, und bin doch in der Dichte (der Welt der Erscheinungen) „potentiell" enthalten. Auch sie ist aus mir. Entdichtung heilt Körper, Geist und Seele.

Es ist jedoch in Eure Entscheidung gestellt, wie weit Ihr die Begebenheiten, die (nicht von ungefähr) in Eurem Leben auftreten, zur Entdichtung nützt. Gute und schwere Begebenheiten sucht Ihr (oder ich in/mit Euch), um Chancen zu bekommen, etwas Dichtes zu entdichten. (An anderer Stelle wird Entdichtung Vergebung bzw. Ausdehnung genannt[*], doch hier wollen wir im Kontext des Buches von Aggregatszuständen des Geistes sprechen, also von Ver- und Entdichtung). Jede dieser Chancen fordert Euch. Sie lassen Euch nicht neutral. Je nach Eurer Entscheidung habt Ihr am Ende in Euch und im Anderen etwas mehr verdichtet oder entdichtet.

---

[*] (Hier wird Bezug genommen auf „Ein Kurs in Wundern")

Aggregatzustände des reinen Geistes: Verdichtung und Entdichtung

Materie tritt durch Verdichtung des reinen Geistes in Erscheinung

Das in Erscheinung treten der materiellen Illusion geschieht durch Verdichtung des Geistigen. Das ist der Schöpfungsprozess, an dem Ihr teilhabt, das heißt, mitschöpft. Manche tun dies bewusster, andere weniger. Wenn Du erschaffst, tust Du es bewusst oder unbewusst mittels des Instrumentariums der Verdichtung und der Entdichtung. Dies ist das, was Ihr permanent tut.

Materielle Schöpfung ist Verdichtung, geistige Entdichtung ist Glückseligkeit

Manches was Du erschaffst, mag Dir (scheinbar) nicht zum Wohle gereichen und braucht bewusste Entdichtung, damit Du wieder atmen und leben kannst.

Die Entdichtung ist eine Art „Quantensprung", wie ein ähnlicher Prozess in der Physik genannt wird, und deshalb wurde es von mir als „Wunder"[†] bezeichnet. In der Entdichtung wird etwas von dem an sich geistigen (Nicht)Stoff freigesetzt. Resultat der Freisetzung, der Lösung von dichter geistiger Schwingung, die in Dichtem gebunden war ist die Empfindung von Erleichterung, von Glückseligkeit. Es ist immer ein Stück des Wieder–Erkennens der Urheimat. Wir könnten hier auch ein weiteres Bild verwenden: Etwas, was ich Euch von mir geliehen habe, kommt von Euch zu mir zurück, angereichert durch etwas von Euch, etwas, was mit Eurem freien Willen, Eurer freien Entscheidung zu tun hat.

Indem zurückgegeben wird, was vorher in der Dichte gebunden war entsteht eine Wiedervereinigung. Die freie Entscheidung, etwas zu entdichten, loszulassen, an mich zurückgeben, ist ein wesentlicher Teil des Sinns des Lebens, wie er Euch zuteilwerden kann.

[†] (Hier wird Bezug genommen auf „Ein Kurs in Wundern")

Diese, Eure Entscheidung ist Euch überlassen, daher ist sie von unschätzbarem Wert. Sie kann durch nichts ersetzt werden, da ich nicht eingreife. Was hätte es für einen Sinn, wenn ich eingreifen würde; es bräuchte Leben, Welt und Mensch nicht. Ich gebe mich Euch ganz und ich „warte" auf Eure frei–willige Entscheidung, „Euren" Geist soweit zu entdichten, dass Ihr unsere Einheit wieder–erkennen könnt.
Dadurch, dass ich mich aus diesem Prozess völlig heraus halte, ist es etwas, was wirklich von Euch kommt. Ihr tut es, oder Ihr tut es nicht. Natürlich ist da auch das Leben und seine Umstände, die Euch die besagten „Chancen" liefern, doch die gestaltet Ihr in unbewusster Absprache mit mir. Obgleich ich hier von Euch und mir rede, gibt es nur Eins, und das ist ungetrennt, dennoch entscheidet Ihr. Ihr liefert den Impuls und ich bin das Instrument des Erschaffens. Hier scheint es immer noch eine gewisse Trennung zwischen uns zu geben, doch die wird im bewussten Erschaffen überwunden, wenn Impuls und Schöpfung in einer Person zusammenfallen.

Entdichtung, die Heimkehr

Wenn wir von Ver– bzw. Entdichtung sprechen, impliziert das auch ein Etwas, einen Stoff (sagen wir lieber „Nichtstoff"), der ver– bzw. entdichtet. Es ist die eine geistige (Nicht)Substanz, aus der alle Stoffe – aber auch alles andere, z.B. Eure Gedanken gemacht sind. Alles entstand aus dem Einen, das ich bin. Alles bin ich, vom reinen Geist bis hin zu dichter Körperlichkeit. Mein Körper ist alles, was als Materie in Erscheinung tritt. Im Urwesen bin ich das nichtverdichtete Potential, der völlig entdichtete, freischwingende Geist. Also etwas, was Eurem Begriff der Schwingung in gewissem Sinn ähnlich ist. Das Wesentliche an Euch bin ich, während das Unwesentliche vergänglich ist, weil es seinen Aggregatzustand wieder verändern muss. Nichts bleibt ewig gleich außer das Geistige an sich. Das unwesentliche ist nur eine Karikatur des Wesentlichen. Das Wesentliche ist unvergänglich, weil ich es bin. Ihr seid meine Bewegung - Bewegung als Schwingung, einmal dichter, einmal weniger dicht.
Wir sprechen also von einem essentiellen (Nicht)Stoff, welcher, stark vereinfacht, in Aggregatzustände geht, eben wie Wasser zu Dampf/Gas wird oder verdichtet zu Eis, unterschiedliche Erscheinungsformen und doch

immer Wasser, unsichtbar als Feuchtigkeit und sehr sichtbar und greifbar als Eis.

Liebe ist der „Nichtstoff", aus dem alles besteht

Diese Essenz, hier einfachheitshalber Stoff genannt (unterpunktet, denn wir müssten ja an sich „Nichtstoff" sagen), ist mein Wesen, das sich ver– oder entdichtet. Statt reinen Geist, universelles Bewusstsein, Ur(Nicht)substanz könntet Ihr mich auch einfach Liebe nennen.
Aus dieser Liebe besteht alles Existierende und sowie auch das, was für Eure Wahr–nehmung nicht in Erscheinung tritt. Ebenso wie das reine Potential der Möglichkeiten, alles was sich hinter dem Vorhang der „Maya" (Sanskrit für die illusorische Beschaffenheit der Welt) verbirgt, ist sie das Einzige, was es überhaupt gibt. Liebe, reiner Geist oder wie Ihr das auch immer nennen wollt, wird durch Entdichtung in Eurer Geistigkeit freigesetzt.

Die geistige wie die materielle Welt besteht in Aggregatzuständen

Machen wir einen weiten Bogen zurück. Wir sprachen davon, dass Euch Wahrheit/Wirklichkeit nur in „Paradoxons" zugänglich sind. Aber auch da nur schwer, weil Ihr so auf das entweder/oder trainiert seid. Paradox heißt ja bei Euch, dass zwei Gegenseiten gleichzeitig zutreffend sind. Das heißt wiederum, dass Ihr in Polaritäten denkt. Das scheinbare Paradox löst sich jedoch in dem Bild der Aggregatzustände (der Unterscheidbarkeit aufgrund unterschiedlicher Dichtegrade von Schwingungen) auf. Denn nun können wir nicht mehr von Gegen-sätzen sprechen, sondern nur von unterschiedlichen Verdichtungsgraden, Aggregatzuständen, Schwingungsamplituden, oder was wir auch immer heranziehen wollen. Der Grund(nicht)stoff ist immer der gleiche, welcher in Aggregatzustände geht, anstatt eine Dualität zu bilden. Angst ist somit eine verdichtete Form der Glückseligkeit und nicht ihr Gegen-teil.

Der Unterschied vom Schwarz/Weiß-Denken in Gegensätzlichkeiten, zum Erkennen von Aggregatzuständen ist der, dass z.B. das für Euch

Unangenehme im als angenehm Bewerteten potentiell drinsteckt und umgekehrt.

„Gut und Böse" als Aggregatzustände der Liebe und Glückseligkeit

Dieser Paradigmenwechsel hat zur Folge, dass eine Menge Kampf in den individuellen Leben sowie in der Welt allgemein wegfallen kann. Bislang galt im Glauben an Gegen-sätzlich-keiten, dass das Gute angestrebt wird und damit das Nichtgute – was man auch immer dafür hielt – abgelehnt, abgespalten, niedergehalten, bekämpft oder ausgeklammert wurde. Das stellt einen beständigen Kampf dar und hat weiterhin zur Folge, dass das sogenannte Schlechte, zu Bekämpfende durch die ihm zugedachte Ablehnung ständig aufrechterhalten wurde, ausgehend von Kampf und Krieg einzelner Menschen bis zu den Kriegen der Völker. Dahinter lagen nur Definitionen von dem, was als gut zu gelten hatte und was als schlecht, und das wiederum nur, um der Angst der Orientierungslosigkeit zu entfliehen.

Jetzt, spätestens jetzt, ist die Zeit gekommen, zu sehen, dass Euch Definitionen des „Guten" und des „Schlechten" nicht weiterführen. Statt dessen braucht es Antworten auf die Frage, wie Verdichtungen, die sich als nicht nützlich erweisen welche aber doch potentiell „Nützliches" in sich haben, entdichtet werden können, um an ihre Nützlichkeit zu kommen.

Viele Verdichtungen sind dazu da, um Euch das „Selbe" als entdichtete Version zugänglich zu machen. Wie bereits gesagt wurde, kann das Entdichtete nur als solches erkannt werden, wenn es auch etwas Verdichtetes gibt. Das Entdichtete, das Paradies kann wieder erkannt werden und löst Freude aus, löst ein „Ja" in Euch aus, bringt Euch in Einklang mit mir. Die Angst existiert, damit Ihr die Glückseligkeit als solche wahrnehmen und Euch somit an ihr wieder erfreuen könnt. Das bedeutet Entdichtung der Seele: Wunder, Quantensprung, Vergebung oder Verwandlung, wie immer Ihr es nennen wollt.

Entdichtung und Annahme

Nun sind wir bei der Frage angelangt, wie Entdichtung zu bewerkstelligen ist. Eine Entdichtung ist nun beileibe kein Kampf, sondern etwas, was mit Annahme und der Sichtweise des „Sowohl–als–auch" zu tun hat. Habt Ihr übrigens bemerkt: „Entweder/oder" hat einen „trennenden" Schrägstrich und „Sowohl–als–auch" einen Binde–strich. Nein, deshalb sind „Entweder/oder" und Sowohl–als–auch" keine Gegen–teile. Ebenso ist im Wesentlichen auch nicht das eine besser als das andere. Das „Sowohl–als–auch" steckt verborgen, also verdichtet im „Entweder/oder". Dennoch ist der Bindestrich im „Sowohl–als–auch" ein Hinweis. Das Verbindende hat auch mit Annahme zu tun. Im „Sowohl–als–auch" wird das Entweder sowie das Oder angenommen und sie dürfen gleichzeitig und in Frieden nebeneinander existieren. Beide sind dann gleich–gültig und können anfangen, sich zu ergänzen und zu vervollkommnen, anstatt sich zu bekriegen und auszulöschen.

Im Hinblick auf eine entdichtende Wirkung ist das „Sowohl–als–auch" nützlicher als das „Entweder/oder". Von der „üblichen" menschlichen Herangehensweise würdet Ihr nun deshalb das „Sowohl–als–auch" bevorzugen und damit die Verwandlung unmöglich machen. Beide „Seiten" hätten dann die Gleich–gültigkeit verloren, es wäre eine Gewichtung entstanden und damit wieder der Kampf, etwas Gewünschtes anzustreben, um das „Unerwünschte" loszuwerden. Das ist das Prinzip, mit dem Ihr ständig versucht, einen Fort–schritt zu erzielen und gleichzeitig sozialer und liebevoller zu werden, um das Leid in der Welt zu reduzieren.
Ein Fort–schritt im Sinne einer Entdichtung ist jedoch nur zu erwirken, wenn auch die sogenannte Gegenseite des Angestrebten angenommen und integriert ist.

Das „Sowohl–als–auch", ist wie es bei allen (scheinbaren) Gegenteilen der Fall ist, nur durch sein Gegen–teil – in dem Fall das „Entweder/oder" – erkennbar und wird durch die Integration des „Gegen–teils" zum „Sowohl–als–auch".

Gegenteile und/oder Aggregatzustände

Das Denken und Handeln aus der Sichtweise der Gegen–teile heraus schafft Rivalität, Mangel, Angst und Verdichtungen. Was ist es denn, was die Glückseligkeit verdichtet, so dass sie zur Angst wird? Es ist der Dichtegrad der Welt.
Andererseits als (scheinbares) Gegen–teil benötigt die Welt einen bestimmten Grad an Dichte, um die Dichte des Materiellen zu halten.
Um es noch ein bisschen (scheinbar) schwieriger zu machen: Die Welt besteht sowohl aus „Sowohl–als–auch", als auch aus „Entweder/oder". Die Welt ist eine Einheit aus Einheit und Polarität.
Je mehr jedoch das Denken der Menschen im kollektiven Sinne einseitig auf das Denken in Gegenteilen ausgerichtet ist desto automatischer kommen Kampf und Krieg in die Welt.

Was sich im Geist verdichtet, materialisiert sich in der Welt

Die Ausrichtung des Denkens ist dann nicht nur im Schwarz/Weiß oder im Entweder/oder gefangen, sondern ist somit auch auf Materielles und die Herstellung von Materiellem (was auch ein Verdichtungsprozess ist) ausgerichtet. Dies hat wiederum zur Folge, dass sich eine große Industrie darum kümmert, Materielles durch Verdichtung herzustellen (man denke beispielsweise nur an die Computerentwicklung, die schon fast parageistige Prozesse in materiellen Maschinen ablaufen lassen kann, mikroelektrische Impulse, ähnlich der Prozesse in Nervenzellen). Was wiederum heißt, dass durch das ganze Wesen der Konsum–materialisierung viele Menschen, viele „Anlagen" auf den besagten (imaginären) „Banken" machen, und sich damit in der Angsthölle recht heimisch einrichten. Eure Hölle scheint dann via Verdrängung und Projektion auch plötzlich ganz nett auszusehen. Dieser Prozess verstärkt jedoch den Grad der Dichte in der Welt, welcher wieder auf die Einzelindividuen zurückwirkt und es Euch dann schwerer macht, Glückseligkeit zu empfinden. Glückseligkeit ist die Erfahrung des entdichtenden und entdichteten Geistes.

Dichtegrade der Gedanken

Und umgekehrt: Je dichter die Gedanken der Menschen im Einzelnen sind, umso mehr wirkt dies auch ein auf den kollektiven Geist, der die Menschenwelt umgibt. Ihr könnt es auch als „morphogenetisches Feld" bezeichnen, wenn Ihr so wollt. Wie dicht, also „egoistisch" oder wie entdichtet, also liebevoll Menschen in der Welt denken, wirkt auch auf Euren Geist zurück, der ja vom kollektiven Geist ungetrennt ist.

Auch die Gedanken sind Verdichtungen des reinen Geistes; sind also dichter oder weniger dicht. Gedanken sind natürlich insgesamt nicht so dicht wie z.B. Materie (sonst wären sie Materie). Auch Gedanken unterscheiden sich in der Dichte. Viele dichte Gedanken im kollektiven Sinn machen den geistigen Level der Welt dichter. Es entstehen dadurch z.B. Epochen, in denen es auch für die Individuen schwieriger ist, leichte, lichte, freischwingendere Gedanken „aufzuschnappen" oder „anzuziehen".
Je mehr die Gedanken Liebe, Leichtigkeit, Annahme, Zustimmung, Einheit usw. transportieren, bzw. Ergebnis der genannten „Zustände" sind, um so entdichteter sind sie. Umgekehrt: Je mehr sie Medium von Mangel und Kampf, Schwere, Ablehnung, Trennung, Leid, Vereinzelung und Desintegration sind, umso verdichteter sind sie.

Globale Verantwortung

Eine kollektive Herangehensweise an die Entdichtung von Angst und Leid in der Welt ist es also, weniger in eine Richtung zu denken, die dazu führt, materielle Dinge herzustellen, die wiederum nur Verankerungen im Bereich der Angst darstellen und die geistige Atmosphäre der Welt dichter machen. Ganz abgesehen von Umweltverschmutzung und Klimawechsel, die sich aus dem kollektiven Streben nach „Haben" (als verdichteter Zustand des „Seins") momentan als Hinweisschilder manifestieren.

Doch wiederum Vorsicht! Das „Haben" ist deshalb nicht schlecht. Das „Haben" ist die Mutter des Seins. Das „Haben" selbst ist etwas Wunder–volles, solange Ihr nicht daran haftet und Euer Sein durch den Glauben daran etwas zu brauchen einschränkt. Jedes Anhaften an Abhängigkeit verdichtet.

Um den Grad der Angst kollektiv zu entdichten, ist es hilfreich und auch viel erfüllender, Gedanken, die sich mehr mit dem Wohlergehen anderer Menschen, Lebewesen und der Natur beschäftigen, in Euch „Heimat" zu geben. Gedanken dieser Art sind weniger dicht und wirken auf die geistige Atmosphäre der Welt entdichtend. Das könnte man globale Verantwortung nennen.
Und niemand muss warten, bis der Nachbar das auch tut, nichts hindert Dich daran, jetzt damit anzufangen.

Aufnehmen, Verwerten, Loslassen

Was Euch hindert, diese globale Verantwortung zu übernehmen, sind vielerlei Anhaftungen, geistige Verdichtungen. Was andererseits geistigen (nicht)Stoff entdichtet, ist die innere Bereitschaft, statt anzuhaften, anzunehmen, was ist. In der Annahme von etwas oder jemandem wird Liebe für Dich und somit für die Anderen freigesetzt. Entdichtend ist, was lebendige Prozesse unterstützt.
Wo an etwas angehaftet wird, muss die Verdichtung in seinem Dichtenniveau festgehalten werden, daher wird hierbei nichts freigesetzt. Daher nehmt, was Ihr wollt und lasst es aber dann wieder los, wie in Ernährung und Verdauung. Würdet Ihr in der Ernährung an allem festhalten, was Ihr aufnehmt, würdet Ihr am eigenen Kot zugrunde gehen. Das ist ein gutes Bild dafür, was viele mit sich machen und was mit der Entstehung körperlicher Krankheit zu tun hat. Es gibt ja auch Gedankenkot. Das ist nicht abwertend gemeint, sondern soll zeigen, dass Vieles was „vorbei" und für nichts mehr relevant ist, innerlich unbewusst immer noch festgehalten wird. Der natürliche Prozess des Hindurchfließens durch Eure menschlichen Kanäle und Membranen wird dadurch immer mehr blockiert. Ein geistiger „Infarkt" droht.

Was übrigbleibt, wenn das Nährende verwertet wurde (gleichgültig, ob es sich dabei um körperliche oder geistige Nahrung handelt), ist eben sehr dicht. Das gilt für Ernährung genauso, wie für Ereignisse, Erlebnisse, Erfahrungen, um nur einige zu nennen.

Es gibt einen qualitativen Unterschied zwischen dem, was „frisch" zum Leben aufgenommen wurde, und dem, an dem zu lange festgehalten wurde und was den Fluss des ständigen Aufnehmens und Abgebens (Loslassens) hemmt. Das passiert auf geistiger Ebene genauso, wie auf der körperlichen Ebene der „Verdauung".

Die „Verdauung" von Traumata

Es werden beispielsweise Ereignisse, mit denen Du nicht im „Einklang" bist, dadurch automatisch festgehalten, sie werden nicht verdaut. So werden aus Verletzungen, die vielleicht schon lange vorbei sind, Traumata. Nun kommt es darauf an, ob Du in der Lage bist, eine Verletzung, ein Trauma durchfließen, abfließen, verdauen zu lassen. Dazu musst Du das „Gewesene", ähnlich wie es auch im menschlichen Organismus geschieht, auswerten und dann loslassen. Das heißt, Du schaust es an, nimmst daraus, was es vielleicht für Dich zu lernen gibt, ohne jemandem Schuld zu geben oder eine negative Erfahrung zu bilden (die dann ja wieder festgehalten werden würde, weil sie negativ, d.h. dicht ist) und lässt am Ende den „Rest" los, indem Du dem Ganzen zustimmst wie es war, wie es ist. Das scheint Dir vielleicht „viel verlangt", aber das ist der Weg der Heilung und gleichzeitig des Entdichtens von Gedankenkot, der Dich durch seine verdichtende Wirkung auf die Dauer krank macht.
Auf diese Weise kannst Du jedes Trauma heilen.
Die Alternative dazu wäre, den Rest Deines Lebens daran festzuhalten, weil Du es nicht ansiehst, nicht auswertest. Auswerten heißt, den Teil, den Du brauchst, zu nehmen, und den Rest durch Zustimmung zu entlassen. Im Nichtverdauen, Nicht–durchfließen–lassen, also im Festhalten wird nur der innere und/oder äußere Schmerz aufrechterhalten.

Am Ende dieser genannten Prozedur des Verdauens von Ereignissen ist es gar nicht so schwer und Du merkst, dass Dir durch Zustimmen und Loslassen Fähigkeiten erwachsen. Vielleicht bist Du ja insgesamt aus einer Stagnation mehr ins „Fließen" gekommen. Leichter fließt das Leben jetzt wieder durch Dich und Du empfindest das „Fließen" immer mehr als Glückseligkeit.

Schicksal und Hingabe

Festhalten ist eine ständige Verdichtung – Loslassen bedeutet Entdichtung. Ihr kennt das, wenn Gedanken schwer und dicht werden und wie ein Magnet oder ein schwarzes Loch im Weltall alles andere Schwere an sich ziehen, und Ihr gar nicht mehr an etwas anderes denken könnt und dann die Gedanken nicht mehr durchfließen können. Das ist ein Akt des Festhaltens aus Angst, der deshalb neue Angst erzeugt. Angst führt wieder zu Angst. Aus Angst sucht Ihr Euer „Heil" oft darin, dem „Schicksal" aus dem Weg gehen zu wollen oder es nicht anzuerkennen, nicht anzusehen, nicht auszuwerten usw.. Ihr sagt „nein" zu Eurem Schicksal, damit kann es aber nicht „durchfließen" und wird unwillkürlich festgehalten. Daraus entsteht wiederum verdichtetes Denken und damit Angst.
Der Kreislauf kann durchbrochen werden durch die De–Mut, sich seinem Schicksal zu stellen, ja sich ihm hinzugeben.

Hier können wir meinen Boten Carlos Castaneda zitieren, der sagt: *„Es ist nicht wichtig, wie unser jeweiliges Schicksal aussieht, solange wir uns ihm mit grenzenloser Hingabe stellen."[7]*

Das Schicksal bin ich. Wenn Du Dich ihm hingibst, gibst Du Dich mir hin und wir können in Resonanz treten, wir können Eins werden bzw. erkennen, dass wir Eins sind.
Ich gebe mich auch Dir hin als Schicksal, als Geschenk. Ich erscheine Dir als Schicksal, nicht um Dich arm, sondern um Dich reich zu machen. Ich komme als leichtes Schicksal oder als schweres. Nur Deine Bewertungskriterien machen das eine oder das andere daraus. In der Hingabe an das Schicksal, wie es auch immer sei, wirst Du reich.

Nun mögt Ihr fragen, warum das manchmal so „höllisch" schwer ist, sich seinem Schicksal mit Hin–gabe zu stellen, wenn (nur um ein Beispiel zu nennen), innig geliebte Menschen Höllenqualen erleiden müssen und alle mitleiden, die in Liebe mit dem Gepeinigten verbunden sind.

Hier sind wir nun an einem zentralen Punkt, der wohl am schwersten anzunehmen ist. All die ärgsten Grausamkeiten, zu denen der Mensch fähig ist, alles Leid – z.B. wenn Menschen, die sich lieben, auseinandergerissen werden – die tiefste Verzweiflung und das abgrundtiefste Elend, wird genau dadurch fest– und in der Welt gehalten, indem es niemand sehen will und jeder es weghaben will. Weil es nicht angenommen und ver–standen (im Sinne von aushalten, engl. 'to stand) wird, und nicht als ein Teil von mir gesehen wird bleibt es in der Welt. Es wird ausgeklammert und dadurch nicht erlöst, nicht entdichtet. Aber auch das Leid ist ein Teil von mir, ein Teil der Liebe, die zwar ganz verdichtet wurde, aber immer noch Liebe in ihrer Potenz ist. Liebe, die stark verdichtet wurde, weil Ihr sie nicht gelebt habt, ihr keinen Raum gegeben habt, damit sie leben kann.

Leid ist Liebe, die erlöst und nicht Schlag um Gegenschlag immer weiter verdichtet werden will.

Damit wären wir wieder bei der globalen Verantwortung. Es mag sein, dass die Liebe, die Du jetzt gerade nicht lebst, in einer Folterkammer am andern Ende der Welt ihren „Niederschlag" findet.

Schuldzuwendung verdichtet

Ein weiterer wesentlicher Aspekt, der Gedanken verdichtet, ist Schuld. Wenn jemand denkt, er sei verletzt worden, ankert er dann diesen Gedanken mit Schuld, die er dem Täter zuwendet. Er macht die Situation, die gedankliche Erinnerung so dicht, dass sie nicht durchfließt. Die andere Person, der vermeintliche Täter, fällt dann für die Person aus der Einheit.

Der Effekt ist, dass diese Gedanken nicht durchfließen und die Person, die dichte Schuldgedanken wälzt, die schwere, dichte Last selber trägt. Diese Dichte verstärkt auch mehr oder weniger die seelische Dichte, welche sich wiederum auf die körperliche auswirkt, was in der Folge zu Krankheiten, Verhaltensänderungen oder psychischen Problemen führen kann. Das alles passiert durch die Angst (Angst kommt von Enge und meint Verdichtung) und erzeugt weitere Angst. Eine Form, sich in der Angst (die manchmal die Maske der Sicherheit trägt) einzukrallen, ist Festhalten an Schuld, sich selbst, jemand anderen oder einem Umstand gegenüber.

Schuld ist zu dicht für Glückseligkeit, welche ein weitgehend unverdichteter Gedankenzustand ist.

Schuld kann entdichtet werden durch die Sichtweise, dass ein anderer Mensch oder ein Erlebnis – also etwas „Äußeres" Dich nicht verletzen kann, wenn Du nicht aufgrund Deiner Gedankenkonditionierung selbst in eine Verletzung gehst. Du nimmst also einen Umstand „zum Anlass", Dich verletzt zu fühlen.
Ein unbewusstes inneres Programm - Ihr nennt das Konditionierung - sagt Dir, dass Du Dich jetzt verletzt fühlen musst. Wer verletzt Dich also, andere Menschen oder Umstände oder Du Dich selbst?

Konditionierung verdichtet

Ihr lebt manchmal wie Maschinen, so sehr habt Ihr Euch konditionieren lassen. Die Konditionierung heißt, sich an etwas zu knüpfen und einen Abhängigkeits–zustand einzugehen der nicht not–wendig ist. Die Abhängigkeit gibt Euch (scheinbar) Orientierung und es kommt Euch vor, als könntet Ihr die Angst damit in den Griff bekommen. Ihr verlasst damit aber die Glückseligkeit, die sich als leichtschwingender Zustand nur außerhalb von Konditionierung und Abhängigkeit einstellt und Ihr erschafft die Welt der Gefahr, Bedrohung, Traumatisierung oder Verletzung, die dann wieder künstlich gesichert werden muss.
Obgleich Konditionierungen zu einer Art kulturellen Erbgutes geworden sind, sind sie nicht unaufhebbar.
Sie sind jedoch in der Erkenntnis der lichten Gedankenschwingung, dass eine Verletzung von außen unmöglich ist, transformierbar. Ihr seid es in letzter Instanz immer selber, die Euch, durch Konditionierungen veranlasst, selbst verletzt. Es mag im, von Euch aus gesehenen, sogenannten „Außen" (was es nicht wirklich gibt) etwas passieren. Doch das bewirkt nicht die Verletzung. Die Verletzung ist immer ein innerer Prozess, ist immer eine Selbstverletzung aufgrund einer „Einschätzung" eines scheinbaren äußeren Ereignisses.

Die Matrix der Schöpfung und des Schicksals

Ordnung und Chaos (eine Präambel)

Das weltliche Leben tritt durch Bewegung in Erscheinung. Es ist die Bewegung der Ver– bzw. Entdichtung des reinen Geistes, dessen was ich bin. Aufgrund dieser Bewegung tritt Leben und Welt in Eurem „Wahrnehmungsbereich" in Erscheinung. Auch Ihr seid aufgrund Eurer geistigen Tätigkeit ständig in dieser Bewegung der Ver– bzw. Entdichtung.

Ihr könnt diese Bewegung auch fast zum Stillstand bringen, was den leiblichen „Tod" bedeuten würde. Um Leben zu können, muss immer wieder Verdichtetes entdichtet werden. Gleichzeitig haben alle verschiedenen Dichtegrade auch ihre eigene Qualität und auch ihre eigene Bedeutung in der Welt.

Wir sprachen von Aggregatszuständen und dass das, was Ihr „negativ" nennt, im „Positiven" potentiell enthalten ist und umgekehrt. Geist, also das was ich bin, kann immer ver– oder entdichtet werden und ändert damit seine (meine) Qualität. Gut und Böse ist keine Polarität, sondern „nur" schwingungsmäßig unterschieden.
So kann alle Polarität als qualitativ oder schwingungsmäßig unterschiedlich betrachtet werden. Ebenso die (Nicht)Polarität „Ordnung und Chaos".

Die aufgrund von Bewegungen in Erscheinung tretende Welt beruht auf verborgenen Strukturen, komplexe Schwingungsmuster im Unmanifestierten, reiner Geist in dem (nicht)Stoff, der ich bin. Diese Strukturen, diese Muster oder Ordnungen bewirken, dass etwas in gewisser Weise für Euch in Erscheinung(en) tritt.
Chaos ist der reine Geist, der keine Strukturen, aber alle Möglichkeiten in sich enthält. Wenn in irgendeinem Wesen eine Idee oder ein Gedanke Gestalt annimmt, sammelt sich der reine Geist zu einer bestimmten Ordnung oder Struktur. Wobei dies kein rein kreativer Akt ist, denn es ist schon eine bestimmte Idee oder Gedanke, der als bestimmte Schwingung, als bestimmte „Inspiration" bei Euch anklopft und in der Aufnahme in Eurer Geistigkeit Form annimmt und dadurch für Euch wahr–nehmbar wird.

Glückseligkeit wird für Euch wahr–nehm–bar, wenn Ihr in Eurer körperlichen und geistigen Dichte (die grundsätzlich viel weniger dicht ist als die körperliche) einen Raum schafft, in dem (fast) reine, unverdichtete Geistigkeit schwingen kann.

Ordnung als die Matrix im Unmanifestierten

Wenn Ihr aus der Unbegrenztheit hier ins Leben tretet, tretet Ihr in die Ordnung ein. Die Ordnung entfaltet sich mit der Entwicklung immer mehr, da sich die Matrix, die sich jenseits der Welt der Erscheinungen befindet – aber in sie hineinwirkt – im Körperlichen verwirklicht. Alles, was außerhalb der Grenze im Unbegrenzten da ist, gibt es auch im Begrenzten, Weltlichen. Die (scheinbare) Grenze bewirkt, dass eine wahr–nehmbare Welt in Erscheinung tritt. Diese Grenze, welche aber nur illusionär ist, kann von Euch überschritten werden.

Die Matrix (wir wollen es im Folgenden so nennen, da uns ja auch die gleichnamigen Filme dieses Wort näher gebracht haben) wirkt von jenseits der scheinbaren Grenze aus. Diese Grenze ist nur ein bestimmter Level an Schwingungsfrequenz. Jenseits dieser Grenze liefert die spezielle Matrix die In–Form–ation für den Aufbau der Organismen. Die In–Form–ation stellt somit eine Bewegung in entgegengesetzter Richtung der Entropie dar. Es wird ein Ordnungsaufbau bewirkt. Das heißt, die Ordnung wird aus der in der „Matrix" angelegten Struktur über Schwingungen in eine wahr–nehmbare Form gebracht. Die Ordnungen der Matrix „tönen" – wenn Ihr so wollt – wie durch eine Membran (die scheinbare Grenze an Schwingungsfrequenz) in die physikalische Welt hindurch und erschaffen sie damit.

„Gott" als „Im-Menschsein-sich–selbst-Wahrnehmendes"

Salopp gesagt, die Muster, die in den Schubladen meines Seins liegen, liefern die immateriellen Baupläne für die Verdichtung von Urstoff (Nichtstoff) für die Art und Weise des in Schwingung- bringens von dem, was ich bin. Also ich, das universelle Bewusstsein, der reine (in seiner Reinform unverdichtete) Geist, bringt sich selbst durch den genannten Prozess in

Erscheinung. Ich werde dadurch wahr–nehmbar für Euch Geschöpfe, die auch aus dem reinen Geist durch Verdichtung von Schwingung wahr–nehmbar geworden seid. Ihr seid also gleichermaßen Wahr–genommenes und Wahr–nehmendes. Ich nehme mich selbst wahr, indem ich vor/in Euch in Erscheinung trete.

Das Universum, Leben und Welt sind entstanden, indem ich eine Bewegung in einem Bereich von mir gemacht habe und damit die scheinbaren Eckpfeiler der Welt der Erscheinungen festlegte. Innerhalb dieser Grenzen treten Zeit und Raum in Erscheinung. Raum und Zeit für sich genommen sind eine vergleichsmäßig leichte Verdichtung. Innerhalb dieser Verdichtung passierten weitere, mehr ins Materielle und ins Körperliche gehende Verdichtungen. Auf diese Weise trat all das in Erscheinung, was einem inneren Aufbau folgt, zum Beispiel Organismen. Das weltliche Leben ist nichts anderes als Bewegungen zwischen bestimmten Grenzpunkten von Ver- bzw. Entdichtung. Die Bewegung von der Ordnung zum gelösten Zustand, dem nicht Geordneten hin, ist dem, was Ihr Entropie nennt, vergleichbar; die umgekehrte Bewegung vom ungeordneten, potentiellen Zustand zur Ordnung ist In–Form–ation, eben das, was etwas in eine Form bringt. Die Bewegung in Form und Ordnung entsteht aufgrund der Bauplanstrukturen der Matrix.

Das „In- Form- Bringen" des Menschen und seines Schicksals

Was als „geschaffen" in der Welt in Erscheinung tritt, bleibt immer mit der „Matrix" jenseits der Welt der Erscheinungen verbunden. Es ist ja gewissermaßen die Matrix, welche nur durch Schwingungsverdichtung in Erscheinung treten kann, die aber ursprünglich dem Geistigen angehört. Es ist immer der reine Geist, das was ich bin, was durch das Einnehmen bestimmter Strukturen in einen für Euch wahr-nehmbaren Bereich tritt. Wenn eine Mutter empfangen hat, reift das Wesen in ihr analog der Strukturen, welche die „Matrix" als Impulse sendet. Der Bauplan für den individuellen Aufbau des Organismus liegt schon in meiner Schublade bereit, bzw. in dem Wesen selbst, welches ja nicht erst durch seine Körperlichkeit ins Leben kommt.
Aber nicht nur der Bauplan für den Aufbau des Organsystems, auch der

ganze Aufbau der dichteren und weniger dichteren geistigen Bereiche, die das Wesen des Menschen prägen, ist gegeben.

Die mehr oder weniger dichten Bereiche des Denkens werden dem Menschen durch das, was Ihr das Seelische nennt, als Gefühl wahrnehmbar. Der Mensch gestaltet mehr oder weniger unbewusst sein weiteres Lebensschicksal aus dem Grad der Dichte seines Denkens heraus, z.B. aus seinen (dichten oder weniger dichten) inneren Haltungen.
Wenn innere Haltungen ver– oder entdichtet werden (das heißt, dass sie rigider oder liebevoller werden) hat das eine Entsprechung in Eurem Gefühlsleben und kann als Gefühl der Erleichterung bzw. der Schwere oder Enge wahrgenommen werden.

In der „Matrix", welche die Schwingungsimpulse für den Aufbau der Geistigkeit liefert, ist auch all das gespeichert, woraus der Mensch über seinen oder seine vorangegangenen Tod(e) festgehalten hat, bzw. festhalten musste, weil er es noch nicht durch Zustimmung lösen konnte oder wollte.

Ja, wir nähern uns thematisch dem, was Ihr als den Begriff des „Karmas" kennt.
Dieser Begriff des Karmas, das, was sich jenseits Eurer Vorstellungen dahinter verbirgt, ist noch nicht wirklich verstanden. Damit dieser Begriff mehr das Wesentliche trifft, muss der Glaube, das Karma sei eine Reaktion auf gute oder schlechte Gedanken und Taten, daraus gestrichen werden.
Alles das, was Ihr denkt, dass Gott von Euch will, was er Euch durch die „Karma–Blume" sagen will, was Ihr zu tun oder zu lassen habt, streicht einfach gänzlich aus dem Inhalt des Begriffs „Karma".
Das, was man Karma nennen könnte, ist dann nur noch das, womit Ihr zur Zeit des Todes noch in innerem Kampf standet und das deshalb mitgenommen, festgehalten werden muss.
Denn wogegen Ihr kämpft, an das bindet Ihr Euch.
Es besteht über den Tod hinaus und bekommt einfach dadurch, dass es in der persönlichen Matrix gespeichert ist und durch Aufnahme in eine neue Körperlichkeit eine neue Chance zur Lösung.

Wenn Ihr das, was Ihr mit „Karma" bezeichnet, so betrachtet, macht es Euch weniger Druck und Angst. Aus den Chancen zur Lösung des inneren

Festhaltens (Karma) entstehen neue Chancen, zur Glückseligkeit zu gelangen. Jede Lösung eines inneren Kampfes ist ein In-Kontakt-Kommen mit der Glückseligkeit.

Individualität, scheinbare Getrenntheit von Anderen, entsteht durch die individuellen Identifikationen, die über den Tod oder über die Tode hinweg gehalten werden. Dadurch könnt Ihr als Individuum in Erscheinung treten, das sogenannte Karma macht Euch einzigartig und menschlich.

Das, was aus früherer körperlicher Existenz durch Festhalten in einem Teil der Matrix gespeichert ist und durch neue Körperlichkeit belebt wird, gibt also im Geistigen potentielle Bewegungsmuster vor. Damit diese Bewegungsmuster Gelegenheit bekommen, gelebt zu werden, entstehen bestimmte Lebenssituationen als Chance, innere Kämpfe und Anhaftungen zu lösen. Diese wurden immer von Euch mitentworfen oder herbeigeführt, um Entdichtung erfahren zu können. Dazu gehören z.B. Aspekte von Erfolg/Misserfolg im Leben, Wahl der Eltern und des Familiensystems, Dispositionen, Wahl der Partner und ähnliches.

Ihr könnt dieses Daseinsproblem einerseits damit lösen, indem Ihr über die Bewertung von beispielsweise Erfolg/Misserfolg in Eurer Geistigkeit hinausgeht. Es gibt dann keinen Kampf mehr, das eine zu wollen und das andere zu vermeiden. Das Leiden, das ansonsten durch Bewertung und Konditionierung entsteht, würde Euch dann nicht mehr treffen. Ihr könnt aber auch andererseits lernen, in die Matrix – deren „Verkörperung" Ihr seid – einzugreifen, um sie zu verändern.

Doch auch hierbei ist es sehr hilfreich, in seiner Geistigkeit jenseits der Bewertungen zu stehen, da ein von Bewertungen dichter Geist nicht mit seinem Bewusstsein in die Matrix vordringen könnte. Je entdichteter der Geist in einem Moment sein kann, umso mehr hat er die Möglichkeit, in der geistigen Matrix etwas zu verändern. Wie gesagt, die Matrix ist immateriell, sie besteht aus reinem Geist, aus reinem Bewusstsein; sie ist nur Struktur und Anordnung im unverdichteten (Nicht)Stoff, der ich bin. Individuelles Bewusstsein kann also mit der Matrix, die ja „nur" Strukturen, Schaltpläne im universellen Bewusstsein ist, im Kontakt sein. Ich, das universelle Bewustein, beinhalte ja auch alle potentiellen Möglichkeiten. Du kannst herausfinden, wie Du im Schaltplan der Matrix das Gewünschte in Wirkung bringst.

Letztendlich ist es ganz einfach, etwas geistig zu aktivieren, und Ihr habt heute eine Menge Literatur unterschiedlicher Qualität dazu. Es ist das, was Ihr z.B. „aktives Wünschen" nennt. Dazu später noch mehr.

Mit der Verdichtung entsteht die Angst

Entstehung der Welt durch Verdichtung des reinen Geistes

Fassen wir einmal zusammen: Wir sagten zu Beginn, dass Angst sich mit der Zeit zum Selbstläufer entwickelt, indem Ihr die Angst auf die Glückseligkeit projiziert. Diese wird dann zum eigentlich Angstmachenden, Ihr lasst Euch nicht mehr auf die Glückseligkeit ein. Stattdessen richtet Ihr Euch in Eurer „Hölle" gemütlich ein. Wir können es jetzt auch so betrachten: Wenn Ihr auf die Welt kommt und in den Aufbau der Ordnung geht (Zellteilung und Organbildung, Aufbau der Persönlichkeit, usw.), entsteht durch die In–Form–ation aufgrund der hinter den scheinbaren Grenzen der physikalischen Welt wirkenden Matrix ein immer komplexer werdendes „Muster" von unzähligen Schwingungsverdichtungen.

Etwas Manifestiertes hat, wenn es eine die Ordnung zusammenhaltende Instanz hat (beim Mensch ist das ein Zusammenspiel von dem, was Ihr „Seele und Geist" nennt), die Eigenschaft, den Status quo der Ordnung zu halten. Wir könnten das das Verstandesmäßige des Menschen nennen. Statische Ordnung widerspricht aber dem Prinzip des Lebens, welches Bewegung ist. Durch das Festhalten an der Ordnung, wird die Bewegung gehindert. Damit die Behinderung der Bewegung aufgehoben wird, braucht es eine entropische Bewegung – eine Freisetzung, eine Entdichtung, um wieder eine neue Ordnung aufbauen zu können. Das gilt für körperliche wie für geistige Prozesse.
Angst als eine Funktion des Verstandes kann Geistiges festhalten und damit verdichten, verengen. Angst ist damit eine Gegenbewegung zum Entropischen, Auflösenden. Der Verstand will den Status Quo der Ordnung halten.

Das, was Ihr Gott nennt, ist das Geistige, das reine unmanifestierte Potential aller Möglichkeiten. Um mich selbst zu spüren, mich selbst zu erfahren und auch, um im Körperlichen, im Gefühlsmäßigen und Konkreten zu leben, wurde ein Teil meines Schwingungsdaseins herunter transformiert, so dass Teile davon verdichtet wurden, was dann zum In Erscheinung-Treten von Leben und Welt führte.
Dadurch wird das Potential aller Möglichkeiten stark reduziert, weil durch die

Verdichtung eine (scheinbar) konkrete Welt entsteht, mit ihren Bedingtheiten und Einschränkungen. Im Hintergrund bleibt aber natürlich das unerschöpfliche Potential der Möglichkeiten bestehen, zu dem Ihr auch Zugang habt.

Die Welt selbst entsteht durch Schwingungsverdichtungen und entsteht auch nicht. Der Raum entsteht dadurch und entsteht nicht. Die Zeit entsteht und entsteht nicht. In Wirklichkeit tritt nur etwas in Er-scheinung, was auf bestimmten Strukturen im reinen Geist beruht, welche Impulse für komplexe Schwingungsverdichtungsmuster geben. Dadurch entstehen so etwas wie Bilder auf einem Wahrnehmungsbildschirm, ähnlich wie Bilder auf einem TV–Gerät, die etwas Sinnmachendes und Wahrnehmbares zeigen und doch nur aus „Pixel" oder "Bits" bestehen. Die Geräte aber bestehen aus einem äußerst komplexen elektronischen Bauplan. Schein-bar realen Charakter bekommt die Welt, weil ich Bewusstsein bin und das Weltgeschehen in meinem und durch mein Bewusstsein in Erscheinung tritt.
„Hinter" dem scheinbar „Realen", im reinen Geist, existiert die geistige Matrix, der Bauplan. Das scheinbar „Materielle" bleibt mit seiner geistigen Matrix in engster Verbindung, denn in Wirklichkeit ist es nichts anderes als diese. Würde die Matrix aber nicht durch das Bewusstsein verdichtet werden, würde sie für Euch verdichtete Wesen nicht in Erscheinung treten. Euer Leben ist also einem multidimensionalen Kinofilm vergleichbar, in dem Ihr virtuelle Gestaltungsmöglichkeiten habt, bei dem aber das „wirkliche" Leben hinter der Projektorscheibe meines Bewusstseins bleibt.

Ein ähnliches Beispiel hat auch schon Platon mit seinem Höhlengleichnis[8] gegeben:
„Das Leben der Menschen zeigt sich nur als Abbild, als Schatten in einer Höhle, in der Ihr Euer Leben verbringt, während das, was die Schatten wirft, sich draußen, außerhalb der Höhle, in der Sonne abspielt."

Es ist Euch aber möglich – um das Bild des platonischen Gleichnisses aufzugreifen – zu erkennen, dass Ihr nur „Schatten des wirklichen Lebens in einer Höhle" (für) wahr–nehmt. Ihr bräuchtet Euch nur umzudrehen und in das wirkliche Leben nach draußen in die Sonne gehen. Doch dazu ist es not-wendig, die Welt der schattenhaften Illusion zu verlassen.
So ist der multidimensionale Kinofilm des Lebens, die Schatten sozusagen,

einerseits nur Schwingung und dennoch auf rätselhafte Weise auch wiederum real. Die Schwingung ist der Transmitter des Geistigen. „Hinter" allem materiellen Rest und ist ein Geistiges. Das Geistige „hinter" den Erscheinungen, welches sich ins Wahr–nehmbare transformiert, trägt einen Sinn in sich, einen Entwicklungssinn sozusagen, wie in dem Keim einer Pflanze ein Sinn enthalten ist, welcher die Pflanze zur rechten Zeit und in der rechten Weise entwickeln lässt. Der Entwicklungssinn, welcher die Verbindung zur „Matrix" „dahinter" hat, bringt das Geistige zum Ausdruck. Er hilft damit die Bestimmung, die potentiell im Geistigen lag, zu erfüllen (oder soll ich sagen zu erfühlen, denn dieser Entwicklungssinn manifestiert sich bis hin zu den fühlenden Wesen (sentient beings) und fühlt sich somit selbst).

Wenn nun Kontakt zu Deiner Matrix besteht, bist Du herzlich eingeladen, Teilmuster in der Matrix zu verändern. In Deiner Matrix kommen Du und ich zusammen und sind dann nicht mehr Du und ich, wir sind Eins und erschaffen gemeinsam.

Der Teil der „Anreicherung" Deiner Matrix kann auch mittels Entscheidungen verändert werden. Entscheidungen, innere Haltungen verdichten oder entdichten geistige Schwingungen und beeinflussen so Deine Matrix. Jede Entscheidung, natürlich auch jede unbewusste, bewirkt, dass Du Dich mehr in der Angsthölle festkrallst, oder dass Du sie mehr loslässt.

Das Seelische als Impulsgeber für die Entwicklung des Geistigen

Das Leben und die Welt sind also mehr als nur Projektion von Schwingungsdichte oder blinde Evolution. Ich bin als Geistiges auch das Materielle, nur dichter. Doch auch in der Dichte west der Sinn, der Entwicklungssinn, welcher die Verbindung darstellt zum reinen Geistigen. Das ist es, was wir das „Seelische" nennen können (zumindest für Euch als Sinnbild oder Verständigungshilfe, da Ihr ja mit dieser Dreiteilung Körper, Geist und Seele umgeht).
Das Seelische, als der in den Schwingungsmustern angelegte Entwicklungssinn, ist die Brücke zwischen dem Geistigen und dem

Körperlichen. Ich bin also alle Körper und habe je nach Komplexität differenzierte, geistige, sinntragende und ordnende Schwingungsstrukturen in mir. Das Seelische „sendet" Entwicklungsimpulse, damit für das Geistige immer mehr Raum entstehen kann. Des Menschen Raum, mich als das Geistige zu erfahren, liegt in der Fähigkeit zu denken (sofern er sich nicht mit seinem Denken identifiziert).

Aber auch das menschliche Denken ist nicht mehr das reine, freischwingende Geistige, das ich in „Reinform" bin, denn menschliche Gedanken haben schon unterschiedliche Verdichtungsgrade.

Es gibt verdichtetere Gedanken, welche oft mit Festhalten und Identifikation zu tun haben, und leichtere, freischwingendere, die mit Loslassen, Liebe, Geben usw. zu tun haben. Die Leichteren sind mir als freischwingendes Wesen näher als die Dichteren, obgleich ich als Substanz natürlich beides bin, aber eben in „Aggregatzuständen". Der Dichtegrad der Gedanken, welche zu Euch finden, ist bestimmt durch Eure Reife oder Offenheit für Erkenntnisse (also Offenheit für Kontakt mit mir). So zieht Ihr gedanklich an, was als Schwingungsniveau schon in Euch ist.

Das „Seelische" ist die Brücke zwischen den dichteren Teilen von mir in Dir, nämlich dem Körper und den Organen und den weniger dichten, den Gedanken und dem Denken, welche auch wiederum in verschiedenen Dichtegraden bestehen. Ebenso können „individuelle Wesen" das Geistige in mannigfaltigster Weise (in den verschiedenartigsten Dichtegraden) zum Ausdruck und zur Geltung bringen.

Zunehmende Dichte im Denken schafft eine mehr von anderen abgegrenzte Individualität, also Egozentrik und Egozentriertheit. Damit geht die Sichtweise einher, dass Glück und Sicherheit im Anschaffen und im Mehr–werden zu finden seien. Weniger dichtes Denken schafft mehr Universalität, das Gefühl des Eingebundenseins in allem. Glück bedeutet hier mehr Verbindung statt Vereinzelung. Erfüllung wird mehr im Geben erfahren statt im (Zu–)nehmen.

Glück ist auf diese Weise ein Zelebrieren der Einheit, als ein Geben ohne Erwartungen und Berechnung, frei–willig, aus sich heraus, einfach so. Glück ist also das sich Freuen am Glück des anderen und das Freuen an der Freude als solches, an der Leichtigkeit des Lebens oder einfach an der Entdichtung. Dadurch entsteht zumindest eine Ahnung davon, nicht abgegrenzt zu sein, sondern auch der „Andere" zu sein, dessen Glück dann ja auch das Eigene ist. „Gott" gibt sich selbst und freut sich.

Was Ihr „Seele" nennt, ist nicht nur die Membran, durch welche die verborgene „Matrix" ihren Bauplan tönen kann und woraus der materielle Aufbau entsteht, sondern sie sendet auch Impulse, um die „Entwicklung" des Menschen über die organische Entwicklung hinauszuführen.
Die Entwicklung geht, nachdem alles im Wesentlichen aufgebaut ist, wieder zur Entdichtung im Geistigen, so dass im scheinbar materiell Entstandenen wieder die Möglichkeit entsteht, im Geistigen zu entdichten. Dieser Prozess gibt meinem Sein immer mehr Raum, um Euch mit der Natur, anderen Menschen und mir (ich bin ja das alles) in Verbindung zu bringen. Das heißt, die „Seele" sendet Impulse, Euch ab einem bestimmten Lebensalter wieder von Identifikation und Egozentriertheit zu lösen. Das, was Ihr „schweres Schicksal" nennt, ist das, was aus Eurer Abwehr entgegen dieser „Angebote" der „Seele" entsteht.

Mit Verdichtung ins Materielle entsteht gleichermaßen Zeit

Bei der Entstehung Eures Lebensraums, also der Erde, habe ich zuerst einen bestimmten Teil meines Schwingungsnetzwerkes stark verdichtet und so entstanden Stein und Erde. Ein Mittler dazu war das Wesen des Feuers. Über die Zeit hinweg (was aber wiederum wenig mit Eurer Empfindung der Zeit zu tun hat, denn die ist in der Form, wie Ihr sie empfindet, etwas dem subjektiven Menschsein Immanentes) wurde die Materie fester. Mit der Festigkeit, also mit dem Dichtegrad der Schwingungsmuster – man kann sagen mit dem Entstehen meines räumlichen Seins – entsteht auch die Zeit. Eure subjektive Zeitempfindung, bzw. die Wahrnehmung, dass Dinge nach einem linearen Ablauf entstehen oder vergehen, hat mit Eurer Eigenart als Mensch zu tun und dann auch wieder mit dem Grad der Dichte Eures Denkens; das „So–Sein" des Zeitlichen ist aber untrennbar an die Verdichtung gebunden welche in der Erdsphäre vorherrscht.

Die Entstehung von Leben und Welt ist darauf ausgerichtet, den reinen Geist in der Materie zu gebären. Ist die feste Materie erst in Erscheinung getreten, habe ich mich – der ich ja auch Entwicklung, Bewegung bin – auf dem Grund der sehr dichten Formen (Stein, Erde) einige weniger dichtere Formen aus mir gebildet um lebendige Formen in Erscheinung zu bringen. In der Erscheinungsform Mensch kann der verdichtete reine Geist (oder eben das, was ich bin) teilweise sogar aus eigener Kraft wieder weniger dicht werden, nämlich im Bereich des Geistigen, des Denkens. So ging ich also durch die Metamorphose und wurde von Stein, Land und Metall zu Pflanzen, Wassertieren, Landtieren und zum Menschen.

Je dichter eine Form, umso weniger Bewusstsein fließt vom freischwingendem Geistigen in diese (Lebens)form und desto mehr Bewusstsein bleibt außerhalb der Lebensform oder fließt eben in entsprechend geringem Maß in die „Form" ein. Damit eine Lebensform in Bewegung kommen kann, braucht es schon ein gewisses Maß an Bewusstsein in der jeweiligen Lebensform. Somit geht der Entwicklungsgang des Lebens zu immer mehr Individuation, je mehr an Bewusstsein in die Lebensform fließt und nicht nur im unmanifestierten, rein geistigen Bereich bleibt. So ist mehr Bewusstsein/Individuation im Fisch wie im Schilf, im Krokodil als im (gewöhnlichen) Fisch, im Vogel mehr als im Krokodil und im Hund mehr als im Vogel. Diese Reihe ließe sich beliebig fortsetzen.

Der Geist „hinter" der Lebensform, die Matrix, welche die Form in Erscheinung bringt, wurde von einer Gruppe von Euch einmal „Deva" genannt. Auf geistiger Ebene ist es möglich, damit in Kommunikation zu treten. Ihr habt im Bereich des „Seelischen" eine Art „Übersetzungsgerät", mittels welchem Ihr die übersprachliche Kommunikation dieser Ebenen in Eure Sprache übersetzen könnt, ebenso wie Ihr auf geistiger Ebene mit mir in Kommunikation treten könnt. Auf diese Weise ist es Euch ja auch möglich mit mir zu sprechen, auch wenn die Kommunikation aufgrund der Grenzen Eurer Kommunikationsmöglichkeiten (noch) in engem Rahmen ablaufen muss.

Seele und Entwicklung

Der seelische Bereich ist durchflossen vom „Sinn", welcher im reinen geistigen Potential schwingt, d.h. der seelische Bereich lebt aus der Matrix im jenseitig rein Geistigen. Die Strukturen und Ordnungen der Matrix treten durch das „Seelische" in Erscheinung.

Diese Strukturen und Ordnungen sind nicht blind nur auf Reproduktion oder auf Leben, rein zum Selbstzweck, ausgerichtet. Alles ist durchwest durch mich, ist bewegt durch mich und ist ich selbst – in anderen Worten, ist durchwest von der Liebe, von der Freude, von der Glückseligkeit.

So – als Ausdruck von Liebe, Freude und Glückseligkeit – geben die Strukturen und Ordnungen aus der Matrix „dahinter", Impulse ab, die mittels der „Seelenmembran" in Euer (mein) Bewusstsein tönen (doch oft auch ohne wahrgenommen worden zu sein, verhallen). Diese Impulse sind Impulse zur Entwicklung. Es können Impulse zur Verdichtung sein, wenn es z.B. um den Aufbau oder Erhalt des Organismus geht. Die Hauptaufgabe aber ist, die geistige Entwicklung dahingehend zu gestalten, dass sich das Denken und Gedanken wieder entdichten können.

Wenn sich das Denken und die Gedanken entdichten, geht Euer Denken in Richtung Liebe, Freude und Glückseligkeit. Die Gedanken, die mit Liebe und Freude zu tun haben, werden mir in meiner freischwingenden Version, in ihren Schwingungsmustern wieder ähnlich. Diese Interferenz bildet dann eine Resonanz zwischen uns, als ein erstes unbewusstes Wiedererkennen unseres Einsseins, was im Bewusstsein als Glückseligkeit empfunden wird.

Im Einklang mit dem göttlichen Grundton

Die Resonanz unserer Schwingungen, die ja an sich im gleichen Geist, der gleichen „Seele", dem gleichen Körper schwingen, geht ein harmonisches Schwingungsverhältnis ein – wie in der Musik z.B. eine Quinte oder Quarte harmonischer zum Grundton klingt und schwingt als eine verminderte Terz.

Wir sind beide aus der gleichen Substanz (Nichtsubstanz), nur vom Dichtegrad unterschieden. Jedoch können Deine Schwingungen in mir harmonischer oder dissonanter zum Grundton, also in reiner unverdichteter Form zu mir schwingen.

Aus mir ist alles, auch alle Form gemacht. Die Form wirkt weniger lebendig, weil das Geistige in der Form verdichtet ist. Der „Stoff", doch sagen wir lieber: Der Nichtstoff, der in Aggregatszustände geht und damit alles erschafft, bin ich. Alles was wird, ist immer wieder ich.

Ich bin da als Grundton Liebe, Freude, Glückseligkeit und erlebe mich selbst wieder durch unsere gemeinsame Körperlichkeit als Liebe, Freude Glückseligkeit.

„Seele" als Hilfsorgan der Verwandlung

Die Aufgabe des „Seelischen" ist es also, Impulse weiterzugeben, damit die Entwicklung jedes Menschen dahin geht, in sich der Liebe, Freude und Glückseligkeit Raum geben zu können. Liebe und Freude sind Raum, Weite, entdichtetes, freischwingendes Denken und werden durch die Resonanz zu mir als Glückseligkeit empfunden. Im Gegensatz (oder besser im dichteren, dissonanteren Verhältnis) dazu steht die Angst, welche Enge und Dichte im Denken bedeutet sowie eingeschränkte Wahr–nehmung, während die Liebe vieles wahrnimmt und wertschätzt.

Der innere Entwicklungssinn ist dazu programmiert, sich (über das „Seelische") zur Erfüllung zu bringen. Alles kam aus mir durch Verdichtung und alles wird wieder zu mir durch Entdichtung, wie es sich in Eurem thermodynamischen „Gesetz" der Entropie wiederspiegelt.
Diese Entwicklung kann aber auch „gestört" werden, weil das als Denken verdichtete Geistige, das im Menschen eine gewisse Selbstständigkeit innehat, gegen diesen Entwicklungsprozess der Seele steuern kann. Dichtes Denken aufgrund von Angst und Festhalten an scheinbar angstabwehrender „Sicherheit" führt am Ende wieder zu Angst und Festhalten. Nur das sich Öffnen, um sich von mir verwandeln zu lassen, kann diesen Kreislauf durchbrechen, doch dazu später mehr.

Entwicklung heißt zunehmendes Einfließen von Bewusstsein in die Form

Gehen wir wieder zurück zum Entwicklungsprozess der Menschwerdung. Den beschriebenen Entwicklungsprozess der Erde und des Lebens auf der

Erde durchläuft nun auch jedes menschliche Individuum aufs Neue, wenn es sich (wenn ich mich als es) ins Körperliche und in die Welt hinein verdichtet. Anfangs geht der Verdichtungsprozess hauptsächlich um den Aufbau des Körperlichen, des Organischen, d.h., das Bewusstsein bleibt weitgehend noch außerhalb der Körperlichkeit. Auch nach der Geburt verbleibt das Bewusstsein noch viel im reinen Bewusstsein außerhalb der Manifestation. Mit fortschreitender Entwicklung des Körperlichen muss aber auch immer mehr Bewusstsein vom Jenseitigen in den Körper fließen, damit die Selbstständigkeit, die Individuation und die Selbstorganisation des Lebewesens zunehmen können.

Im Alter von 3–5 Jahren ist fast alles, was zu dem Bewusstsein oder dem reinen Geist des Lebewesen gehört, in die Körperlichkeit geflossen, was wiederum bedeutet, dass es dann immer schwerer bis unmöglich für das kleine Wesen wird, sich auf eine Bewusstseinsebene außerhalb des Körperlichen zu begeben, um sein Leben quasi von außen sehen zu können, oder auch Inhalte z.B. von Vorleben, oder das was Ihr den „Zwischenbereich" nennt, zu er–innern. Dadurch ist es auch meist nicht mehr möglich, sich überhaupt an die frühe Kindheit, als man noch jünger als 2 Jahre war, zu er–innern, außer in Hypnose.

Wie das Wort er–innern schon nahe legt, könnt Ihr diese Inhalte als Mensch nicht nach innen holen, weil sie im „Außen" liegen. Dennoch gibt es Zugänge zu diesen Inhalten, weil sie ja im reinen Geist bewahrt sind.

Phylogenese und Ontogenese

Bei der Entstehung – oder sagen wir besser – beim In-Erscheinung-Treten der Welt durch Verdichtung des reinen Geistes entstanden Formen, die mit der Entwicklung der Welt immer mehr an Bewusstsein trugen. Aus festen Formen wie Steinen und Erde wurden entdichtetere Formen wie Pflanzen, Tiere und Menschen.

Der einzelne Mensch geht in seiner Ontogenese auch durch die einzelnen Phasen der Phylogenese der „Welt" und des Lebens dort. Auch der Mensch ist während seiner Entwicklung im Mutterbauch erst Mineral, Pflanze und Tier. Auch der Mensch ist im Beginn dichte „Form". Entwicklung heißt dann, immer mehr zu entdichten. Er rauscht in seiner intrauterinen Entwicklung (zum Teil auch noch danach) durch die phylogenetischen Entwicklungsstadien des Tierseins mit allen seinen Facetten.

Ganz Mensch wird er dadurch, dass er an einem Punkt in seiner frühkindlichen Entwicklung so entdichtet ist, dass der Großteil seines Bewusstseins in seine Form einfließen kann.

Wenn ich sage „ganz Mensch", ist das vordergründig auf seine Entwicklung als körperliches Wesen bezogen; ganz Mensch wird der Mensch erst, wenn er ganz „Gott" wird, wenn der Mensch im Laufe seines Lebens immer weitere geistige Räume in sich entdichtet, in denen Gott frei schwingen kann, was über das Seelische als Gefühle von Liebe, Freude und Glückseligkeit wahrnehmbar wird und als Liebe über den einzelnen Menschen auch andere erreicht.

Das Entwicklungsstadium des Fisches, Symbiose und Paradies

Das Entwicklungsstadium des Fischdaseins – in der Individualentwicklung des Menschen ist das der intrauterine Zustand im Mutterleib – also der „Kern" des symbiotischen Zustandes, wäre gleichzusetzen mit dem Paradies der Paradiesgeschichte. Es ist aber ein unbewusstes Paradies, das noch nicht bewusst aufgenommen und wahrgenommen werden kann, weil das Bewusstsein weitgehend noch nicht da ist. Es ist noch nicht in das Körperliche eingeflossen. Das an das jeweilige Körperliche zu bindende Bewusstsein ist noch außerhalb des körperlichen Individuums. Es ist latent verbunden, weilt aber noch im unmanifestierten Jenseitigen. Der „Sinn" des menschlichen Wesens ist es, sich auf den Weg zu machen, dieses „Paradies" auch bewusst wahr–nehmen zu können. Dazu muss es sich aus der intrauterinen Symbiose, aus diesem unbewussten Paradies erst einmal lösen.

Als Nächstes fließt dann während der verschiedenen frühen Kindheitsphasen Bewusstsein in ihn und bewirkt auf diese Weise die Menschwerdung. Der Mensch ist nun auf seinem Weg, das „Paradies" wiederzufinden, um es nun bewusst zu erleben und wahr–zunehmen. Der Prozess der Menschwerdung wird als Trennung von mir erlebt, obgleich sie das nicht ist und führt, wenn Ihr Euch konsequent von Eurem Entwicklungssinn leiten lasst, zur Erkenntnis des Einsseins mit mir.

Gehen wir noch einmal zurück zum Entwicklungsstadium des Fischseins. Im Fischsein, oder überhaupt in frühen Entwicklungsstufen in der Phylogenese, ebenso wie in der Ontogenese des Embryos im Mutterleib, ist das Bewusstsein auf die Empfindung hauptsächlich zweier Grundzustände begrenzt.

Der erste wird als Harmonie und Eingebundenheit in den Schwarm oder die Herde (eine unbewusste Form der Glückseligkeit), bzw. der Versorgtheit im Mutterbauch empfunden. Der andere Grundzustand wäre die Angst vor Bedrohung und Angriff. Beides hat jeder Mensch in der Phylo– sowie in seiner Ontogenese erlebt und auf einer, Ihr würdet sagen, archaischen Ebene gespeichert. Diese Ebene bildet die Urbasis, welche immer noch auf die Dichte des Denkens und der Gedanken einwirkt. Dort ist also Urangst gespeichert sowie auch eine Ursuche nach Harmonie, Geborgenheit, Sicherheit und dem Gefühl des Eingebundenseins in der Herde oder des Schwarms. Letzten Endes aber ist Eure Ursehnsucht die Rückkehr zur Einheit mit mir. Also mit anderen Worten, die Erkenntnis, dass es keine Trennung gibt.

Die Illusion der Trennung ist aber mit der „anderen, dichteren Seite", nämlich der Angst vor Bedrohung entstanden. Die Erkenntnis, dass es keine Bedrohung gibt (weil Ihr Euch nicht mit dem körperlichen Leben identifiziert, sondern mit dem Unvergänglichen, mit dem Leben an sich) führt Euch zur Erkenntnis, dass es keine Trennung gibt. Und umgekehrt: Die Erkenntnis, dass es keine Trennung gibt, führt zur Erkenntnis, dass es gar keine Bedrohung geben kann, da das Leben immer nur Formen wechselt, aber nicht aufhört zu sein.

Ihr werdet fragen: *„Wie bekomme ich diese Erkenntnisse in mein Leben? Wie kann ich die Einheit erkennen?"*

Lass uns dazu die eben behandelten Zusammenhänge noch einmal tiefer beleuchten.

Menschwerdung und Angst

In der Phylogenese habe ich mich bis zum in Erscheinung treten als Mensch hin ver– und wieder entdichtet. Der Mensch ist das Gefäß, in welches zum ersten Mal in dieser Phylogenese fast all das Bewusstsein in ein Individuum einfließen kann, das mit ihm verbunden ist und nur wenig davon im Außen, im Unmanifestierten bleibt. Das hilft ihm scheinbar, eigenständig zu agieren und zu reagieren. Diese Fähigkeit, scheinbar eigenständig zu sein, bringt ihm aber auch die Illusion des von mir getrennt Seins, des aus der Einheit in die Vielheit und in die Trennung gefallen Seins. Diese Illusion der Getrenntheit entsteht also aus der scheinbaren Selbstständigkeit, was für den Menschen auch bedeutet, neben dem zwangsläufigen „Ja" der Tiere auch „Nein" sagen zu können. Durch das „Nein-Sagen" und die zu starke Abgrenzung nimmt das „Gefühl", getrennt von mir zu sein, tief im Unbewussten immer mehr zu und schafft immer mehr Angst.

Wir haben das beschrieben an dem Beispiel des kleinen Kindes, das durch mehr einfließendes Bewusstsein von mir erkennt, dass es hier auf der Welt nicht Eins mit allen Dingen ist, sondern (scheinbar) getrennt. Tief unbewusst spürt es auch, das es sich von mir (scheinbar) getrennt hat und all das macht große Angst. Die Angst wird nun in aggressiver Weise (das ist ja nur die andere Seite der Angst) als „Nein" ausgedrückt, zu dem es aufgrund des Bewusstseinsschubes fähig ist, mit dem es sich jetzt auf den Weg macht, mittels Abgrenzung seine Persönlichkeit zu bauen, um sich immer mehr damit zu identifizieren. Ihr nennt diese Phase der Menschwerdung „Trotzphase".
Wir sehen also, dass neben den archaischen Ebenen auch die Menschwerdung selbst zur Entstehung von Angst beiträgt.

Trotz, Kampf und Angst

Mehr oder weniger bleibt etwas von der „Trotzphase" in den Menschen hängen. Oder besser gesagt, Ihr Menschen bleibt daran hängen. Denn die konditionierte Reaktion des „Trotzes" „begleitet" ja viele Menschen durch ihr ganzes Leben. Auch der „Trotz" ist etwas „Archaisches". Er kommt schon in der Paradiesgeschichte vor. Er zeigt sich darin als die Entwicklungsphase des Menschen, da er das unbewusste Paradies verlassen muss und Bewusstsein gewinnt. Er hat sich „trotzig" gegen das Gesetzt Gottes gewandt, hat sich gewissermaßen selbst zum Gott gemacht. Aufgrund des „Falls" meint er, er habe die Verbindung mit dem Urgrund verloren und muss nun scheinbar selbst-ständig leben – oder darf es.

Der Trotz, der immer Kampf gegen die „Wirklichkeit" bedeutet, führt zu Verdichtungen im Geist und somit am Ende zu mehr Angst. Euer ganzes starres Persönlichkeitsgebäude ist letzten Endes aus „Trotz" gebaut, aus dem, was Ihr dem universellen Geist abtrotzt und anschließend "Ich" nennt. So wähnt Ihr Euch stabil und glaubt so, den Unbilden des Lebens weiterhin trotzen zu können.

Nun, wenn der „Trotz" manchmal auch eine hilfreiche Kraft sein kann, stellen sich Sicherheit, Glückseligkeit, innerer Friede nur mittels „Durchlässigkeit" ein. „Trotz" aber muss festhalten, ist dicht und kann nichts durch–lassen. Durchlässigkeit heißt hier, so entdichtetes Denken zu haben, dass mein reiner Geist durchwehen kann. Es ist das, was Ihr auch Liebe, Inspiration oder Bewegtsein nennt. Eine Bewegung, die Euch mitnehmen kann. Eine Bewegung, die Euch aus der Stagnation führt. Stagnation ist Festhalten an scheinbar Sicherheit gebenden dichten Gedanken, die dadurch allerdings mitunter immer dichter werden.

Entdichtet das Starre in der Stagnation, kann Euch meine Bewegung, die jetzt durch–gelassen wird, bis hin zum Erkennen des bewussten Paradieses führen. Das Gefühl der Sicherheit, Glückseligkeit stellt sich ein durch das Unterwegssein zum bewussten Paradies. Es ist das Unterwegssein. Es ist das Sein im Unterwegs–Sein, nicht so sehr das Ankommen, das befreit, erlöst und Sinn gibt. Das Ankommen wird ja sehr schnell auch wieder statisch, wenn nicht wieder eine Bewegung folgt. Ich bin Bewegung, Schwingung.

Mit der Bewegung des Lebens gehen

Wie wir weiter oben schon einmal gesagt haben, entstehen Schmerz, Leid usw., kurz, das, was Ihr ein „schweres Schicksal" nennt im Wesentlichen dadurch, dass Ihr den Impulsbewegungen der Seele trotzt. Aus der Angst, den sicheren Platz zu verlieren, wendet Ihr als Schutz- und Gegenbewegung das Festhalten an. Festhalten verdichtet, was zu Ereignissen im Leben führt, welche Ihr wiederum „Schicksal" nennen würdet. Das, was Ihr für Schicksal haltet, ist wie das Brechen eines Wehrs. Das Wasser hat eine Bewegung, es will abfließen und nicht gestaut werden, das >Wehr< hält es fest. Wenn der

Druck zu groß ist, bricht das Wehr. Im menschlichen Bereich tritt durch das Brechen des >Wehrs<, der Ab–wehr, ein Schicksalsereignis in Erscheinung. Eine Lebenskrise ist auch eine körperliche Krankheit vielleicht oder ein schwerer Verlust beispielsweise. Das ist der Lauf des Lebens; damit es Leben sein kann, damit Ihr sein könnt, damit ich bin, muss Bewegung sein. Es ist einfach nicht möglich, diese Bewegung aus Angst über ein bestimmtes Maß hinaus zu verhindern.

So vieles an Leid und Schmerz wäre nicht nötig, wenn Ihr nur sehen würdet, wie wunder–voll es ist, mit der Bewegung zu gehen. Dadurch, dass „die Dämme brechen", werdet Ihr nicht bestraft oder ähnliches, auch das ist nur eine Bewegung, die Euch mit der Zeit dahinführt, mit den Bewegungen zu gehen. Mit den Bewegungen, die als Seelenimpulse auftauchen, zu gehen, wird als Sinn, Sicherheit, Geborgenheit, Erfüllung und vor allem als Glückseligkeit empfunden.
Ihr werdet fragen, wie es zu bewerkstelligen sei, mit diesen Bewegungen und Impulsen zu gehen; kann man sie erkennen, „richtig" deuten, verstehen und umsetzen? Vielleicht ist das Leben ja doch ein ganz gefährliches, weil man vielleicht die Zeichen nicht sieht und damit ein gewaltiges Schicksal auf sich zieht.

Ihr könnt absolut sicher und voll des Vertrauens sein, dass von meiner Seite aus (und das ist ja auch Eure Seite) alles so eingerichtet ist, dass es jedem, der sich wirklich dafür entscheidet, möglich ist, ein erfülltes Leben zu leben. Erfüllt heißt, dass es voll ist, voll der verschiedensten Erlebnisse und Erfahrungen, vielleicht auch der Schicksale. Erfüllt wird es, indem alles, was im Leben erscheint, aufgenommen werden kann und auch wieder abfließen darf.
Erfüllt heißt nicht, dass sich alles nach Euren Vor–stellungen erfüllt. Wozu bräuchte es da das Leben?
Der Preis für die Erfülltheit ist das Mitgehen mit den Bewegungen, wie sie kommen. Es ist immer das „Richt-ige" für Euch. Vergleicht das Leben mit einer Fahrt in der Geisterbahn, mancher Geist macht Euch vielleicht Angst und Ihr wollt die Augen schließen, um ihn nicht zu sehen. Wenn Ihr Euch aber fallen lassen könnt, macht Euch plötzlich der ganze künstliche Spuk nichts aus, im Gegenteil, am Ende sagt Ihr, wie schön es war. Es war nicht

dazu da, Euch zu ängstigen, sondern um Spaß, Vergnügen und Leichtigkeit zu sein.

Die Zeichen der Abwehr lesen lernen

Nun kommen wir auf das Erkennen der seelischen Entwicklungsimpulse zurück. Ihr könnt jede innere Abwehr ganz leicht erkennen, indem irgendein Problem oder irgendeine vielleicht auch nur ganz kleine Schwierigkeit auftaucht. Ein Beziehungsproblem vielleicht, ein Gefühl eines leichten Gekränktseins, eine „blöde" Bemerkung eines Arbeitskollegen, oder etwas, was nicht funktioniert – das Auto springt nicht an, Ihr könnt etwas Verlegtes nicht finden usw. usw..
Jedes „Hindernis" im Leben spiegelt eine innere Abwehr gegen eine Seelenbewegung wieder. Wenn Ihr Gewahrsein für Euer Leben entwickelt und auf die kleinen „Zeichen" achtet, könnt Ihr schneller reflektieren und sehen, woran Ihr in innerer Abwehr festhaltet – und Ihr könnt sie loslassen. Schwere Schicksale haben oft eine lange Geschichte von Ignoranz, also von Wegschauen; mit Ausnahme der Schicksale, die Ihr (wir) kreiert habt (haben), um eine bestimmte Erfahrung zu machen, die aber auch der Entwicklung bzw. der Entdichtung dienen soll. Diese Art „Schicksal" kreieren wir manchmal, um einer lang anhaltenden Abwehrsituation eine Chance zu geben, gelöst zu werden.
Niemand muss Angst haben, dass er „Zeichen", Seelenimpulse nicht mitkriegt, Ihr alle könnt Gewahrsein für Euer Leben entwickeln.

Urvertrauen

Das nächste am Horizont auftauchende Thema ist der Hintergrund, warum Ihr Euch überhaupt gegen die Seelenbewegungen wehrt, anstatt einfach mitzugehen, wenn dies doch so erfüllend, schön und glückseligkeitsbringend wäre.
Um Licht in diese Zusammenhänge zu bringen, müssen wir nochmals da anknüpfen, wo eine scheinbar individuelle geistige Entität, ein Teil von mir, sich wieder einmal verdichtet, um in der materiellen Welt in Erscheinung zu

treten.

Wie schon beschrieben ist dieser Schritt in die materielle Welt eine große Umstellung, ebenso wie eine äußerst lebensprägende Situation.

Damit der Mensch Mut und Vertrauen genug hat, auch später mit den Seelenbewegungen zu gehen an Stelle eines inneren Festhaltens, ist es von ausschlaggebender Wichtigkeit, dass ein haltgebendes Getragensein von Außen her gegeben ist. Wo das haltgebende Getragensein und Gehaltensein nicht gegeben ist, muss der Halt aus sich selbst genommen werden, was zwangsläufig einem inneren Festhalten entspricht. In dem Maße, wie das haltgebende Getragensein fehlt oder zu schwach ist, muss es durch inneres Festhalten ausgeglichen werden, um die Angst bzw. das Gefühl des haltlosen Ausgeliefertseins gegenüber der dichten Welt abzuwehren.

Im „Zwischenbereich" Eurer Leben macht Ihr mehr die Erfahrung der Einheit. Der Einheit und einer gewissen Individualität gleichermaßen, da das eine dem anderen nicht widerspricht. Wenn Ihr zum „auf die Welt kommen" Eure geistigen Schwingungen heruntertransformiert, entsteht der Eindruck der Getrenntheit, der Vereinzelung.

Die (relative) Einheit, die ich und Ihr im Zwischenbereich waren, verlasst Ihr, Eurem Empfinden nach, durch das „auf die Welt kommen" und Ihr braucht in der Erscheinungswelt einen Vertreter dieser Einheit, der Euch auffängt und das haltgebende Getragensein übernimmt. Diese Rolle kommt den Eltern zu. Ganz im Besonderen am Anfang natürlich den Müttern. Die Eltern sind meine Vertreter, sie sind Vertreter der Einheit. Sie sind dadurch auch Vertreter der ganzen Welt für das Kind. Deshalb kommt den Eltern eine für Euch so immense Bedeutung zu und zwar für das ganze Leben, nicht nur für die Kindheit.

Haltgebendes Getragensein

Was haltgebendes Getragensein bedeutet, könnt Ihr von den Bindungswissenschaftlern[9] lernen. Es bedeutet vor allem eine Form der Resonanz zwischen Eltern und Kind, einer Kommunikationsresonanz. Die Mutter oder die Eltern sind authentisch in Ihrer Präsenz da und reagieren auf die Äußerungen des Kindes, welche sie aufgrund ihrer inneren

Verbindung und ihrer Liebe zum Kind richtig deuten. So ist das Kind in einen Kommunikationskreislauf eingeschlossen, der für es am Anfang die haltgebende Einheit repräsentieren kann. Gleichzeitig ist das körperliche Halten, welches der inneren Verbindung zum Kind entspricht, ebenso ein wichtiger Aspekt des haltgebenden Getragenseins.

Mit fortschreitendem Alter wird der Halt gleichermaßen aus Liebe sowie aus der Konsequenz eines festen Erziehungsrahmens erhalten.

Natürlich ist das Utopie. Eltern können diese Voraussetzungen nur bis zu dem Grad leisten, wie es dem Dichteniveau Ihrer Geistigkeit entspricht. Doch auch aus mir heraus kommen Impulse und es entstehen Bewegungen, die Euch helfen, haltgebendere und liebevollere Eltern für Eure Kinder zu sein, wenn Ihr auf Eure innere Stimme hört . Es ist an Euch, mit diesen Bewegungen zu gehen.

Es bleibt jedoch dabei, in dem Maße, wie Eltern dieses haltgebende Getragensein dem Kind anbieten können und in dem Maße, wie das Kind diesen Halt erfährt und dadurch weniger inneres Festhalten, weniger innere Abwehr braucht, bekommt das Kind eine sichere Einstellung der Welt - und so auch mir gegenüber. Das, was das Kind an haltgebendem Getragensein erfährt oder nicht erfährt, projiziert es wieder in die Welt und auf mich. Ja, auch auf mich und zwar gleichgültig welcher Kultur oder Religion jemand angehört, es gibt immer eine Einstellung mir gegenüber, selbstverständlich auch bei sogenannten Atheisten.

Dieses haltgebende Getragensein ist also maßgeblich entscheidend für einen Menschen, ob er mich als Erwachsener suchen und ob er sein Geistiges so entdichten kann, um mir Einlass zu gewähren; ob er auf Kontakt, Verbindung, Einheit und Geben ausgerichtet sein wird oder ob er egozentrisch um sich kreisen wird, ohne sich zu öffnen; ob er später mit den Seelenbewegungen seiner Entwicklung gehen kann oder ob er diesen Bewegungen standhalten muss und festhalten, um damit sein „Schicksal" evtl. auch über seinen „Tod" hinaus zu kreieren.

Aufgrund der Erfahrung des haltgebenden Getragenseins entsteht das, was Ihr „Urvertrauen"[10] nennt. Der Bruch „auf die Welt zu kommen", aus der Einheit zu fallen, verläuft weniger traumatisch. Das Gefühl der Einheit bleibt mehr oder weniger erhalten trotz der Empfindung, in der Welt ein Einzelwesen zu sein. Die Eltern sind dann „würdige" Vertreter von mir, sind

Träger der Einheit.

Wird der Bruch sehr drastisch erfahren, braucht der Mensch einen Ersatz, um die Angst, die durch den (scheinbaren) Verlust der Einheit entsteht, auszugleichen. Dieser Ausgleich wird durch Identifikation gemacht. Es wird eine Persönlichkeit gebildet, ein zu festes Bauwerk, mit dem man sich abgrenzt und das es sich nicht leisten kann, das Leben durch sich hindurchfließen zu lassen, mich hindurchwehen zu lassen, da es ja die Angst abwehren muss.

Seele, Geist und Empfindung

„Die Seelentätigkeit" ist also Bewegung, sie ist E–motion (Motion = Bewegung) und ist damit in Verbindung zur „Matrix" im immateriellen, geistigen Reich und darüber hinaus die Verbindung zum reinen Bewusstsein.

Die Seelenbewegung erreicht Deinen Wahr–nehmungsbereich durch Empfindung. „Seelenimpulse" kommen aus dem reinen Bewusstsein über die Empfindung in den Schwingungsbereich Deines individuellen Bewusstseins.
Seele und Geist sind über Schwingungsinterferenz im ständigen Austausch. Seelische Impulse stoßen dabei, wie schon gesagt, beispielsweise auf geistige Muster. Der seelische Impuls zerschellt vielleicht an einer geistigen Blockade, an der innerlich festgehalten wird. Der seelische Impuls wird damit zurückgeworfen und ein Gefühl entsteht – als Empfindung wahr–nehmbar – möglicherweise von Wut, Verzweiflung, Hilflosigkeit, Trauer o.a, welches als In–Form–ation im Bewusstsein ankommt und im Weiteren evtl. dann zu einer entsprechenden Handlung führt.
In Wirklichkeit bin ich es, der empfindet, da ich es bin, aus dem alles ist – auch Körper, Geist und Seele. Da meine Empfindung aber nicht an eine Bewertung angeschlossen ist, gibt es die Reaktion des Leidens nicht. Ich bin nicht daran gebunden und identifiziere mich nicht damit. Ich bin das reine Bewusstsein, der reine Geist als solcher und habe kein Ziel, keine Ausrichtung und daher bin ich ungebunden. Im reinen Geist gibt es keine seelischen Reaktionen, da die Seele schon einen Grad der Verdichtung hat. Ich beabsichtige nichts, so leide ich nicht und freue mich anderseits nicht

über Erfolge. Meine Freude ist die, die kein Gegenteil hat.
Die Freude, die ich bin, ist das Willkommenheißen von allem. Ich bin die
Bewegung des Willkommenheißens. Leben ist Willkommenheißen. Die
„Seele" als Impulsgeber vollzieht den Auftrag des Lebens, ein
Willkommenheißen zu sein.

Erfüllung und Zeit

Die Nichtidentifikation mit der Zeit durch Erkenntnis der Einheit

Ich bin also eine Bewegung des Willkommenheißens. Diese Bewegung ist mir immanent. Das heißt nicht, dass ich das 'will'. Diese Bewegung ist seinsimmanent und nicht willensgesteuert, auch nicht von einem göttlichen Willen. Es gibt keinen göttlichen Willen. Es gibt nur Bewegung des Geistigen und Ver- und Entdichtung. Bewegung impliziert einen Weg, sie impliziert Eurem Denken nach auch einen Zeitraum, also Raum, Weg und Zeit. Eine Bewegung spielt sich in einem Zeitraum ab, sie braucht eben Zeit, um abzulaufen, so denkt Ihr.

Tatsächlich ist die Zeit nur das Medium, etwas für Euch in Erscheinung zu bringen. In der (Nicht)Welt, die für Euch und Eure materiellen Augen in Erscheinung tritt, gibt es keinen zeitlichen Ablauf. Dadurch aber, dass Ihr es als etwas Zeitliches wahr-nehmt, tritt es für Euch in Erscheinung. Es wird einem Ereignis durch Verdichtung eine Zeitlichkeit gegeben, damit es in Eurer Wahrnehmungswelt landen kann.

Im reinen Bewusstsein hat es nichts mit Zeit zu tun, die nur durch die Dichte Eurer Erscheinungswelt entsteht. Eines der wenigen Ereignisse, die keine Zeitlichkeit aufweisen und doch erkennbar sind für Euch, wäre das, was Ihr in der Physik Quantensprung nennt, das was man auch Wunder nennen könnte. Tatsächlich besteht alles Leben und alle Welt aus solchen „Wundern“. Aus den Wundern der „Gleichzeitigkeit“ von Trennung und Einheit, von Zeitlichkeit und Nichtzeitlichkeit, von Wirklichkeit und Illusion, von Bewegung und Bestand.

So könnt Ihr zu Eurer wahren Heimat, der Erkenntnis der Einheit, unterwegs sein oder auch sofort eintreten, da wir Beide nicht getrennt sind, nie waren und auch nicht sein können. Du hast das Paradies nie verlassen, nur schauen Deine Augen auf Vor-stellungen (auf etwas, was du vor das Paradies gestellt hast) die das Erkennen des Paradieses verhindern. Das Paradox hierbei ist, dass Unterwegssein nicht unbedingt mit Zeit zu tun hat. Da wir immer eins sind, sind wir es auch jetzt.

In der Erkenntnis, dass es keine Trennung gibt in der Entdichtung der

Gedanken, fallen Unterwegssein und Ankommen im „Jetzt" zusammen. Für Euch kann Unterwegssein und Ankommen in jeder Sekunde passieren. Es ist kein fernes Ankommen in der Erleuchtung dereinst in Äonen. Es geht nur jetzt, immer wieder jetzt, und im Jetzt. Alles passiert ja in einem Jetzt, immer im Jetzt, es ist nie etwas früher passiert oder kommt erst später. Nie ist etwas je außerhalb von mir und nie ist etwas außerhalb des Jetzt geschehen. Denn Ich bin das Jetzt. Ich bin das Sein der Bewegung, des Unterwegsseins und das Jetzt gleichermaßen. In mir fällt beides in Eins. Die Zeit entsteht nur durch die Verdichtung und diese ist nur eine Illusion. Hermann Hesse lässt seinen Klein (in „Klein und Wagner")[11] sagen:

„von allem, was der Mensch begehrte,
war er immer nur durch Zeit getrennt".

Begehren, Streben ist Verdichtung, ist Zeit. Die Erkenntnis unseres Einsseins hebt die Empfindung der Trennung auf, welche die Identifikation mit der Zeit impliziert.

Mangel und Zeit

Begehren, Wollen, Streben usw. ist eine Identifikation mit einem Wunsch, aber gleichzeitig und vor allem eine Identifikation mit dem Mangel, weil Du denkst, dass sich der Wunsch ja noch nicht erfüllt hat und Du das Gewünschte (noch) nicht hast. Gleichzeitig ist es eine Identifikation mit der Trennung. Denn im Universellen, in mir gibt es ja alle Ressourcen, die Dir zur Verfügung stehen, die Du selbst bist, weil Du ich bist. Solange Du aber im Glauben an den „Mangel" bist, etwas zu entbehren, bist Du auch im Glauben an die Trennung gefangen. Die Trennung vom Gewünschten impliziert auch einen Glauben an die Trennung von mir, der ich ja alle Ressourcen bin.
Diese Identifikationen mit Mangel und Trennung erschafft die Zeit und macht es schwierig, dass sich Eure Wünsche erfüllen.

„Klopfet an so wird Euch aufgetan", Wunsch und Erfüllung

Wenn Ihr etwas wünscht, dann geht hinter die Illusion der Zeit und des Mangels und sagt „Danke", weil Ihr jenseits der Zeit das, was Ihr wünscht, schon bekommen habt. Erkennt, dass Ihr es schon habt, dass Ihr schon seid, was Ihr Euch gewünscht habt, weil Ihr – wenn Ihr die Zeit als ein „Jetzt" betrachtet – ja schon dort seid, oder schon habt, was Ihr wollt. Ihr seid dort, wenn Ihr das „Jetzt" erkennt und Ihr seid unterwegs, wenn Ihr in der Zeit lebt. Ihr seid in Beidem. Mit Eurem Erdenbewustein nehmt Ihr zwar Zeit wahr, aber mit dem nicht im körperlichen manifestierten Bewusstsein von Euch, das außerhalb des körperlich Manifestierten geblieben ist (die immaterielle Matrix), seid Ihr im Jetzt. Wenn Ihr Euch mit dem nicht manifestierten Bewusstsein verbindet und identifiziert, könnt Ihr die Illusion der Zeit, der Trennung und des Mangels umgehen und bewusst erschaffen. Wenn Ihr aber an dem Wunsch hängen bleibt, bleibt Ihr an der Zeit, am Mangel, an der Trennung und an der Angst und damit an der Verdichtung hängen und blockiert somit die Manifestierung.

Ihr könntet zumindest in Eurem Bewusstsein einräumen, dass es da einen (Nicht)Raum jenseits der Illusion der Erscheinungswelt gibt, wo der Wunsch schon erfüllt ist und er nur noch ein bisschen braucht, um auch in der Erscheinungswelt in Erscheinung zu treten. So etwa, als sei die Wunscherfüllung auch schon in der Erscheinungswelt, aber Ihr seht Ihn noch nicht; vielleicht, weil Eure Wahrnehmung noch nicht in diese Richtung ausgerichtet ist.

Natürlich ist es auch von Bedeutung, welche geistige Schwingung und welche Dichte der Wunsch innehat, dafür, wie leicht er sich in Erscheinung bringen kann.

Wie auch immer, das „Zauberwort", die innere Haltung, welche von Nutzen dabei ist, ist die Dankbarkeit an Stelle der inneren Haltung des Mangels. Die innere Haltung der Dankbarkeit entspricht dem inneren „Ja" der Welt und dem Leben gegenüber. Wenn Ihr „Danke" sagt, habt Ihr den Glauben an den Mangel bereits transformiert, und seid in der Gewissheit seid und im Vertrauen, dass in Erscheinung treten wird, was Ihr Euch wünscht, allerdings manchmal auch in einer Form, die Ihr nicht gleich als die Erfüllung Eures Wunsches erkennen werdet.

Wenn Ihr im „Bitte" bleibt und sei es noch so flehentlich oder demütig, seid Ihr immer noch mit dem Glauben an den Mangel verbunden, und das ist es, was sich (was Ihr) dann „verwirklicht".

Dies bedeuteten die Worte: *„Klopfet an, so wird Euch aufgetan" oder „bevor Ihr wünscht, habe ich es Euch schon gegeben".*
Im „Jetzt" habt Ihr Zugang zu Eurer „Matrix". Was dort in der immateriellen Struktur verändert wird, manifestiert sich ins körperliche Leben, in die Welt und in die Zeit (meist daher mit einer gewissen „Verzögerung" im Zeitlichen). Doch wenn Ihr anfangt mit dieser Art des Wünschens, nein – sagen wir lieber mit dieser Art des Dankens – Euer Leben aktiv zu gestalten, bedenkt, was Ihr mit dem Wunsch überhaupt bezweckt. Ist der Wunsch ausgerichtet „mehr zu haben und zu werden" als Abwehr der Urangst, bestärkt er also die Trennung oder ist er auf mehr Verbindung ausgerichtet und bestärkt damit das Bewusstsein der Einheit. Bedenkt aber auch, ob die Erfüllung des Wunsches überhaupt geeignet ist, das, was Du letztendlich mit der Erfüllung des Wunsches hoffst, zu erreichen.

Eine Übung der „Selbsterforschung"

Ihr könnt dazu, wenn Ihr wollt, eine interessante Übung machen. Schreibt einmal alle Eure Wünsche auf ein Blatt Papier. Wenn Ihr Euch dabei über Eure Wünsche Gedanken macht, werden immer mehr auch „unbewusste" Wünsche auftauchen. Schreibt auch diese auf. Wenn Ihr fertig seid, schreibt hinter jeden Wunsch das, was Ihr glaubt, dass Euch die Erfüllung des Wunsches bringen wird. Und schließlich als dritten Schritt reflektiert ehrlich mit Euch selbst, ob das, was Ihr meint, das die Erfüllung jedes einzelnen Wunsches bringt, wirklich realistisch ist, und ob Ihr damit die Glückseligkeit erlangt.

Wenn Ihr diese Übung macht, könnt Ihr mehrere interessante Erfahrungen machen.
Erstens, dass die Wünsche umgekehrte Projektionen Eures Mangeldenkens sind.
Zweitens, dass die Erfüllung nicht das bringt, was Ihr (aus Eurem Mangeldenken heraus, aus Eurem verdichteten Denken heraus) mit der

Erfüllung des Wunsches verbindet.

Drittens, dass Ihr auch mit der Erfüllung des Wunsches nur eine begrenzte Glückseligkeitserfahrung erreicht, die bald vergeht, weil sie an etwas gebunden ist, während die reine Glückseligkeit aus Ungebundenheit entsteht.

Viertens, dass Ihr, wenn Ihr wirklich Eurem Wünschen auf den Grund geht, nur einen Wunsch habt. Nämlich in Einklang mit mir, dem Grundton, der freischwingenden Ungebundenheit, dem reinen Bewusstsein, dem reinen Geist, der Glückseligkeit, die ich bin, zu kommen und somit das Paradies wieder wahrzunehmen, das nie verloren war, was Ihr nur nicht mehr wahr–genommen habt.

Ob Ihr Euch ein neues Auto, eine High-End-Anlage, mehr Sicherheit, Gesundheit usw. wünscht, es steckt immer der Wunsch nach Glückseligkeit, nach Entdichtung allen dichten Denkens darin.Es ist dennoch überhaupt nichts gegen den Wunsch und noch weniger gegen die Erfüllung des Wunsches nach einem neuem Auto, einem schönen Urlaub usw. zu sagen. Es ist jedoch nützlicher für Euch, nicht an dem Wunsch und seiner Erfüllung zu haften und nicht die Freude, die aus der Erfüllung kommt, mit der Glückseligkeit selbst zu verwechseln. Diese Verwechslung ist fatal. Es ist, als nähme jemand ein Stück Brot und wiese stattdessen ein Königreich zurück.

Es gibt heute ja viele Anleitungen, wie man Wünsche erfüllt bekommt, wie man beispielsweise etwas beim Universum, also bei mir bestellt, und wenn Ihr Eure Wünsche loslasst, sage ich natürlich „Ja“.

Der Wunsch als geistige Schwingung lässt eine eigene „Matrix“ entstehen, welche die Erfüllung dann durch entsprechende Arrangements im reinen Geist auf den Weg bringt. Das „funktioniert“ auch deshalb, damit Ihr die Erfahrung machen könnt, dass die Erfüllung der Wünsche Euch am Ende nicht das bringt, was Ihr Euch wirklich aus tiefstem Herzensgrunde wünscht. Das kann Euch mit der Zeit dahin führen, – genauso wie es Michael Ende in seiner „Unendlichen Geschichte“ so inspiriert beschrieben hat –, dass Ihr am Ende den wahren, einzigen Wunsch findet, der Euch und Euer Sein beseligt. Dieser Wunsch heißt „Ja“ sagen zu können, zum Leben, zu Eurer Situation, zu mir und wieder eins mit mir, mit dem Urgrund, dem Grundton, dem Alles, dem reinen Geist, dem reinen Bewusstsein zu werden. Das „Ja“ zu mir ist ein „Ja" zu Dir und öffnet die Pforten der Glückseligkeit, welche nie verschlossen waren.

Dem Glücklichen schlägt keine Stunde

Zeit entsteht mit dem (scheinbaren) Verdichtungsvorgang. Im Glücklichsein durchweht die Dichte der Zeit ein Bewusstsein der Unvergänglichkeit. Die Zeit hat ihren „Druck" verloren und damit kann die Angst entdichten. Die Zeit wird auf diese Weise nicht als etwas erlebt, das vergeht, das man verliert oder sparen könnte, sondern als unendliche Bewegung, die sich immer wieder erneuert und damit so etwas wie ein ewiges „Jetzt" erzeugt.
Im Körperlichen ist das ewige „Jetzt" erst einmal nur als „Ablauf", als „Zeit" zu erfahren. Je mehr ihr Euer Denken (durch Loslassen von dem was Ihr festhaltet) entdichtet, umso mehr hat das „geheimnisvolle Wissen" um die Unvergänglich–keit Eingang in Euer Bewusstsein.

Verdichtungen, Materie usw. besteht, um das Bewusstsein, das sich in den Individuen (scheinbar) vereinzelt, zur bewussten Wahrnehmung der Einheit, des Paradieses, der Glückseligkeit zurückzuführen. Etwas, das „schon" ist, ohne sich dessen bewusst zu sein.
Vielleicht fragt Ihr Euch, warum Ihr (wir) das Paradies, die Einheit überhaupt verlassen musstet (mussten). Wozu diese Mühe, um das zu finden, was man gar nicht hätte verlassen zu brauchen.
Doch im Leben geht es gar nicht so sehr um das „Ankommen" oder Verweilen, es geht um den Weg. Hier ist der Weg das Ziel.
Dieses Ziel ist das gelebte Leben selbst. Es geht um das Leben selbst, um jedes einzelne Versöhnen, jedes einzelne Entdichtungserlebnis, jedes einzelne Erlebnis des Erkennens der Einheit, es geht um jeden einzelnen Tropfen Liebe aus Euren Herzen, um jede einzelne Träne, hervorgebracht aus eines Menschen Empfindung. Es geht um jeden einzelnen Moment, um jede einzelne Empfindung, jede einzelne Gefühlsregung, jede einzelne Entscheidung, jeden einzelnen kleinen Schritt, der Euch zu mir bringt. Um das gemeinsam zu erleben, müssen wir uns erst einmal (scheinbar) trennen. Nichts könnte Dich wirklich bewegen, Dich wieder zur Erkenntnis der Einheit aufzumachen, kein Schicksal und kein noch so schwerer Leidensdruck, es passiert immer frei–willig. Daher ist jeder Deiner Momente heilig, einzigartig,

unersetzbar. Er ist von Dir erzeugt und damit wunder–voll, ganz gleich–
gültig, ob Du in dem Moment dicht bist oder licht. All dies ist illusionär und
real gleichzeitig. Der Weg, den Ihr aus der Illusion macht, kann nicht anders
bewältigt werden und jede Nanosekunde, die Ihr damit verbringt, aus der
Illusion zu mir zu finden, ist unschätzbar kostbar.

Ihr macht das alle unglaublich gut, absolut perfekt und doch macht Ihr es
Euch oft zu schwer damit. Jeder von Euch ist ein perfekter Engel, niemand
ist in irgendeiner Weise ungenügend, Ihr tragt nur viel zu schwer und das
nimmt Euch die Freiheit, Euer wundervolles Potential zu leben.

Die Hingabe „Gottes" ist Weltwerdung und Menschwerdung

Ich verliere mich immer wieder in Euch, um von Euch, in Euch wieder
gefunden zu werden. Ich gebe mich Euch hin. Ich gebe mich Euch. Ich habe
mich nicht nur in den Menschen, den Ihr Jesus oder Christus nennt,
gegeben oder bin in und durch Shakyamuni (historischer Buddha) erkannt
worden. Ich gebe mich in Euch alle, nur haben jene (und natürlich auch viele
andere) mich in sich gefunden, ausgedrückt und zur Geltung gebracht.
Ich bin es, was Ihr seid, ich gebe mich, aber ich nehme auch, ich bin die
Wahr–nehmung und das was wahr–nimmt.
Ich nehme die Gefühle wahr, ohne sie zu bewerten und das ist der Grund
dafür, dass alle wahr–genommene Liebe Freude und Glückseligkeit erzeugt.
Ich bin in Euch Fleisch geworden. Die ganze Welt, das materielle Universum
ist mein Körper, und meine Seele sorgt dafür, dass das Bewusstsein sich
ausdehnt und entdichtet, in dem sie als „Membran" Impulse von jenseits der
illusionären Welt in die materielle Welt hindurchtönen lässt.
Die Natur ist so damit verbunden und eins, dass diese Impulse sich dort
umsetzen; im menschlichen Bereich ist diese Umsetzung auf die „Frei–
willigkeit" des Menschen angewiesen. Sie ist abhängig davon, ob der
Mensch mit dem Seelenimpuls „mitfließen" kann, sich hin–geben und die
Angst loslassen kann oder ob er wegen Verlusts des Urvertrauens
entscheidet, festhalten zu „müssen" und damit den Seelenimpuls blockiert.
Die Impulse jedoch sind „Führer", um die Einheit wieder zu erkennen.

Festhalten und Loslassen

Leben aus „Gott"-vertrauen

„Sehet die Vögel unter dem Himmel an: sie säen nicht, sie ernten nicht, sie sammeln nicht in die Scheunen; und euer himmlischer Vater nährt sie doch. Seid ihr denn nicht viel mehr denn sie? Wer ist aber unter euch, der seiner Länge eine Elle zusetzen möge, ob er gleich darum sorget?" (Matthäus 6:26)

Solange Ihr Wertunterschiede macht, das eine anstrebt, das andere nicht wollt, entsteht Freude, aber auch das Gegenteil, das Leid. Mit dem Anstreben des Einen ist auch das Gegenteil gegeben.

Wie es bei Laotse, im 2. Spruch heißt:

„Wenn auf Erden alle das Schöne als schön erkennen,
so ist damit auch das Hässliche gesetzt.
Wenn auf Erden alle das Gute als gut erkennen,
so ist dadurch schon das Nichtgute gesetzt.
Denn Sein und Nichtsein erzeugen einander.
Schwer und Leicht vollenden einander"
(Laotse, Tao te king, nach der Übersetzung von Richard Wilhelm)[12]

In der bewertenden Unterscheidung bindet Ihr Euch an das Leid und macht Euch abhängig von vielen Dingen, von denen Ihr „von Haus aus" unabhängig wärt. Deshalb habt Ihr die Worte bekommen, die immer noch in Euren „Testamenten" stehen: *„Seht, die Vögel, sie säen nicht und ernten nicht und leben doch."*

War das ein Aufruf zur Faulheit? Sicherlich nicht. Die Worte bedeuten, dass ich alles bin was lebt. Die Blumen, die Vögel, die Menschen, alles wird durch mich gelebt. Es lebt nicht aus eigener Anstrengung. Weiß die Blume, wann sie zu keimen hat, wann zu blühen? Nein, die Blume weiß nichts, sie wird gesteuert durch die „Matrix" dahinter, sie wird gelebt durch mich. Der Blume Bewusstsein ist nur als ein Hauch in ihr, d.h. sie lässt die Steuerung zu und sagt nicht „nein" zu ihren Seelenimpulsen.
Bei Dir könnte es das Selbe sein, obwohl Du das Bewusstsein in Dir trägst

und „nein" sagen kannst. Wenn Du Dich hingibst, wirst Du von mir gelebt und durch mich; sogar, ohne dass Du Dein „Ich" aufgeben müsstest, Du identifizierst Dich nur nicht mehr damit. Ich lebe dann durch Dich hindurch. Ich lebe Dich. Denn Du bist ich und ich bin Du.

In dem Du Dich anstrengst, aus Dir heraus zu leben, blockierst Du die lebens–spendende Energie (nämlich mich) und verstrickst Dich in Abhängigkeiten, mit denen Du Dich identifizierst und konditionierst. Daraus entsteht dann die Angst, mit der Du Dich festhältst. Indem Du der Angst Macht gibst Dich festzuhalten, zeigt sie sich nach einer gewissen Zeit im Kleid der Sicherheit, auch weil Du sie so sehen willst.

Wie ich schon sagte, bin ich in all Euren Empfindungen. In all Euren Freuden und Schmerzen, in all Eurem Leid, in den Begierden, der Angst und dem Zorn, dem Krieg, den Kämpfen, dem sich Winden und Eurer Verzweiflung. Und ebenso in Eurem Genießen, dem Empfinden der Harmonie und Eurem Humor, im Lachen und der Leichtigkeit – und alles ist wunderschön, alles ist eine Geburt, ein Werden, all das bringt mich zu mir, Euch zu Euch, uns zur Erkenntnis des Einsseins, es ist alles ein Fest, ein Rausch, ein Wunder.

Meine Freude besteht aus dem Nehmen all dessen was ist, ohne etwas anderes zu wollen.

Ihr werdet sagen, ja Gott kann so sein, aber der Mensch nimmer. Der Mensch hat ja das Paradies verlassen und muss sich nun im Schweiße seines Angesichts um sein Auskommen sorgen.

Ihr vergesst dabei immer wieder, dass wir ja eins sind. Es gibt nur einen „Stoff" der ich bin, der Nichtstoff, aus dem alles ist. Ihr seid nicht nach meinem Vorbild gemacht, Ihr seid Ich (ich in verdichteter Form)

So ist es durchaus möglich, unabhängig zu leben. Unabhängig, leicht und frei, wie die Vögel, die nicht säen und nicht ernten, die sich nicht um das Morgen kümmern, sondern das Morgen um sich selbst kümmern lassen, und auf diese Weise glückselig leben und zwar ohne verantwortungslos zu sein. Es ist möglich, dass Ihr mich wieder in Euch entdichten lasst.

Viele Boten kamen, um Euch dies mitzuteilen, habt Ihr sie gehört? Nachdem Ihr diese „Höllen" geschaffen habt, die Kriege, Grausamkeiten, Naturzerstörung und Ausbeutung, an denen Ihr gelitten habt und leidet, ist es jetzt an der Zeit, mir ähnlicher zu werden in Eurem Leben, mir in Eurem

Leben Einlass zu gewähren und damit ge–lassener zu werden. Wenn Ihr es geschehen lasst, kümmere ich mich um Euer „Morgen". Wie Ihr in einem Werbespruch sagt: „Lebt Ihr, ich kümmere mich um den Rest".

Festhalten, Trauma, Verdichtung und Krankheit

Das Vertrauen in das Gelebtwerden durch das Leben selbst, durch mich, ist aufgrund der Illusion der Trennung (mehr oder weniger) verlorengegangen. An diese Stelle ist die verdichtete Form davon getreten, nämlich die Anstrengung, das Leben selbst bewältigen zu müssen. Um dieses Leben zu bewältigen, habt Ihr begonnen, Urteile und Bewertungen einzuführen. Aufgrund Eures Wertesystems wird Bestimmtes angestrebt und Anderes abgelehnt und vermieden.

Dies bewirkt ein gewisses Festhalten im Geistigen. Auch Identifikation ist eine Form des Festhaltens. Festhalten macht den (Nicht)Stoff der Geistigkeit dichter, schafft dichte Gedanken. Dichtes Denken hat die Tendenz, noch dichter zu werden und noch nicht so dichte Teile des Denkens wie ein Magnet in sich hineinzuziehen. Gedanken z.B., die sich mit Suizid, Mord, Gewalt, starker Gier, Egozentriertheit usw. befassen, sind den „schwarzen Löchern" im Weltraum vergleichbar, sie ziehen alles Umliegende in ihre Dichte. Solche Gedanken machen auch das ganze geistige Niveau in einem Menschen dichter. Dadurch wird es schwieriger, liebevolle entdichtende Gedanken aufzunehmen. Sogenannte negative Gedanken sind nicht schlecht und zu vermeiden, sie sind das Liebespotential des Menschen in verdichteter Form. Es ist das Liebespotential, das jemand nicht lebt. Es gibt keine Methode, solche negativen Gedanken loszuwerden, sie können nur durch die Liebe entdichtet werden. Nur die Verwandlung, die Annahme und die (Selbst)Vergebung kann entdichten und trans–formieren.

Umstände, die innerlich abgelehnt werden, können nicht durch Euch hindurchfließen, sie werden festgehalten. Traumata entstehen aus der inneren Ablehnung der Umstände, welche zum Trauma geführt haben. Das Festhalten an Ablehnung, an der Schuld und somit am eigenen Opferbewusstsein macht das Trauma erst zum Trauma. Mit den Umständen in Einklang zu kommen hieße Loslassen, Entdichtung und Heilung des Traumas.

Aber auch andere Dinge, welche Ihr für das Überleben als „wichtig" erachtet, meint Ihr festhalten zu müssen. Die Dichte, welche durch „Festhalten" entsteht, breitet sich dergestalt aus, dass auch andere Bereiche dichter werden. So zeigt sich geistiges Festhalten auch im sogenannten seelischen Bereich als Depression oder im körperlichen Bereich als Krebs, Schmerz oder andere körperliche Erscheinungsformen. Dies passiert durch Verdichtung von Schwingungsinterferenzen in geistigen, seelischen und körperlichen Orten.

Die entdichtete Form (Nichtform) von mir unterscheidet nicht, denn ich bin alles. Auch das, was Ihr kreiert, kann nur aus dem Stoff (Nichtstoff) sein, der ich bin. Wenn Ihr einen Teufel kreiert oder einen Fluch, macht Ihr das auch aus dem Stoff (Nichtstoff) der ich bin. Nur habt Ihr damit etwas sehr Dichtes hergestellt, das irgendwann von Euch wieder entdichtet werden muss und entdichtet werden wird.

In meiner entdichteten (Nicht)Form, also im reinen Geist, reinen Bewusstsein, wie Ihr es auch immer nennen wollt, fließen alle Dinge einfach durch. Mein Sein ist ein großes „Ja".

Indem Ihr Illusionen erschafft durch „Nein" sagen, lehnt Ihr einen Teil der Schöpfung ab, einen Teil der ich bin, und vertreibt Euch damit ständig aus dem „Paradies".

„Ja" zu sagen zu allen Dingen, die in Deinem Leben auftauchen, macht große Angst. Ihr habt Angst, ein "Ja–Sager" zu sein. Eure Angst gaukelt Euch vor, dass Ihr durch „Ja"-Sagen Eure Identität und Eure Kontur verliert, dass Ihr damit alles verliert, was Mensch und Kultur ausmacht. Eurem Bild nach ist Einer, der zu allem „Ja" sagt, gleichzusetzen mit einem bewusstlosen, dahindämmernden Wesen ohne Würde, ohne Rückrad und ohne Willen. Der Wille, mit dem Ihr meint, die Welt und das Leben in den Griff zu bekommen.

Dieses Bild ist ein von der Angst verdichtetes Bild. Es ist ein Bild von jemanden, der nicht bewusst „Ja" sagt, sondern der gar nicht anders kann. Denn nur durch die Möglichkeit des Nein-sagen-Könnens bekommt das bewusste „Ja" seine öffnende Kraft. Durch die Offenheit, welche das „Ja" bewirkt, verliert Ihr nichts. Ihr behaltet Eure Form, nur, wie gesagt, identifiziert Ihr Euch nicht mehr damit, Ihr haltet nicht mehr daran fest. Nun könnt Ihr durch mich leben, könnt Euch mich zu Nutzen machen. Ihr könnt dadurch mehr verändern oder schaffen mit weit weniger Anstrengung.

Diese Erfahrung stellt sich allerdings erst ein, wenn Ihr Eure Ängste und die daraus resultierenden Identifikationen losgelassen habt. Ansonsten erzeugt die Hin–gabe, das „Ja", das hindurchfließen Lassen, ohne an etwas zu haften, weitere Angst und weiteres Festhalten. Denn aus dieser Angst heraus klammert Ihr Euch immer mehr an Eure Anhaftung, anstatt mich als entdichteten Geist durch Euch hindurchfließen zu lassen. Anstatt mir durch Entdichtung des Denkens Einlass zu gewähren, baut Ihr aus Abgrenzung, Festhalten und Nein– Sagen einen Persönlichkeitsturm. Ihr sperrt damit die Schwingungen Eures Seins ein, sie werden damit dichter und lassen auf diese Weise die Wahrnehmung Eurer „Jammertal–Erden–Hölle" entstehen. Nun habt Ihr ein sicheres Bollwerk gegen die angstmachende Glückseligkeit erstellt. Vielleicht fühlt es sich nicht so leicht an, mit einem Bollwerk zu leben und Ihr versucht verschiedene Methoden, Euch und Eurem Bollwerk, Eurem eigenen Persönlichkeitsturm zu entfliehen; die Verwandlung geschieht jedoch nur auf dem Weg des „weglosen Weges".

Der weglose Weg

„Triffst Du Buddha unterwegs, töte Buddha"[13]

Wir sagten, Leben ist Bewegung. Das Leben zeigt sich durch Bewegung, durch Schwingung, welche einmal dichter ist und einmal weniger dicht. Über die Matrix im Geistigen wird Geist in Schwingungsmuster, Strukturen und Ordnungen gebracht. Ein überdimensionaler Schaltplan von Schwingungsdichten lässt Euch als körperliche Wesen in Erscheinung treten. Als verdichtete Versionen von mir, die eine scheinbar eigene Persönlichkeit haben. Diese scheinbare Persönlichkeit besteht nur, solange bestimmte Strukturen diese Scheinpersönlichkeit aufrechterhalten. Gibt es die Strukturen (später im Text als Falten im universellen Sein bezeichnet) nicht mehr, erkennt die Scheinpersönlichkeit sich selbst als mich, die scheinbar getrennte Persönlichkeit fällt mit meinem Sein zusammen. Bevor diese „Erleuchtung" eintritt, glaubt Ihr, als scheinbar eigenständige Persönlichkeiten auf dieser Erde zu stehen, welche Ihr mitunter als „Jammertal" bezeichnet, und sucht nach dem Sinn des Ganzen.

Der „Sinn", die Orientierung, nach der Ihr verständlicherweise sucht, liegt nicht im Anstreben einer Richtung, Methode, Religion, Philosophie und im Vermeiden einer anderen, denn genau darin liegt das Leiden. Leiden ist Wünschen und Anhaften, Leiden ist „Weghaben-Wollen", etwas Anderes wollen, also im inneren Kampf sein mit etwas. Kampf bedeutet Festhalten, nicht im Fluss sein. Den inneren Fluss festzuhalten, bremst die inneren Bewegungen, die E–motionen, die Euch bewegen (wir sagten ja, alles Leben ist Bewegung).

Die gute Botschaft ist, dass, worin Ihr auch immer steckt, Ihr Euch mit der Matrix in Verbindung setzen könnt und diese durch Bewusstsein nach Euren Wünschen verändern könnt.

Buddha (Shakyamuni) z.B. zeigt Euch die Unabhängigkeit Eurer Glückseligkeit von momentanen Lebenssituationen.

Um die Glückseligkeit zu finden und den Schlüssel zur Rückkehr in die Glückseligkeit allen leidenden Wesen weiterzugeben, folgte er dieser und jener Richtung, die Ihn nie ans Ziel brachte. Bis er davon so genervt und frustriert war, dass er den Weg des Nichtwegs, die Richtung der Nichtrichtung entdeckte, d.h. er entdeckte, dass die Glückseligkeit unabhängig ist von einem Weg. Da die Glückseligkeit frei schwingender reiner Geist ist, da sie das ist, was ich bin, kann sie nicht durch einen Weg gefunden werden, der z.B. ein bestimmtes Wissen oder Fertigkeiten voraussetzt und damit bestimmte Menschen ausschließen würde. Die Glückseligkeit ist immer und für jeden zugänglich. Das Wesen der Glückseligkeit ist nämlich Unabhängigkeit. Sie ist nicht im Nachfolgen eines Weges zu finden.

Ihr Menschen seid noch dichte Wesen und neigt zur Verdichtung von frei schwingender Geistigkeit. D.h. in dem Fall, dass Ihr schnell aus den Erkenntnissen Shakyamunis, dem Buddha oder Jesus, dem Christus, oder anderen „Unabhängigen" einen Weg, eine Ordnung, eine Lehre gemacht habt, nun impliziert diese automatisch eine gewisse Abhängigkeit. Eine Abhängigkeit von einer bestimmten Methode, bestimmtem Wissen, bestimmter Praxis, einem Zugang, einem Meister. Ein Gewissen wird gebildet, profan und heilig wird wieder getrennt und somit gibt es eine neue innere Spaltung. Die lebendige Erfahrung dieser Suchenden und Findenden wurde also schnell festgeschrieben und somit abgetötet. Dem Leben und den Lehren dieser Botschafter Gottes nachzufolgen hat nicht funktioniert. Obgleich sie unschätzbare Hinweise für Euch bieten, aus der Illusion des Lebens zu finden, muss letztendlich jeder das Wesentliche selbst in sich vollziehen und seinen ganz eigenen Weg finden. Die Lehre muss daher immer wieder getötet werden, um den Zugang zur lebendigen Erkenntnis wieder zu finden, daher habe ich zu dem Spruch inspiriert: „Triffst du Buddha unterwegs, töte Buddha". Was nichts anderes heißt, als durch Hinterfragen (d.h. das Wesentliche aus der geistig verdichteten Ordnung durch geistige Entropie wieder herauszulösen) wieder den Zugang zur „hinter der Illusion liegenden" Matrix zu finden.

„Form ist Leere, Leere ist Form"

Diese Kontaktaufnahme zur Matrix könnte z.B., so wie es auch Buddha „gelehrt" hat, in der Meditation (das ist natürlich nur eine Form, oder besser gesagt, Nichtform der Kontaktaufnahme) liegen. Hier ist Meditation gemeint, sozusagen als Nichtweg, als Loslassen – vielmehr als ein Streben, die eigene Persönlichkeit sowie auch die Welt der Form, in ihrem Bestand zu hinterfragen und diese Form als „leer" zu erkennen, wie es in buddhistischem Kontext immer so schön heißt. Der Begriff „leer" bedeutet: hier, zu sehen, dass Du selbst nicht das bist und die Welt nicht das ist, was der Schein vorgibt, oder besser gesagt, was Du glaubst oder glauben möchtest, was Leben und Welt ist. Wenn Ihr auf Euch und die Welt schaut und lange genug relativiert, also die Möglichkeit heranzieht, dass alles auch anders sein könnte, wie es Euch erscheint, ja dass Ihr an sich gar nicht wisst, was Ihr seid, was Leben und Welt ist, taucht langsam die Erkenntnis auf, dass ich es bin, der alles ist und der Ihr seid, aber scherzhaft gesagt, in Verkleidung.

Meditation meint hier also ein Loslassen durch Hinterfragen. Wenn Du da angekommen bist, und Dir klar ist, dass jede Form Schein ist, kannst Du auch die Matrix verändern. Du hast dann erkannt, dass Du und die Welt als eigenständige, abgetrennte Entitäten Schein sind und bist automatisch dort gelandet, wo kein Schein mehr ist, nämlich bei mir.
Ich bin auch die Matrix in einer bestimmten Schwingungsanordnung und – struktur. Darum ist es möglich, an diesem Ort oder „Nichtort" der Erkenntnis in die Matrix einzugreifen. Viele Boten haben Euch gezeigt wie das geht, in der 'Anwendung des Vertrauens', bei Paramahansa Yogananda oder Peter Caddy. Außerhalb der Identifikation mit der Welt des Scheins erkennt Ihr, dass die Form nur Erscheinung ist.
Das bedeutet z.B. der Spruch aus dem buddhistischen Kanon:

„Form ist nichts anderes als Leere, Leere nichts anderes als Form" [14]

Das hört sich vielleicht jetzt für Euch so an, als wäre es unglaublich schwierig, das nachzuvollziehen, als müsste man erleuchtet sein, um „Gott" in den Dingen und sich selbst zu erkennen. Dennoch ist es ganz einfach und Ihr müsst dazu nicht erleuchtet sein, um die Welt und Euch als Schein und hinter dem Schein mich zu erkennen. Es ist diese Erkenntnis, die Euch erleuchtet.
Die Meditation, von der wir sprachen, könnte so aussehen, dass Ihr Euer Augenmerk nicht auf die Form richtet, sondern auf ein, wie auch immer geartetes, Dahinter blickt. Führt Euch vor Augen, dass es in Wirk–lichkeit nur einen Geist, eine Seele und einen Körper gibt. Schaut auf das innere Bild und erkennt, dass alles durch Verdichtung in Erscheinung tritt, dass alles

aus dem Stoff bzw. Nichtstoff gemacht ist, der ich bin. Alles was ist, kann nur aus mir sein, so ist alles was ist, ich. Alles ist durch Schwingungsverdichtung in „Erscheinung" getreten und bleibt gleichzeitig aber auch reiner, unverdichteter Geist. Ich trete als Welt und Mensch usw. in Erscheinung und bleibe auf einer anderen Ebene „gleichzeitig" unmanifestiert und Möglichkeit. Wenn Ihr mit diesem Wissen, sagen wir lieber mit dieser inneren Haltung, durch Euer Leben geht, wird die Verwandlung eintreten, sie ist die Verwandlung. Gleichzeitig könnt Ihr lernen, in die Matrix schöpferisch einzugreifen. Wenn Ihr dort mittels Eures Bewusstseins eingreift, bilden sich nach Euren Wünschen neue Strukturen im geistigen Feld der unzähligen Schwingungsdichten, welche die Welt in Erscheinung treten lässt. Und somit habt Ihr bewusst etwas erschaffen. Ihr macht das im Übrigen ständig, aber wie gesagt, oft unbewusst.

Ihr könnt das „Wunder" immer und immer wieder im Alltag vollziehen, Ihr blickt auf Euch oder ein Ding und sagt Euch, das ist „Gott", das Universelle, der reine Geist oder wie Ihr mich auch immer nennen wollt (in Verkleidung). Das wird Euer Leben über die Zeit völlig verändern und Euch zur Glückseligkeit führen.

Der Weglose Weg

Ihr braucht dazu keine Therapie, keine Methode, keinen religiösen Weg. Denn ein Weg impliziert immer, dass etwas Bestimmtes getan werden muss, um zu mir zu gelangen. Es geht aber hierbei nicht ums Tun, nicht darum, etwas anzustreben. Das macht Ihr ohnedies die meiste Zeit Eures Lebens. Streben impliziert immer eine „Richtung", d.h., indem Ihr etwas anstrebt, strebt Ihr gleichzeitig von etwas anderem weg. Mich zu finden, zu erkennen, dass wir eins sind, heißt aber vielmehr Annehmen von allem, was ist und nicht von etwas wegzustreben, um etwas Bestimmtes, Anderes zu erreichen. Mich zu erkennen, hat eben nicht mit Tun oder Streben zu tun, sondern mit Loslassen von Illusion und der Hin–gabe der Identifikation und damit wiederum die Hin–gabe des Glaubens an die Täuschung der Trennung.

Als Seelenbewegung, Seelenimpuls trete ich mitunter als Inspiration für Tun und Streben in Erscheinung, bin aber nicht auf dem Weg des Tuns und

Strebens zu finden. Tun und Streben können „Mittler" sein, wenn es ohne Anhaftung geschieht. Tun und Streben gehen in Richtung Verdichtung – aber hier, in diesem Kontext, geht es um das Entdichten.

All Euer Sehnen und Wüschen geht letztendlich dahin, zu Eurer Urheimat zurück zu finden, zur Glückseligkeit. Die Eintrittskarte dazu ist die Auf–gabe all dessen, was Ihr nicht seid. Um das Paradies zu erlangen, ohne Euch Hin–geben zu müssen (ohne aufgeben zu müssen, was Euch Angst macht) und ohne das dichte „Ich–Gebäude" verlassen zu müssen, an dem Ihr so „hängt", habt Ihr bestimmte Wege, Methoden, Richtungen usw. ersonnen, die Euch dahin bringen sollen.

Reinheit, Urvertrauen und Annahme

Ein Element, welches in diesen Wegen immer wieder vorkommt, ist das Bild oder der Glaube, dass das Paradies, die Glückseligkeit, irgendwo jenseits Eures Lebens liegt, in einer anderen Dimension, bei der Ihr Euer Menschsein irgendwie „verfeinern" müsst, um dahin gelangen zu können. Ihr habt das Bild und den Glauben, dafür noch nicht entsprechend reif, gut, heilig, fortgeschritten – oder was auch immer – zu sein. Es geht dann immer wieder um den Glauben, dass Ihr noch etwas tun oder etwas anders sein müsst, vielleicht eine Schuld abbüßen müsst, um ins Paradies eintreten zu können. Daher werden „Wege" angeboten. Religiöse, spirituelle, philosophische, therapeutische Richtungen, Methoden, und eben Wege, die Euch ins gelobte Land führen sollen. Eine un–erhörte (im wahrsten Sinne des Wortes) Masse an Anstrengung wurde von einer enormen Zahl von Menschen aller Zeitalter investiert, diese Wege zu gehen, zu praktizieren oder sie zu entwerfen.

All die Anstrengung hat Euch aber nicht geholfen, Euer Denken zu entdichten und hat viele Menschen an dem Wesen des Lebens vorbeigehen lassen. All die Anstrengung war un–erhört, weil Ihr nicht auf das gehört habt, worauf es dabei ankommt. Nämlich auf das „Ja"-Sagen zum Leben und seinen Umständen, auf die Zustimmung, die verwandelnde Zustimmung. So war all die Anstrengung der Preis, den Ihr bezahlt habt, Euch der wahren Verwandlung nicht zu stellen.

Andere haben sich das aufgrund des stark verdichteten Urvertrauens und daher der sehr dichten Geistigkeit gleich nicht zugetraut. Sie lebten und leben ihr Leben in der Angstabsicherung durch und der Flucht in die sogenannte „Negativität", ins immer dichter Werdende, also z.B. in Abhängigkeit, Gewalt, Kriminalität, in „List und Tücke". Aber auch diese Menschen hegen tief in sich eine Philosophie, einen Glauben, und sei es nur einer aus Verzweiflung und Verbitterung (aus dichten Gedanken eben). Menschen die an einer solchen „Negativität" festhalten, halten oft auch unbewusst an dem Glauben von der Unerreichbarkeit der „menschlichen Reinheit" fest, ab der man erst von Gott (für) wahrgenommen werden und seiner „Gnade" würdig sein würde. So zerbrechen manche Menschen an diesem Glauben und geben auf.

Je mehr ein Mensch im Ankommen auf der Welt die Bewusstheit, das Geborgenheit gebende Gefühl des eingebunden seins in das allumfassende Eine verloren hat, desto mehr geht er zur Angstabwehr in eine Gegenbewegung, manchmal gegen fast alles. Er bleibt dann in einer kleinkindartigen Angstabwehrhaltung stecken, er bleibt in seiner Trotzphase hängen. Er kann dann (ohne bewusste Entscheidung vorwärts zu gehen) in bestimmten Bereichen seiner Geistigkeit nicht „erwachsener", sprich, entdichteter werden.
Diese Abwehrhaltung gilt im tiefsten Grunde mir gegenüber. Jeder Mensch hat ein Verhältnis zu Gott, auch wenn er gar keinen "Gottesbegriff" kennt oder annimmt. Jeder hat ein Verhältnis dem Leben gegenüber und das Leben bin ich.

Dieses Verhältnis zu Gott – nennt es von mir aus auch, dem Leben oder dem Schicksal gegenüber – ist von ausschlaggebender Bedeutung für das Maß von Erfülltheit und Glückseligkeit.
Mehr oder weniger dichte Schwingungen breiten sich jedoch aus und greifen auf das geistige Umfeld über und reduzieren so das Maß der Erfülltheit und Glückseligkeit nicht nur bei sich selbst, sondern auch bei anderen.
Schwere, dichte, „negative" Gedanken verdichten auch im Umfeld; frei schwingendere Gedanken entdichten auch im Umfeld.
Schwingungen bilden Interferenzmuster und greifen auf die körperlichen Grenzen – die ja nicht in Wirklichkeit bestehen – und auf das Bewusstsein

der Lebewesen im Umfeld über. Sie stecken an. Indem Ihr nicht anders könnt als positiv oder negativ auf andere Menschen einzuwirken, betreibt Ihr also permanent Magie und könnt gar nicht anders. Wenn Ihr diesen Umstand immer mehr in eurem Leben bedenkt, werdet Ihr Euch bewusster, was Ihr denkt und sagt und was Ihr damit bewirkt: Entdichtung oder Verdichtung.

Seht diese Umstände aber nicht gleich wieder als Kampf der guten gegen die bösen Mächte an. Seht es als Möglichkeit, aus der Hölle des Glaubens an die Trennung und Täuschung das „Paradies" der Erkenntnis der Einheit auf Erden zu schaffen.

Nicht gut genug fürs Paradies

So wie Deine dichten Gedanken vielleicht auch in Deinem Gegenüber etwas verdichten, wenn er sich nicht bewusst schützt, oder sein Denken so wenig dicht ist, dass es dennoch zu keiner Verdichtung kommt, so werden die Inhalte der dichten Schwingungen (Dichtegrad ist Inhalt) – z.B. ein bestimmter Glaube – auch weitergegeben und werden irgendwann zu einem kollektiven „Gut oder geistigen Feld". Darum ist das Tätigsein in „helfenden" Berufen oft so anstrengend und bergen sogar eine „Sucht-gefahr" in sich, weil man durch absichtsvolles Tun zu viel der Dichte der Klienten aufgenommen hat und sie nun wieder loszuwerden sucht.

Der Glaube an die Erbsünde wäre ein solches Beispiel eines weitergegebenen verdichtenden Glaubens. So ein Allgemeingut führt schließlich dann z.B. zum mehr oder weniger kollektiven Glauben daran, für das Paradies nicht „gut" genug zu sein. Daraus vielleicht entspringt für den einzelnen wiederum ein Leben im Selbstwertmangel, in Agonie, was wiederum zu einem Leben in Angst, Flucht, Negativität oder Gewalt führt. Auf diese Weise erschafft und bestätigt sich die Erbsünde selbst. Doch Ihr seid nicht hier, um archaischen Glaubensmustern die Macht über Euch zu geben, sondern Euch als mich wieder zu erkennen. Und dazu braucht es geistige Unabhängigkeit von irgendwelchen geistigen Allgemeinplätzen.

Jede „Erleuchtung", Entdichtung, jedes Eintreten in das Paradies fängt mit der Annahme, der Anerkennung und der Zustimmung dessen, was ist, an –

genau so, wie es ist. Das „was ist", seid Ihr auch selbst. Die Annahme, Anerkennung und Zustimmung gilt auch Euch selbst gegenüber. Niemand wird ein „besserer" Mensch, indem er besser sein will und sich deshalb nicht so annimmt, wie er jetzt ist. Wenn Ihr Euch selbst aber zustimmt, wie Ihr seid, stimmt Ihr auch mir zu, wie ich bin. Indem Ihr ständig nach irgendetwas strebt, anstatt mit der Annahme, Anerkennung und Zustimmung anzufangen, strengt Ihr Euch zu sehr an und scheitert. Ihr seid wie der Esel, der ständig der vorgehaltenen Karotte nachläuft, die er nie erreicht. Wie Ihr Euch auch anstrengt, Ihr werdet nur unwesentlich glücklicher. Anstrengung ist also nicht der Modus, um etwas Wesentliches zu erreichen, Nichtanstrengung jedoch auch nicht.

Um es dennoch in dieser Paradoxie auszuhalten, baut Ihr weiter an Eurem Persönlichkeitsturm der Künstlichkeiten und des Ersatzes. An dem Persönlichkeitsturm, der genaugenommen aus der Dichte Eurer Nichtannahme besteht. Nach außen gebt Ihr Euch dann selbstsicher, doch innerlich gibt es ein Gefühl, „es nicht geschafft zu haben". Ihr habt innerlich das Gefühl, nicht gut genug zu sein für ein wie auch immer geartetes Paradies, aber das ist ja für die Meisten von Euch ohnedies nur ein Mythos, an den kein „aufgeklärter" Mensch glaubt und der für nichts „Reales" steht. Euer Problem ist, dass Ihr „aufgeklärten" Menschen an die Begrenztheit glaubt, dann aber nicht damit zufrieden seid. Tief im Innern gibt es das Gefühl, „es müsste doch mehr geben", aber was es ist, bleibt Euch verschlossen. Das Resultat ist wiederum, dass Ihr Euch tief im Innern für nicht gut genug haltet, wie selbstsicher Ihr auch immer auftretet.

Gut genug, aber überlastet

Die Wahrheit ist, dass jeder von Euch gut genug ist, genauso wie er ist. Dass Ihr von Euch und damit von mir wegstrebt, um Euch zu verbessern, lässt Euch scheitern. Ihr müsst nach der „Erleuchtung", nach dem Paradies nicht streben, ich schenke es Euch. Ihr braucht keine Wege, Methoden, Praktiken, Philosophien und Zauberformeln. Wenn Ihr aufhört, danach zu suchen und bereit seid, hin–zugeben was Ihr „nicht seid", erscheint es automatisch, weil Ihr dann einfach aufhört, vom Paradies wegzuschauen und wenn Ihr nicht mehr wegschaut, taucht es auf. Wenn Ihr nicht auf die

Verdichtungen schaut, welche die Welt nur spiegeln oder in Erscheinung treten lassen, ohne sie wirklich zu sein, seid Ihr im Paradies. Nehmt Euch und die Welt an, wie Ihr seid, wie sie ist – und Ihr nehmt mich an und seid im Einklang mit mir. Das ist das Paradies.

Das Leben im Paradies verwandelt

Um was es hier geht, ist, dass Ihr nicht dadurch, dass Ihr in irgendeiner Form „bessere" Menschen werdet, die Urheimat, das Paradies, die Glückseligkeit wieder erlangt, sondern dass Ihr bessere, liebevollere Menschen werdet, indem Ihr Euer Paradies erkennt und bewohnt. Das Paradies macht Euch zu „besseren" Menschen, alles was Ihr tun könnt ist, dieses Paradies zu leben und zu bewohnen, einen anderen Weg gibt es nicht.

Ist das Paradies verschlossen? Müsst Ihr irgendetwas tun, um dort hin zukommen?
Nein, es ist offen, kommt bitte herein. Ich heiße Euch herzlich willkommen. Ihr braucht nur all das hin–zugeben, was Ihr nicht seid. Was dann übrigbleibt, ist das was Ihr seid, und das bin Ich. Das was übrigbleibt, ist das Alles, mehr als Alles gibt es nicht; sollte darüber hinaus etwas den Anschein erregt haben, zu existieren, war es nur Illusion, Täuschung und Zerrbild des Wirklichen.
Dieser „weglose Weg" ist ein (Nicht)Weg des Loslassens aller Wege, um zu sein, was Du schon immer warst, nämlich ich.

Es gibt keinen Weg zu Annahme, Loslassen und Hingabe. Annahme, Loslassen und Hingabe sind der Weg.

Es gibt einen dazu passenden Dialog in dem Film „Samsara" zum Thema „Streben". Ein Schüler teilt einem Fortgeschrittenen seine Erkenntnis über Buddha mit. Er sagt ihm, dass Buddha völlig andere Voraussetzungen hatte als die Mönche, die jetzt seinen Weg beschreiten. Buddha hätte noch keinen Weg gehabt, er folgte zwar dieser und jener Methode, fand aber dann sozusagen im Loslassen all dieses Strebens den „Nichtweg". Er folgte dabei seiner inneren Führung, ging seinen Erkenntnisweg, der ihn leitete ohne einer bestimmten Methode nachzufolgen. Er aber, der Mönch muss nun diesen Weg, der angeblich zur Erleuchtung führt, gehen und hat keine Gelegenheit, seinen eigenen zu finden (ich habe das hier etwas zugespitzt). Jeder Mensch kann sich entscheiden, sich, seine Situation, Leben, Welt und Gott anzunehmen, seine Identifikationen und Illusionen anzuschauen und loszulassen, um sein Sein zu verströmen und hinzugeben. Jeder Mensch hat ein bestimmtes Grundniveau des Dichtegrades seiner Geistigkeit, das ihm hilft oder es ihm erschwert, sich für besagtes Hin–geben zu entscheiden und loszulassen. Dieses Niveau kann jedoch ständig in jede Richtung verändert werden. Denn jede einzelne Lebenssituation verlangt eine Entscheidung entweder für Verdichtung oder für Entdichtung.

Indem ein Übungsweg gesucht wird, wie Ihr besser leben könnt, wie Ihr Euch für Annahme, Hingabe und Loslassen entscheiden könnt, werdet Ihr in der reinen Nachfolge eines Weges oder einer Methode scheitern, weil es ein zutiefst individueller Akt ist, sich der Erkenntnis der Einheit mit Gott seines eigenen „Gottseins" zu öffnen. Jeder Mensch findet seine absolut einzigartige Art und Weise „über seinen Schatten zu springen", um sich anzunehmen, sich hin-zugeben und los zulassen. Jeder kreiert seinen Weg und was er anderen davon erzählt, kann für diese hilfreich sein, doch andere können dem nicht direkt nachfolgen, denn Gott unterscheidet zwar nicht zwischen richtigen und falschen Wegen, doch sehe und empfinde ich die Öffnungen (scheinbar) individueller Herzen als eine Entdichtung in mir.

Jeder ist selbst der Buddha, der im Loslassen der (zum Scheitern verurteilten) Versuche, die Erlösung über irgendeinen Weg zu erreichen, das Paradies geschenkt bekommt. Spirituelle oder therapeutische Wege und Methoden können hilfreich sein, wenn Ihr ihnen nicht das Heil zuschreibt, sondern die Verantwortung bei Euch behaltet, wenn Ihr Buddha immer wieder tötet, wenn seine „Lehren" anfangen, Euer ureigenstes frei–williges Sein zu ersetzen und Euren eigenen (Nicht)„Weg" nicht mehr zuzulassen. Denn ansonsten geht Ihr durch Nachmachen und Nachfolgen, oder im Anklammern an Methoden und Richtungen Euch selbst und damit mir aus dem Weg.

Der, der sich den „Unbilden" des Lebens als den Chancen, die ihn im Annehmen dessen weiterbringen können stellt, bringt sich mehr und mehr zu mir. Mehr und mehr taucht die Erkenntnis des Einseins mit mir auf. Damit verlässt er die „Trotzphase" und wird „erwachsener" in seiner Geistigkeit, in seinem Sein.

Das Erwach(s)en des Menschen

Rückblick und Zusammenfassung

Alles, was wir hier niederschreiben, ist nichts anderes als ein Rückblick und eine Zusammenfassung, deshalb habt Ihr auch beim Lesen den Eindruck, alles schon gehört zu haben. Es sind ja im Grunde nur einige wenige Punkte, die wir hier miteinander verbinden. Wir verbinden die wenigen Punkte immer wieder neu und dadurch ergeben sich immer wieder neue Aspekte. Wir können das ewig fortsetzen, was aber dann doch zu langweilig wäre. Darum wollen wir es auf ein paar wesentliche Kombinationen und Verknüpfungen von Punkten begrenzen.

Ein Rückblick ist es auch deshalb, weil wir immer wieder auf das Wesentliche zurückblicken. Zurück aus dem Gewordenen heraus, aus dem Verdichteten, welches sich als Euer „Ist–Zustand" darstellt. Ihr glaubt, es sei Euer „Ist–Zustand" und identifiziert Euch damit, dennoch ist es gerade nicht Euer „Ist–Zustand". Euer Ist–Zustand bin ich.

Menschheit in der „Trotzphase"

Nun lasst uns mit den nächsten Kombinationen und Verknüpfungen spielen: Ich erschaffe mich permanent aus mir selbst heraus und damit Universum, Welt und Leben.

Damit entstand durch Verdichtung des reinen Bewusstseins der Mensch. Der Mensch ist, verglichen mit der Ontogenese der Entwicklung eines individuellen Menschen, in seiner „Trotzphase" angekommen. Er hat gemerkt, dass er nein sagen kann. Er grenzt nun mit seiner Fähigkeit nein zu sagen seinen „Persönlichkeitsturm" ein, er bildet ihn also aus Trotz. Wie ein Kind in der Trotzphase, bildet nun der Mensch damit seine Basis, seine Form, vergleichbar einem Gefäß, wie eine Schale oder eine Tasse. Das Gefäß hält die Geistigkeit des Menschen. Die Geistigkeit wäre dann wie der Tee in der Tasse. Der Tee ist weit weniger dicht als die Tasse.

Die Fähigkeit, „Nein" sagen zu können ist nötig, damit überhaupt eine verdichtete Form entsteht, welche das weniger Dichte (in dem Fall die Geistigkeit) tragen kann. Vor allem ist das „Nein", die Verdichtung und die

Form in der Welt von Nöten, um dem „Ja" einen Sinn zu geben, den Sinn, seine entdichtende Wirkung erfahren zu können. „Ja" und „Nein", Entdichtung und Verdichtung „weben" also gemeinsam an dem Leben in der Welt der Erscheinungen.

Für die Kinder, die auf die Welt kommen besteht zuerst keine Trennung zwischen der immateriellen Welt des reinen Bewusstseins, in der sie auch mit ihrer „Matrix" in Verbindung stehen, und der materiellen Welt. Durch das Einfließen des Bewusstseins in die Körperlichkeit kommt das Kind mehr auf der Welt an. Seine Geistigkeit besteht aus sehr lichtem Denken/Empfinden (Denken und Empfinden sind in dieser Phase sehr miteinander verbunden), weil es noch mit dem reinen Bewusstsein verbunden ist. Es bestehen aber andererseits auch sehr dichte Denkanteile, weil das Ankommen „auf der Welt" im Geistigen sehr verdichtend wirkt. So scheinen die kleinen Erdbewohner in ihrer Trotzphase manchmal kleine Monster zu sein, nur um kurz darauf wieder wie kleine Engel aufzutreten. Reines Bewusstsein und dichte „Erderfahrungen" mischen sich in dem kleinen Menschen und wirken erst einmal desorientierend und verunsichernd.
Jetzt kommt es sehr auf die Klarheit der Erzieher (mit viel entdichtetem Denken) an, wie sehr die Kinder, trotz schwieriger Erderfahrung ihr Denken entdichten können. Es kommt sehr darauf an, wie sehr die Eltern Vertreter des Gefühls der Einheit sein können, um das Urvertrauen im Kind weitgehend zu erhalten, indem sie das haltgebende Getragensein von außen her anbieten. Das Kind ist dann nicht gezwungen, auf inneres Festhalten zum Ausgleich zurückzugreifen. Das Niveau seiner Geistigkeit muss dann nicht über ein bestimmtes notwendiges Maß hinaus verdichtet werden. Entwicklungsphasen in der Kindheit müssen aber immer wieder zu gewissen Verdichtungen führen, um die Form, welche als Träger der Geistigkeit fungiert, zu „härten". Das zeigt sich dann zeitweise in „seltsamen" Verhaltensweisen oder beispielsweise auch in den Kinderkrankheiten.

Ein Stück Persönlichkeitsform ist also nötig (an der aber nicht festgehalten werden muss), damit das Geistige gehalten werden kann. Das Geistige ist in seiner Gedankenform auch dichter oder weniger dicht. Dadurch, dass das Denken entdichtet wird ist es wieder möglich, zur Urheimat der Glückseligkeit zu finden, das Paradies wieder wahrzunehmen.
Wie ein Kind, das durch den Bewusstseinszuwachs (welcher von außen vom

reinen Bewusstsein in es einfließt) das „Nein" entdeckt, seid Ihr ganz betört von dieser Fähigkeit und dehnt die Benutzung des „Neins" und seine Magie über das Maß, das zu Eurer Formbildung nötig wäre, aus. Dies führt zu Leid und zum Verlust der Wahrnehmung des Paradieses.

So wie Kinder in der Trotzphase desorientiert und unsicher sind, seid auch Ihr es in Eurer kontemporären Entwicklungsstufe mehr oder weniger als gesamte Menschheit. Das Schicksal, welches Ihr ja selbst gestaltet, könnte Eltern oder Führer für Euch sein, wird aber nur allzu oft abgelehnt. Kinder meinen ja oft, es schwer zu haben mit ihren Eltern.

In Eurer Trotzphase habt Ihr noch keinen reifen Umgang mit dem Nein-Sagen gefunden. Vieles, was zusammengehört, erfährt durch Eure „Neins" eine Trennung. Ihr erkennt dies, wenn Ihr in die Beziehungsstrukturen seht, wie sie z.B. in dieser Zeit zwischen Paaren oder zwischen Eltern und Kindern herrschen. Die Persönlichkeitstürme sind aufgrund der Desorientierung und Verunsicherung in Eurer Trotzphase zu dicht geworden und somit die Anhaftung, das Festhalten daran und auch die Identifikation damit. Damit geht es in Auseinandersetzungen oft mehr um das „Rechthabenwollen" statt um echten Austausch, Transparenz und Vergebung.   Dies führt zur Ent–zweiung von Paaren, Eltern und Kindern, Geschäftspartnern, Arbeitsteams usw.

Ablehnung ist wie das Ausradieren eines Teils des Selbst

Mit der Fähigkeit des Nein–Sagens, mit der Fähigkeit, bestimmten Umständen (scheinbar) trotzen zu können, entsteht eine ablehnende Haltung. In dieser ablehnenden, trotzenden Haltung nehmt Ihr mehr oder weniger die Position ein, selbst Gott zu sein (was Ihr ja auch seid, nur identifiziert Ihr Euch in diesem Fall mit Euch selbst, also mit einer Illusion anstatt mit mir). Ihr glaubt dann, Herr zu sein über Annahme und Ablehnung, ganz nach den jeweiligen Bewertungsschubladen, welche im Persönlichkeitsturm eingebaut sind.
Die Verteidigung starrer Bewertungskriterien mittels der Abwehr durch das „Nein" sind typisch für die Trotzphase und erinnert uns wieder an die Paradiesgeschichte, in der ja auch das „erwachende" Bewusstsein mit der

Fähigkeit, „Nein" zu Gottes Gebot zu sagen, verquickt wird mit dem Verlust des Paradieses.

In Wirk–lichkeit hat der Verlust des Paradieses nichts mit Schuld und Strafe zu tun, sondern mit dem nicht mehr Wahr–nehmen des Paradieses. Stattdessen nehmt Ihr die Welt als wahr. Die Hinwendung auf Abgrenzung und Trennung lässt die Sicht aufs Paradies verblassen. Also, mit dem Hinschauen auf die Illusion wird das Paradies selbst zur Illusion. Die Illusion wird so zur „Realität". Aus der Erkenntnis der Einheit mit mir heraus, wird das Paradies jedoch wieder wahr-genommen.

Die angewandte Sichtweise der Trennung, Abgrenzung und somit der Ablehnung ist immer ein Kunstgriff, der in der Wirk–lichkeit gar nicht möglich ist. Ablehnung stellt eine Nichtanerkennung dar. Ihr glaubt zwar daran, als selbstbewusste, abgegrenzte Menschen die Wahl zwischen Ablehnung und Annahme haben, doch gebt Ihr Euch dabei nur einer Illusion hin. Alles was ist, ist – und es ist ganz unabhängig von Deiner Zustimmung oder Ablehnung.

Da alles was ist, aus mir ist, bedeutet eine Ablehnung eine Nichtanerkennung eines Teils von mir. Das Abgelehnte, auch wenn es von Menschen „verdichtet" wurde, besteht aber doch aus mir. So ist jede Ablehnung eine Nichtanerkennung eines Teiles von mir. Damit ist sie auch eine Nichtanerkennung eines Teils von Dir. Da Du und ich eins sind. Da alles eins ist.

Die Haltung der Ablehnung hat daher eine Wirkung auf Dich, da Du einen Teil in Dir verdichtest. Das ist der Verlust des Paradieses.
Das „Ja" heilt und katalysiert die Entwicklung des Erwach(s)ens.

Die „Trotzphase", in der Ihr Euch momentan befindet, bringt viele kollektive „Entwicklungswehen" mit sich. Doch der Schmerz kann in Entwicklung umgewandelt werden. Er kann Anstoß sein, zur Glückseligkeit und zum Paradies zurückzukehren.
Erinnert Euch immer wieder daran. Ihr braucht das Leid nur, um die Glückseligkeit erfahren zu können. Durch Anhaftung, Festhalten und Identifikation verankert Ihr Euch aber im Leid, in Eurer selbstgebauten Hölle.

Unwohlsein, Angst oder Schmerz ist die Spitze des Eisbergs Eurer inneren „Neins": Die inneren Verdichtungen im Denken (Festhalten, Anhaftung,

Identifikation, Abgrenzung, Ablehnung, Angst usw.), also die inneren „Neins"
können durch keine medizinische Intervention, durch absolut keine Physio-
oder Psychotherapie, durch keinerlei Medikamente – weder allopathische
noch feinstoffliche, auch durch keinerlei Form des Schamanimus oder der
Magie gelöst werden. Nie und nimmer ist das passiert oder wird jemals
eintreten, das ist völlig ausgeschlossen. Die inneren „Neins" werden nur und
ausschließlich durch innere „Jas" gelöst. Das ist das Wesen der
Verwandlung und kein Kunst–griff vermag je etwas Ähnliches zu bewirken.

Das muss hier in aller Deutlichkeit gesagt werden und ist die elementare
Botschaft dieses Textes an Euch. Das ist ein Punkt, der von Euch
verstanden und angenommen werden muss, wenn es darum geht, das
Leidenspotential auf der Welt deutlich zu senken.

Therapie oder Verwandlung

Nun, da dies unmissverständlich gesagt wurde, kann ich mich dem inneren
„Nein" zuwenden, das nun vielleicht durch diese Deutlichkeit bei Euch
entstanden ist. Euer „Nein" mag nun sein, dass Ihr anführt, dass Therapien –
seien es medizinische Interventionen oder Psychotherapie, doch eindeutig
Wirkung zeigen, ganz zu schweigen von lebens–rettenden Operationen.
Therapien (medizinische, psychotherapeutische, alternative) können
großartige Hilfestellungen sein. Der letzte Schritt zur Heilung, zur
Entdichtung, passiert im Innersten des Wesens selbst und ist unabhängig
von äußeren Einflüssen. Im Innersten der Wesen passiert die Verwandlung.
Keine äußere Maßnahme reicht bis in diesen innersten Kern. Heilung,
Erwach(s)en ist keine Technik, es ist das Wunder des Lebens. Ihr seid aus
dem „Ja" gekommen, um das „Ja" auf die Welt zu bringen und das „Ja" führt
Euch zur Urheimat der Glückseligkeit zurück.
Hilfreiche Therapie (welche Form diese auch immer hat) kann aber als
entdichtende Schwingung auf dichte Gedankeninseln beim Klienten oder
Patienten einwirken. Die entdichtende Wirkung kann evtl. zu einem inneren
„Ja" bei diesem führen, wenn dieser diese Entdichtung geschehen lässt. Es
geht immer darum, die Verwandlung geschehen zu lassen. Das kann
günstigerweise geschehen, wenn nicht zuviel Angst ein Festhalten, ein
Identifizieren mit dem Symptom bewirkt. Letzten Endes passiert die

Entdichtung immer dann, wenn der Mensch im innersten Kern einwilligt, wie stark die Angst und das Festhalten auch sein mögen.

Diese Verwandlung kann z.B. durch eine Erkenntnis angeregt werden, ebenso wie durch die feinstoffliche entdichtende und entdichtete In–Form–ation (in dem Fall müsste es gleichermaßen De–Form–ation heißen) z.B. einer homöopathischen Substanz. Die Trans–Form–ation vom verdichtenden, in Trennung und Täuschung gehenden „Nein" zum heilenden „Ja" kann aber letzten Endes nur in Eurem Herzen von statten gehen. Die Trans–Form–ation wird aber weder vom „Herzen", noch vom äußeren Einfluss allein bewirkt. Die Trans–Form–ation tritt durch mich ein, wenn Du zu meinem Kommen innerlich „Ja" sagst.

Ich bin es, der eintritt.

Eine entdichtende Botschaft oder Idee, die in Deine inneren Schwingungsmuster eintritt und mit ihnen in Resonanz geht, kann nur dann entdichten, wenn eine bestimmte innere Instanz es auch geschehen lässt. Diese Instanz ist mit der Matrix im reinen Geist, und dem reinen Geist an sich verbunden. Diese Instanz ist also in direkterer Weise mit dem reinen Geistigen verbunden, das von einem Menschen in seinem „Menschengefäß" gehalten wird. Diese Instanz lässt die Trans–Form–ation geschehen, wenn sie nicht durch Angst festgehalten wird. Wie stark die Wirkung von Angst ist, hängt mit dem Dichteniveau im Denken und mit der Geistigkeit des jeweiligen Individuums zusammen. Die Trans–Form–ation ist aber niemals unmöglich. Auch die Angst ist nur eine Verdichtung von mir. Überall, wo ich verdichtet bin, werde ich mich auf die eine oder andere Weise wieder entdichten.

In Deinem Innersten spielt sich ein Mysterium ab. Dort wird entschieden, ob ein dichtes Symptom, hinter dem immer eine Nichtanerkennung eines Teil von mir steht, entdichtet wird oder ob dichte Angst die Trans–Form–ation verhindert.

Verschiedene bewusste und unbewusste Ebenen treten miteinander in Kontakt. Die durch die Seelenmembran hindurchtönenden Impulse treffen auf die dichten Orte aus Angst und Festhalten in Deinem Geist.

Doch wenn Dir verschiedene Ebenen Deines Seins nicht bewusst sind, und es sich doch um bewusste Entscheidungen handelt, wessen bewusste Entscheidung ist es dann?

Wir könnten auch sagen, Dein verdichtetes Bewusstsein und ich als reines Bewusstsein machen es miteinander aus. Die Angst, das was mit ihr zusammenhängt, verschleiert Deinen Blick auf diese Ebenen, machen sie unbewusst. Ansonsten könntest Du mehr mitreden – mitwirken. Das „Ja", welches transformiert, ist gleichzeitig Ursache und Wirkung dieser Transformation. Im „Ja" werden verdichtetes Bewusstsein und reines Bewusstsein eins.

„Angebote" zur Trans–Form–ation gibt es ständig im Leben. Solche Angebote gibt es nicht nur in einer Therapie, selbst das Symptom an sich ist so ein Angebot. Das Symptom könnte hier auch ein lebensbedrohlicher Unfall sein. Selbst im Koma verhandeln verdichtetes und reines Bewusstsein miteinander und es kommt zu einem Loslassen, z.B. im körperlichen Leben oder von ihm. Es kann auch passieren, dass jemand nach dem Erwachen aus dem Koma nicht alle Fähigkeiten zurückgewinnt, alles was passiert, ist ein „Angebot".

Anderen wurde von den Ärzten nur noch wenig Lebenszeit gegeben und sie wurden dennoch plötzlich gesund. So jemand hat dann innerlich eingewilligt, dass eine neue Chance und Hilfestellung, in welcher Form auch immer, auf ihn zukommt. Und diese wird kommen, denn niemand kann mit schwer verdichtetem Leben, mit verdichtetem Denken leben. Die Entdichtung ist das Leben. Zu starke innere Verdichtung zielt auf den körperlichen Tod, um sich wieder zu befreien.

Das Leben sucht sich immer den Weg zu sich selbst zurück. D.h., über kurz oder lang kann jedes innere „Nein" zu einem „Ja" werden. Dies kann auch durch das Loslassen im körperlichen „Tod" passieren. Allerdings können die Verdichtungen auch über das körperliche Leben hinaus festgehalten werden.

Das „Ja" als Lösung

Die innere Öffnung des vollzogenen „Ja" ist das einzige, was wirklich „heilt", verwandelt. Was auch immer unternommen wird, letzten Endes ist es immer das „Ja", das die „Heilung" bringt.

Die innere Haltung des „Ja" wird bewusst oder unbewusst eingenommen. Ist sie noch unbewusst, tauchen „äußere" Ereignisse auf, um die innere Haltung ins Bewusstsein zu transformieren.

Das „Ja" erzeugt eine geistige Schwingung, welche in harmonischer Resonanz mit meiner Schwingung steht.
„Ja" heißt Annahme und Anerkennung, und zwar von allem was ist. Was ist, ist; und was ist, bin ich. Etwas nicht anzuerkennen oder abzulehnen, heißt den Liebesraum in sich zu verkleinern und somit Schwingungen zu verdichten.
Eure „Weltbilder", mit denen Ihr Euch identifiziert, erlauben es Euch, nicht alles und jeden anzunehmen. Mord, Krieg, Krankheit, Leiden, Grausamkeit, Missbrauch und, und, und..., dürfen ja nicht angenommen, sondern müssen laut der Weltbilder, mit denen Ihr Euch identifiziert, bekämpft werden. Es ist nur so, dass sie genau dadurch am Leben gehalten werden. Ablehnung löst eine Sache nicht, sie trägt durch Verdichtung zur Verlängerung des Leides oder des Übels bei.

Das „Nein" und der Wunsch nach Perfektion

Gleichzeitig könnt Ihr sehen, dass Ihr bewusst oder unbewusst vielen Dingen im Alltagsleben ablehnend gegenübersteht, auch Teilen von Euch selbst. Beobachtet Euch einmal intensiv einen Tag, in wie vielen Situationen Ihr selbst von Euch verlangt, anders, besser zu sein, wenn Ihr Euch selbst einmal ganz bewusst wahrnehmen und ehrlich seid. Ihr solltet besser sein in dem oder jenem, das andere doch schon längst gelernt haben, Ihr solltet anders reagieren, und gleichzeitig gelassener sein, ruhig bleiben und was noch alles Mögliche. Aus der Projektion Eurer vermeintlichen Unzulänglichkeit heraus, sollten auch Leben und Welt anders sein. Das Leben sollte vielleicht gerechter sein, weniger Unbilden und Leid in sich bergen usw. Ihr seht, Ihr seid ständig mit Euch und dem Leben im Kampf. Wie viele „Nein's" gibt es an einem Tag in Eurem Leben, Euch selbst gegenüber, sowie in Bezug auf Leben und Welt und natürlich Gott gegenüber – und wie vergeblich ist das.

Sollte Gott kommen und all das Negative aus Euch und aus der Welt ziehen? Welchen Sinn hätte das, könntet Ihr dann Glückseligkeit erleben? Nein. Der einzige Weg, das Leiden zu trans–form–ieren, ist es Eure wunderbaren Entdichtungen, Öffnungen, und „Ja´s", zu vollbringen, und zwar aus Euch heraus.

Trans-form–ation heißt, Ihr gebt Euren Glauben an die Form(en) hin, damit ich Euch erreichen und verwandeln kann. Bereits Eure Hingabe ist die Verwandlung.

Ich überlasse es Euch, auf die einfache Wahrheit zu kommen, wie das Leiden, die Angst usw. durch Euer wunderbares „Ja" auf ein Minimum zu reduzieren sind. Ich nehme es nicht für Euch vorweg, welchen Sinn hätte das? Doch ich komme auf die Einladung Eurer Hin–gabe und verwandle Euch, weil ich die entdichtete Form von Euch bin, weil Ihr ich seid.

Ich komme auf Eure Einladung

Ich komme auf Eure Einladung und bringe Euch diese Botschaft in Form dieser Worte. Diese Botschaft ist nichts Besonderes, nicht der Himmel ist aufgegangen und Gott hat mit Euch gesprochen, hat Euch neue Gebote gegeben, weil Ihr so „daneben" gelebt habt. Diese Botschaft und mehr könnt Ihr jeden Tag aus Euren Alltagserfahrungen ziehen, wenn Ihr Euch gut beobachtet. Und doch kann diese Botschaft heilen und viele werden das Angebot nützen und sich Ihrem eigenen Wesen, das ich bin, mehr öffnen können und festhaltende „Neins" in sich entdichten. Weil Ihr zu mir gesprochen habt, spreche ich durch Dich zu Euch; allen die nachgefragt haben und denen dieses Buch „zufällig" zugänglich gemacht wurde, wird hiermit geantwortet.

Das Wesen der Abgrenzung

Wir haben gesagt, dass der Mensch, wenn er auf die Welt kommt sich in der Trotzphase durch Abgrenzung, durch Nein-sagen-Können als Persönlichkeit schafft. Dabei passiert momentan (in der aktuellen Situation der Menschheitsentwicklung) individuell wie kollektiv eine Art „Steckenbleiben in der Trotzphase". Der Mensch erschafft sich immer mehr, in dem er sich mit immer mehr Dingen identifiziert und sich von anderen zwangsläufig damit abgrenzt. Er verdichtet damit sich und sein Denken immer mehr. Mit der Verdichtung versucht der Mensch, sein Schicksal zu kurieren oder abzusichern. Viele Menschen identifizieren sich mit dem, was sie haben, leisten oder können. Es werden Dinge oder Fähigkeiten angeschafft und immer mehr an „Ordnung" aufgebaut. Das Errungene wird dann als „Meins" gegenüber anderen abgegrenzt. Vielleicht fällt Euch dabei die Wortverwandtschaft im Deutschen zwischen 'mein' und 'nein' auf. „Mein" und „Nein" sind Abgrenzungswörter.

Die menschliche Fähigkeit, sich abzugrenzen erscheint dabei als die Wurzel allen Übels, was sie natürlich nicht ist.
Alle Dinge sind aus mir, so auch die Fähigkeit, sich abzugrenzen.

Wie wir schon sagten, kann nur der Mensch bewusst und kraftvoll *„Ja"* sagen, der auch „Nein" sagen kann. Nein-sagen und bewusst eingesetzte Abgrenzung ist auch dazu da, z.B. andere Menschen, die aus dichten Gedanken und somit aufgrund unklarer Intentionen auf einen Mitmenschen zugehen, in angemessener Art und Weise zurückzuweisen und auch, um auf diese Weise den ersteren zu mehr Klarheit zu verhelfen. Grenzen setzen kann eine entdichtende Wirkung auf andere haben. Grenzen setzen ohne in Ablehnung und Machtkampf zu gehen, bedeutet ja auch, haltgebendes Getragensein anzubieten, auch wenn der Andere es nicht gleich als solches erkennt. Angemessen Grenzen zu setzen kann ein Geschenk für den Anderen sein, da ich damit zu verhindern suche, dass der andere zu einem Täter wird, was nicht gut für ihn wäre. Diese Vorgehensweise ist z.B. für alle Menschen, die erzieherisch tätig sind, von elementarer Bedeutung.

Kinder haben aufgrund der schwierigen Umstellung in der dichten Welt Schwierigkeiten und brauchen klare (und liebevolle) Ab–grenzungen, im Sinne des haltgebendem Getragenseins, damit ihre Geistigkeit nicht zu sehr verdichtet. Alle Menschen brauchen (liebevoll gesetzte) Grenzen, um sich orientieren zu können. Kinder brauchen das besonders, weil sie ständig in Gefahr sind, aus der Verunsicherung, welche die Umstellung in die dichte Welt zu kommen mit sich bringt, selbst „Gott" werden zu wollen, weil ihnen der Halt von außen fehlt. Selbst „Gott" sein zu wollen, ja, aus der Not heraus sein zu müssen, ist ein sehr dichter Gedanke, der in Handlung umgesetzt viel Leid, hervorgegangen aus Überforderung, für Kinder und Jugendliche, sowie natürlich auch für ihre Eltern bedeutet. Diagnosen warten dann auf die jungen Menschen wie z.B. AD(H)S, die ihnen vielleicht zu Medikamenten verhelfen, aber nicht zu mehr liebevollem haltgebenden Getragensein und zu mehr Verständnis für ihre sie überfordernde Situation.

Aber auch in allen anderen menschlichen Beziehungen kann klar eingesetzte Abgrenzung zur Erhaltung der Balance zwischen den jeweiligen Partnern führen.
Besonders fruchtbar und effektiv ist die Abgrenzung dann, wenn sie innerlich von einem großen „Ja" und der Liebe, die daraus für den anderen strömt, getragen ist.

Gerechtigkeit und die bewusste Wahr–nehmung des Paradieses

Existenzangst versus aktiver Lebensgestaltung

Heute Morgen im Auto, als Du (an den „Autor" gewandt) zur Arbeit fuhrst, hatten wir ein Gespräch miteinander. Du warst in Existenzängsten, weil Du meintest, Deine Arbeitssituation würde sich verschlechtern und Du weniger verdienen. Schließlich warst Du etwas beruhigter, weil Du in unserer Interaktion mit dem Wesentlichen in Verbindung bist und das entdichtend wirkt. Als Du Dich beruhigtest, konntest Du wieder erkennen, dass Du nicht Opfer der Situation bist, sondern Dein Leben aktiv mitgestalten kannst. Du kannst das besonders dann, wenn du Dich nicht von der Angst/Enge dadurch verleiten lässt, Gedanken zu verdichten, die dann das Angstmachende in Erscheinung bringen.

Was dicht ist, bringt sich als Blockade, Schwierigkeit und als Symptom in Erscheinung. Angst ist eine Fixierung an das Angstmachende und das bewirkt, dass das, was festgehalten wird, in Erscheinung tritt; einfach weil der Geist nicht anders kann, als das, was in ihm ist, in Erscheinung zu bringen. Plötzlich tritt es nicht mehr im Geist, als Gedanke in Erscheinung, sondern „scheinbar" äußerlich. Es gibt da ja keine Grenze zwischen dem was Ihr als „innerlich" und „äußerlich" bezeichnet, es ist alles Geist, das, was gedacht wird und das, was scheinbar im Äußeren erscheint. Wenn Ihr Euch dessen bewusst seid, könntet Ihr auch ein gewünschtes Ereignis in Eurem Geist tragen (und es gleichzeitig loslassen) und es somit in Erscheinung bringen.

Gerechtigkeit als Wirkung des Erwach(s)ens

Als Dir wieder bewusst wurde, dass das Ergebnis im scheinbaren Äußeren damit zu tun hat, wie Du mit den Situationen, die im Leben auf Dich zukommen, gedanklich umgehst, wandtest Du (wieder an den „Autor" gewandt) ein, dass so viele Menschen, die schrecklichen und schmerzlichen Schicksalen „ausgesetzt" sind, dieses Wissen nicht haben, um ihr Leben aktiv gestalten zu können. Dies schien Dir ungereimt und ungerecht. Du meintest, diese Menschen seien benachteiligt.

Zwei Antworten dazu, denn es gibt zwei Lösungen:

Die eine ist, dass es für jeden Menschen die Möglichkeit gibt, in jeder Sekunde seines Lebens, das Leid in seinem Leben zu nützen und zu hinterfragen, um sich selbst als mich zu erkennen und sich somit aus Anhaftungen, Fixierungen und Identifikationen und somit aus dem Leid zu befreien.

Das zweite ist, dass das, was Du Ungerechtigkeit nennst, besteht, damit die Gerechtigkeit als das bewusste Paradies entstehen kann. Alles, was nicht Paradies ist, tritt in Erscheinung, damit Ihr das Paradies als solches, in Abgrenzung dazu, wahrnehmen könnt. Wie schon gesagt, seid Ihr in der Wahrnehmung des Nichtparadieses steckengeblieben und versucht nun, die Wahrnehmung dessen, was Ihr in Eurer Hölle seht, zu manipulieren, um sich wieder wie „zu Hause" in der Urheimat Glückseligkeit zu fühlen.

Was Du Ungerechtigkeit nennst, ist gegeben, damit Ihr die „Gerechtigkeit" schafft.

Gott schafft die Gerechtigkeit auf Erden? Nein, Ihr macht das, denn Ihr seid das, was Ihr Gott nennt; Ihr seid aus Gott, dem reinen Geist gemacht und Ihr braucht Euch nur wieder als das zu erkennen.

Wenn es also noch keine Gerechtigkeit gibt, dann deshalb, weil Ihr sie noch nicht geschaffen habt. Und Ihr habt sie nicht geschaffen, weil Ihr innerlich auf Euren Persönlichkeitsturm schaut, der Eure Sicht verschleiert zu erkennen, dass Ihr ich seid.

Leicht und Schwer

Gerechtigkeit zu schaffen ist leicht, wie alles, was wir hier besprechen. Weil es leicht ist, verunsichert es Euch. Ihr müsstet ja nur erkennen, dass Ihr nicht das seid, was Ihr glaubt zu sein. Das würde ein inneres Loslassen bedeuten. Doch das macht Angst. Ihr wisst ja nicht, wohin Ihr fallt wenn Ihr loslasst. Das ist es, warum wir das schreiben, warum überall auf der Welt Boten auf die vielfältigste Weise ihren „Dienst" tun. Indem wir das hier schreiben, tragen wir ein Scherflein zu Gerechtigkeit und dem bewussten Erkennen des Paradieses bei. Wir tun dies, indem wir verkünden, dass Ihr ich seid.

Ich sagte, was wir hier theoretisch behandeln, ist leicht umzusetzen. Es ist leicht, weil es an sich gar keine Aktion erfordert. Es ist das Loslassen des Aktionsgedankens. Es ist das, was in China einmal „Wu Wei" genannt wurde. Dieses „Wu Wei" wurde mit Nicht–Handeln oder ähnlichem Missverständlichem übersetzt, was mitunter zu der Annahme geführt hat, dass es reicht, die Hände in den Schoß zu legen und „den lieben Gott einen guten Mann sein zu lassen" und das würde genügen, um alles erfüllt zu bekommen. „Wu Wei" heißt aber genau das, um was es hier geht, es heißt Handeln ohne Aktionsgedanken. Handeln ohne Tun (ja, ja wieder ein taoistisches Paradoxon). Handeln ohne Impuls aus den geistigen Schubladen und damit aus den Hintergedanken, aus der Absicht, aus der Anhaftung, letztlich aus der Angst – vom Persönlichkeitsturm aus.
Ihr könnt dieses „Wu Wei" auch mit Handeln aus dem „Jetzt", Handeln aus dem Fluss übersetzen, oder, wenn wir schon dabei sind – Handeln aus mir, aus Gott, heraus. Es meint ein „Geschehen-lassen". Ein Geschehen-lassen von dem, was hinter Euch west und was Euch braucht, um „auf die Welt" zu kommen, oder besser, um „in der Welt" in Erscheinung treten zu können. Ihr gebärt es aus dem Reich des reinen Geistes, den Ideen, wie Platon es nannte, in die Welt und in Eure Mitte. Ich bin es, das hinter Euch, in Euch und als Euch west. Ich bin Ihr, entdichtet. Wenn Ihr loslassend durch Eure Fixierungen und Anhaftungen geht, seid Ihr ich, und wir wieder eins, wie wir immer waren, sind und sein werden.

Ist es nicht schön, wir könnten es gemeinsam stundenlang herunter–beten. Es ist wunder–voll, es stört gar nicht, auch wenn wir nur immer den einen Satz schreiben würden:
„Ihr seid ich, ich bin Ihr"– das würde schon genügen.
Wir umschreiben es ja nur in jedem Kapitel, in jedem einzelnen Satz immer wieder anders, weil Du gern ein Buch schreiben möchtest. Doch hat es in Wirklichkeit nur einen Satz:
„Ihr seid ich und ich bin Ihr".
Es ist zu einem „Mantra" geworden in diesem Buch.

Ihr seid ich und ich bin Ihr. Doch sind wir in Eurer Wahrnehmung scheinbar getrennt, durch den Grad der Dichte, in dem Ihr lebt. Wir schreiben das Buch, damit Ihr Eure Wahrnehmung wieder auf Eure Urheimat, auf mich und auf die lebendige Glückseligkeit richten könnt. Wir schreiben das, um zu sagen, dass es leicht ist. „Wu Wei" ist ein Schlüssel.

Durch die Verdichtung ins (scheinbar) Körperliche und die Verdichtung des Geistigen und der Gedanken, die Dein Körpergefäß in sich hält, ist Euer Denken kompliziert geworden. Ihr seid jetzt zu hochdifferenzierten, hochkomplizierten und hochkomplexen Denkoperationen fähig, aber in Punkto Glückseligkeit bietet das keine Lösung an, diese Fähigkeiten befreien Euch nicht. Auf diese Weise ist nur das Leichte schwer geworden und das Schwere leicht.

Wenn es eine komplexe Lösung gäbe, zur Glückseligkeit zu gelangen und sei sie noch so kompliziert und noch so raffiniert versteckt, Ihr würdet sie finden. Aber weil sie die Leichtigkeit selbst ist, nicht einmal eine Aktion beinhaltet und völlig offensichtlich ist, ist es für Euch schwer geworden, zurückzufinden.
Dennoch ist es leicht, wenn Ihr Euch nicht mit dem „es ist schwer zurückzufinden" identifiziert. Denn es ist alles genauso wie Ihr sagt, dass es ist. Das, was Ihr nicht wünscht, bringt Ihr oft mit Leichtigkeit in Erscheinung, nur weil Ihr es loshaben wollt. . Und das, was Ihr wünscht, schafft Ihr oft schwer, weil Ihr innerlich nicht von Wunsch und Mangel loslasst.

Der Gott hinter den Hinter–Gedanken

Wenn Ihr von Euch selbst loslasst, wartet dahinter nicht ein gruseliger Abgrund dumpf dahinbrütendes Irresein, sondern Ich. Ihr werdet dann gelebt, gespeist durch mich, durch meine Schwingung, meine (energielose) „Energie". Die Anstrengung des Handelns aus dem Aktionsgedanken heraus, die Anstrengung, die nötig ist, das Persönlichkeitsgebäude aufrechtzuerhalten, fällt weg. „Wu Wei". Ihr handelt dann aus dem „Jetzt" heraus, aus mir heraus, aus unserer Einheit heraus, ohne Aktionsgedanken, ohne Hintergedanken, „Einfach so". „Einfach so" wäre demnach auch eine passende Übersetzung für „Wu Wei".

Kommen wir zurück zum „Gerechtigkeitsgedanken". Das, was Ihr Ungerechtigkeit nennt, ist gemacht aus dem Handeln mit Aktions– und somit

mit Hintergedanken. Es kommt aus dichten Gedanken, die mit Anhaftung und daher mit Angst zu tun haben. Sie kommen aus Euren „Trotzphasendaseins", aus Euren „Neins" und „Meins".

Wenn durch das Loslassen Eures Selbst oder Ich's ich mehr „Raum" in Euch habe zu schwingen, werden Eure Gedanken entdichteter. Daraus entsteht auch mehr Raum für Euer entdichtetes Sein, mehr Raum für Eure Freundlichkeit, Offenheit, Eure Liebe, Euer Helfen und Teilen. Für Euren Überfluss, der aus Euch heraus sprudelt und den Ihr überallhin verströmen könnt. Überall sind vertrocknete Seelenblumen, die durch Dich wieder blühen könnten.

Aus Dir heraus, frei–willig, einfach so

Das absolut Entscheidende dabei ist, dass all das ohne Ethik, ohne Moral, ohne Kodex, ohne Gesetz, ohne irgendwas - geschieht. „Wu Wei". Oder wie wir jetzt sagen können, aus Euch heraus (oder aus mir heraus, aus der harmonischen Resonanz unserer Schwingungen, unserm Gleichklang heraus), ohne einen weiteren Antrieb, ohne Aktionsgedanken, ohne Gedankenimpuls aus der Schublade des Persönlichkeitsturms heraus. Das ist es, worum es in diesem Erdenleben geht. Um das „Aus Dir heraus" Handeln zu verwirklichen, welches ein aus mir heraus Handeln ist.

Deine Frei–willigkeit ist das wirk–lich Heil–ige auf der Erde. Nichts und niemand kann es übertreffen. Es ist das Paradies, in dem die absolute Gerechtigkeit stattfindet. Handeln und Denken im Sinne des „Wu Wei" gebärt eine Gerechtigkeit auf Erden, die lebendig ist und in keinem noch so komplexen oder „humanen" Regelwerk seinen Niederschlag finden könnte. Jede Handlung ist dann frei–willig, „aus sich heraus", einfach so, spontan und aus unserer Einheit heraus geboren.

Das Paradies der lebendigen Gerechtigkeit

Menschen würden mit anderen teilen, da wo es nötig und auch da wo es nicht nötig ist. Ihr würdet schenken, aus Euch heraus, „einfach so". Die Menschen würden sich schenken, sich hin–geben.

Wer Klärung bräuchte bekäme sie, liebevoll, ohne Gedanken an Strafe. Wie auch immer, die Impulse aus dem reinen Geist würden Euch leiten und damit zu einer Menge Spaß und auch tiefer Freude, kurz Glückseligkeit beitragen.

Ich bin diese Gerechtigkeit und Du bist ein Träger, der sie „auf die Welt" bringen kann. Du brauchst nicht warten, bis es andere „machen", wenn Du nicht „Jetzt" damit anfängst, wird es nicht eintreten. Anfangen mit dem Handeln, das mehr ein Lassen, ein Geschehenlassen ist; ein Geschehenlassen, von dem, das hindurchtönen und in Bewegung kommen will.

Selbstannahme befreit Liebe

Doch fang' nicht mit Aktionismus an, wenn Du loslassen „willst". Heranzugehen mit dem Aktionsimpuls: „Wir machen jetzt das neue, bewusst wahrzunehmende Paradies", ist natürlich genau das übliche Prinzip, nach dem auch sonst nichts Wirk-liches „funktioniert" in Eurem Leben.

Fang damit an, Dich selbst anzunehmen und zu lieben. Wenn Du Dich liebst, liebst Du mich. Aus der Liebe wird das Paradies entstehen, durch das Handeln aus dem 'Jetzt' und aus dem Handeln aus mir. Ich meine keine Liebe, die Du irgendwie künstlich zu erzeugen versuchst, indem Du irgendwas lebst, was Du (ich) nicht bist (bin). Es geht um die Liebe, die aus Dir zu Dir fließt. Diese Liebe fließt auch in die Welt, denn Du bist die Welt. Die Liebe aus der Annahme Deiner selbst ist gerade nicht das, was Ihr „Ego" nennt. Das was Ihr „Ego" nennt, ist die nicht gelebte Liebe, es ist die im Persönlichkeitsturm eingesperrte Liebe.

Von einem meiner unzähligen „Erscheinungsformen", zu denen auch Ihr zählt, habt Ihr den Satz aufgeschrieben: „Liebe Deinen Nächsten wie Dich selbst". Tatsächlich sagte er etwas ein bisschen anderes mit dem Sinngehalt:

„Liebe Dich selbst, Du bist alles; indem Du Dich liebst, überhaupt liebst, liebst Du auch die anderen; Du liebst mich (Gott) in Dir und somit in allen andern, damit bist Du mit mir (Gott) im Einklang und aus dieser Leichtigkeit und Glückseligkeit fließt die Liebe".

Das ist also ein Kreislauf. Doch wo fängst Du an? Wo kommst Du in den Kreislauf hinein? Wo ist der Anfang, der Eingang? Der Anfang ist überall da, wo Du anfängst, wo Du hineingehst.

Wenn Du z.B. da anfängst, Dich anzunehmen wie Du bist, fällt vieles Schwere, „Künstliche" und Dich Überfordernde von Dir ab. Was dabei frei wird, ist die Liebe. Aus dieser Liebe heraus handelst Du (im Sinne des „Wu Wei") und schaffst damit Dein Paradies. Erst meinst Du, es ist Dein Paradies, weil es in Deinem Wirkungskreis ist, dann siehst Du, dass es das für alle Dichs ist.

Vielleicht fragst Du Dich nun als Nächstes: „Wie schaffe ich es, mich anzunehmen wie ich bin?" Die Frage ist aber doch wohl eher, wie schaffst Du es, Dich nicht anzunehmen.

Wie viele „künstliche" Verdichtungen in Form von „ich soll so und so sein" hast Du innerlich an Dich gekettet und identifizierst Dich damit, um Dich nicht so zu lassen wie Du bist. Wozu ist das nötig? Macht es Dich besser? Siehe, dass Du erst „so und so" sein kannst, nachdem Du dich angenommen hast, wie Du bist. Wie Du bist, ist immer die Ausgangsbasis Deiner Selbstannahme, nicht wie Du warst oder irgendwann nach Deiner „Läuterung" sein wirst.

Nachdem Du Dich angenommen hast, ändern sich auch die Vor–stellungen von Deinem „ich muss so und so sein" (und sind liebevoller geworden).

Finde das Paradies beim Blumengießen

Ihr gebt Euch so viel Mühe, Euren eigenen Vorstellungen von „Gut" zu entsprechen – wie diese auch immer ausschauen mögen – dass Ihr Euer „Ziel" immer verfehlt. In Euren Anstrengungen habt Ihr vergessen, dass da kein Ziel ist, nur ein „Jetzt". In diesem „Jetzt" ist das Ziel schon erreicht.

Gestern fragte Dich (an den „Autor" gewandt) z.B. der „Engel" Deiner Frau, ob du ihr beim Blumengießen hilfst. Du hattest in diesem Moment „so was von keine Lust dazu" und brachtest das auch zum Ausdruck. Du wolltest endlich gerade dies und das machen, wozu Du Dir nun „endlich" die Zeit genommen hattest. Kurz danach liefen einige (dichtere) Denkprozesse ab. Du dachtest Dir halbbewusst, dass Du ein sozialer und liebevoller Mensch sein willst und dass dieses Verhalten nicht in Dein Bild passt, wie Du sein solltest usw. usw.. Daraufhin entschlossest Du Dich, doch zu helfen, aber es war Dir in diesem Moment sehr bewusst, gegen welchen inneren Widerstand Du so hilfsbereit warst.

Auch wenn es „nett"(!?) war, sich dazu zu entschließen, entsteht aus solch einer „Nettigkeit" keine Liebe, keine Entdichtung. Es ist die Art Anstrengung, aus der „Moral und Ethik" heraus, bessere Menschen sein zu wollen oder seiner sozialen Identifikationsfassade keine Blöße geben zu wollen, die Euch ständig in allem anderen Tun und Streben auch begleitet. Es war kein „aus Dir heraus, frei–willig, einfach so".

Manchmal lässt jemand wirklich los, wenn ihm sein Angestrengtsein bewusst wird, und tut etwas aus sich heraus, einfach so. Doch manchmal könnt Ihr Euch aus dem Gefängnis Euerer eigenen Identifikationen nicht lösen. Im Wesentlichen hat es keine Bedeutung, ob jemand angestrengt hilfsbereit ist oder angestrengt egoistisch, solange er angestrengt ist.

Das Paradies lebendiger Gerechtigkeit entsteht nicht durch Richtlinien

Ihr baut Eurer Gut–sein, Eure Gerechtigkeit auf bestimmten Richtlinien auf. Auf Wertmaßstäbe der Moral, der Ethik, der Gesetze, der Religion, der Menschlichkeit, der Weltanschauung und der Ideale. All das Ausrichten auf äußere Wertmaßstäbe, welcher Ordnung diese auch immer angehören, erzeugt keine Frei–willigkeit. Der Wille ist gesteuert durch das Assimilierte oder ein durch „Sozialisation" entstandenes inneres Wertesystem. Es wird die innere Instanz eines „Gewissens" gebildet und damit ist es dann vorbei mit der Frei–willigkeit. Dieses Gewissen, das in Verbindung steht mit den individuellen oder kollektiven Identifikationen, zwingt Euch dann entweder, dem Gewissen konform, oder weil der Mensch sich zuweilen dagegen auflehnt, kontra Gewissen zu gehen. Beides geht am wahren Menschsein vorbei, denn beides ist eine „ferngesteuerte" Reaktion und kein „frei–williges Handeln aus sich heraus, einfach so". Erst die Verwandlung macht Euch so frei (willig), dass Ihr den Mustern des Gewissens nicht mehr unterworfen seid.

Frei–willig heißt in diesem Zusammenhang, wenn wir es genau betrachten, „frei von Willen". Der Wille ist frei von einer verdichteten Persönlichkeit, die um sich selbst „am Leben" zu halten, Willens-impulse gibt. Der „persönliche Wille", der für Euch so wichtig ist, ist immer ein Impuls der Angst vor dem Tod der Individualität, welche Ihr durch Identifikation gebaut habt. Dennoch gibt es einen „Willen" außerhalb des Persönlichen. Wenn aber ein „Wille" jenseits eines „persönlichen" Impulsgebers existiert, wessen Wille ist es dann? Wo kommt dieser Wille her? Und können wir dann überhaupt noch von einem Willen sprechen?

Die Antwort liegt hier bereits schon in den Fragen. Wenn der „Wille" vom individuellen Impulsgeber abgekoppelt ist, ist er kein Wille mehr, sondern Einklang mit der Schwingung, welche hinter den verdichteten Persönlichkeiten wirkt. Einklang mit der Urschwingung ist Verwirklichung. Die Verwirklichung ist nicht mehr durch einen „Willen" (der immer irgendwie von mir getrennt und daher „eigen–sinnig" ist, nicht im Einklang ist) gebremst. Im Einklang geht die Verwirklichung direkt vonstatten. Dieser willenlose „Wille" ist genauso individuell wie überpersönlich. Überpersönlich, weil der Einklang, der dann entsteht, eine Resonanz mit meiner Schwingung (die in Eurer Geistigkeit Impulse gibt) ist und damit Persönlichkeit entdichtet. Dies geschieht aber ohne Nachdruck (Festhalten, Anhaftung), nur als Idee oder Erkenntnis beispielsweise. Individuell ist sie, weil sie durch Eure Eigenart läuft und dadurch „eingefärbt" wird.

Euer Wille, dem Ihr so viel Macht zuschreibt, als Ausdruck Eurer verdichteten Persönlichkeit (die mit „Überleben" beschäftigt ist), beinhaltet immer einen Nachdruck (Festhalten, Anhaftung). Der Wille will ja etwas, es entsteht eine Absicht und dann gibt es keine Gleich–gültig–keit mehr. Wille ist also Druck, „Nach–Druck". Dieser Nach–Druck blockiert die Verwirklichung. Er ist nicht ohne Wirkung, doch die in Erscheinung tretende Wirkung ist nicht die, welche durch den Nach–Druck beabsichtigt wurde.

Frei–willigkeit und Verwirklichung

Was wir hier frei–willig nennen, ist ein im Einklang sein mit der Schwingung dahinter, der Schwingung des reinen Geistes, des reinen Bewusstseins, welche die Kraft der Verwirklichung in sich birgt und dazu keinen „Nach–Druck" braucht.

Je mehr „Nach–Druck" eine Verwirklichung zu brauchen scheint, umso weniger Vertrauen ist gegeben.

Vertrauen ist das entdichtende „Instrument", welches Eure Geistigkeit in Einklang mit der Schwingung dahinter bringt und damit die Kraft der Verwirklichung erzeugt. Verwirklichung, die keinen „Nach–Druck" und keine Anstrengung braucht.

Wo eine Identifikation mit der Anstrengung besteht, gibt es keine Liebe, keine Selbstannahme. Wo die Selbstannahme ist, verliert die Anstrengung, selbst wenn eine gegeben ist, ihre Mühsal.

Anstrengung und Zerstörung

Wenn Ihr also mit Eurem „Willen" dabei seid, Eure Wertmassstäbe eines z.B. „guten" Menschen zu erfüllen, welchen Idealen das auch immer entspringen mag, werdet Ihr im Wesentlichen scheitern. Scheitern, in dem Ihr die Hölle baut, von der wir schon sprachen. In dieser Hölle müht Ihr Euch dann wie Sysiphus ab, das Leben auf der Welt ein bisschen sozialer zu machen. Während die Welt selbst auf der anderen Seite so ausgebeutet wird, dass ihre „Natur" und ihr „Klima" drohen, nicht mehr ineinander spielen zu können.

Hinter der Ausbeutung der Erde stehen aber wiederum Eure dichten Gedanken des Mangels und der daraus entstehenden Rivalität, welche jetzt plötzlich eine Gegenkraft zu den Idealen der Sozialität darstellt. Auf dieser Weise entsteht ein endloser Kampf.

Alle Anstrengungen und Bemühungen, die Welt zu verbessern und mehr Menschlichkeit, Solidarität, Sozialität und Liebe in die Welt zu bringen, sind von meiner Warte aus gesehen so etwas wie ein „rührendes aber vergebliches Ringen".

Es bewegt mich, im wahrsten Sinne des Wortes (alles was geschieht ist ja eine Bewegung <E–motion> von Verdichtung oder Entdichtung), welche Intensität Ihr in diesen Kampf legt, nur um nicht Euer wahres Potential, welches ich bin, zu leben. Der Kampf, welcher das wahre Potential des Menschseins, welches ich bin, nicht, oder vielmehr nur in sehr verdichteter Form einsetzt, ist immer vergeblich. Er rührt nicht an das Wesentliche, nicht an das, um was es in Eurem Leben geht.

Alles, was mit Willen und Wertmaßstäben umgesetzt werden soll, hat mit Anstrengung zu tun und geht am Wesen des Lebens vorbei.

Nur was aus der „Leichtigkeit des Seins" entsteht, hat die verwandelnde Kraft. Nur was aus der „Frei–willigkeit" entsteht, aus dem „Wu Wei", wenn Ihr so wollt, aus dem „aus sich heraus", „einfach so", aus der freiwerdenden Liebe, die durch Entdichtung entsteht, ist das verwandelnde Wunder. Nur das, schafft die Glückseligkeit eines Friedens und einer Verwirklichung, dem nicht ein späterer Krieg anhängt.

Ein Einwand der Angst

Ihr werdet nun vielleicht sagen, weil Ihr mir das an dieser Stelle immer sagt, dass Ihr noch nicht soweit seid, dass Ihr erst einmal die „Abgründe" Eures Menschenseins und das Leben durch die Künstlichkeit des Zwangs und der Gesetze und der Normen (also durch den Weg der „Gewissensbildung") „in den Griff bekommen" wollt.

Ihr fragt: 'Was sollen wir mit den „Bösen" machen, mit Mördern, Amokschützen, fundamentalistischen Terroristen, Kriegstreibern, Ausbeutern usw.?'

Ihr sagt: „Wir sind nicht in der Lage, von uns aus frei–willig" zu agieren.

Ihr sagt: „Wir sind im Grunde „Böse" (das sagt uns ja schon Eure Version der Paradiesgeschichte, mit dem Glauben an die Erbsünde)."

Ihr sagt Euch und mir ständig: „Wir sind egoistisch; wenn wir unsre „inneren Schweinehunde" nicht mittels künstlicher Gesetze eindämmen, löschen wir uns selbst aus und verlieren uns im Chaos. Wir sind nicht reif für das Paradies der lebendigen Gerechtigkeit und wir haben es auch gar nicht verdient."

Das ist Eure ständige bewusste oder unbewusste Botschaft an mich und an Euer Leben. Eine Botschaft, die aus Angst besteht. Aus verdichteten Gedanken. Aus der dichten Angst, diejenigen zu sein, die Ihr sein könntet. Mehr noch aus der Angst, all das zu verlieren, an was Ihr Euch klammert. Und am meisten aus Angst, zu erkennen, dass das, woran Ihr Euch klammert, wirkungslose Illusion ist. Wirkungslos, was Euer Mühen angeht, eine bessere Welt zu kreieren, aber sehr wirkungsvoll, wenn es um geistige Verdichtung geht.

Aus Angst kommt immer nur Angst.

Die Sicherheit, die Ihr gegen die Angst ins Feld führt, gebärt nur wieder neue Angst. Diese Angst wird von einigen Menschen stellvertretend ausgelebt. Diese Verdichtung der Angst, die sich über – wie Ihr das nennt – morphogenetische Felder per Affinität des Individuums auf die Geistigkeit einzelner Menschen überträgt, wird also von manchen „aufgegriffen" und ausgelebt. Diese Menschen schießen dann stellvertretend für die anderen los oder sprengen sich und andere in die Luft, treiben in den Krieg und vernichten Völker. Da sind nicht nur einer oder nur wenige in der Verantwortung. Jeder Einzelne ist in der Verantwortung, denn diese Menschen, die „Täter", tun es für Euch alle.

Alles, was in der Welt passiert, ist Euer aller Verantwortung. Denn Ihr, wir sind alle eins.

Jeder trägt für alles die Ver–Antwortung ohne jede Schuld

Eure Ver–antwortung ist, mir mit der Verwirklichung des lebendigen Paradieses zu antworten. Ihr seid deshalb als Individuen in Erscheinung getreten, damit Ihr Euch aneinander im Geist entdichten könnt und damit Gelegenheit habt, das Paradies der lebendigen Gerechtigkeit, die zum Quell der Glückseligkeit wird, zu schaffen und zwar ohne Anstrengung, „einfach so".

Dass Ihr glaubt, dafür noch nicht „reif" zu sein, oder so eine Frei–willigkeit noch nicht zu vermögen, hat nichts mit „Schuld" zu tun, sondern mit Eurer Überlastung. Was ich sage, ist keine Anklage, wie könnte das sein? Ihr (wir) gehen den Weg, den Ihr (wir) eben gehen und Ihr (wir) nehmt(en) Euch (uns) die Zeit, die Ihr (wir) eben braucht.

Dieser Text entsteht „nur", um Euch zu sagen, dass Ihr nicht alle leidvollen Umwege nehmen müsst und dass Ihr mit Leichtigkeit das Paradies schafft, wenn Ihr Euch nicht so sehr unter vergeblichen Stress setzt. Ihr schafft das lebendige Paradies, indem Ihr Euch auf die Glückseligkeit, auf das Paradies ausrichtet und Euch zur Verwandlung durch mich öffnet. Durch die Ausrichtung auf die Illusion der Trennung und des Mangels entsteht viel unnötiges Leid.

Für mich ist es keinerlei „Problem", ausnahmslos jeden anzunehmen, wie er ist. Denn Ihr seid ja alle ich. Also nehme ich mich ja nur selbst an. Dass Ihr dichte Gedanken anzieht und aus den entsprechenden Handlungen trennungsschaffende und leidbringende Handlungen folgen, ist nicht Eure Schuld, es ist der Weg des Lebens. Wenn Ihr es Euch nicht selbst „zur Last legt", tut es niemand. Die Last macht es Euch nicht leichter, sondern sie trägt zum weiteren Scheitern bei. Eure dichten Gedanken sind nicht von Euch verschuldet, Ihr müsst aber auch nicht an ihnen festhalten. Es ist Eure Entscheidung, zu halten oder zu lassen.

Die Entscheidung, zu halten (im Sinne von Anhaftung) wird zwar durch die Muster, welche die Angst (das dichte Denken) gebildet hat, beeinflusst aber nicht determiniert; es bleibt Eure Entscheidung. Die Entscheidung zu lassen ist ein Impuls, der die Verbindung mit mir herstellt und somit zum „Jetzt".

Du kommst aus den Mustern, welche die Angst gebildet hat, ins „Jetzt" durch die Offenheit der inneren Bereitschaft, Dich verwandeln zu lassen.

Wahr–Nehmung und inneres Bewussteinsdisplay

Nicht-Wahr-Nehmen ist das Für-Wahr-Nehmen der Lüge

Die Verwandlung ist in Wirklichkeit nur ein Erkennen, ein Wahr–nehmen der Tatsache, dass die Wahr–heit schon da ist, jedoch nicht anerkannt wird, weil Ihr in einer Lüge lebt. In einer künstlichen Verschleierung von dem, was ist. Das Paradies, die lebendige Gerechtigkeit, von der wir sprachen, die Glückseligkeit, die Erkenntnis, dass Ihr ich seid – all das ist schon gegeben und könnte auch nicht anders sein. Denn es ist das was ist, aus dem heraus was ist. Wie könnte es nicht gegenwärtig sein.
Ihr nehmt diese Wahrheit jedoch nicht für wahr. Ihr „leidet" an einer kollektiven Wahr–nehmungs-Störung. Indem Ihr die Wahr–heit nicht für wahr nehmt, lehnt Ihr sie ab, weil Ihr sie nicht nehmt, nicht annehmt, nicht für wahr nehmt.

Die Unbilden des Lebens, die Ungerechtigkeit entsteht aus Ignoranz. Ignoranz heißt, um das Wahre zu wissen, es aber nicht anzuschauen, nicht anzunehmen. Wo seht Ihr aber dann hin, wenn Ihr nicht auf das Wahre schaut und das Wahre nehmt? Ihr schaut zwangsläufig auf das U̲n–Wahre, auf die Illusion, auf die Welt der Erscheinungen – auf die schein-bare Welt.

Die für wahr genommene Welt des Scheins

Diese scheinbare Welt nehmt Ihr dann ganz furchtbar ernst. Die illusionäre Welt wird zur Wahrheit erhoben und Kontrollen gesetzt, damit es nicht jemandem einfalle, doch einmal auf das Wahre zu schauen. Die scheinbare Welt wird dann durch Identifikationen, Fixierungen, Anhaftungen, durch Gesetze verdichtet und damit immer mehr in Erscheinung gebracht.
Das Wort Er-scheinung sagt jedoch schon, dass es sich hierbei nur um Schein handelt.

Die Welt ist nur Schein, Er–Schein–ung.

Der Verlust des Paradieses ist also eine Nicht–Wahr–Nehmung des Paradieses. Ihr schaut stattdessen auf die Lüge. Die Lüge ist wie ein Film auf einer Kinoleinwand. Man kann also nicht sagen, dass Ihr, wenn Ihr nicht wahr–nehmt, gar nichts seht. Ihr seht die Welt, all die bunten Bilder des Filmprojektors und haltet sie für wahr. Ihr behauptet dann, Ihr nehmt ja „wahr". Ihr sagt, Ihr wisst es ja nicht anders und glaubt daher, dass das, was Ihr für wahr nehmt, wahr ist. Und mit dem Glauben daran verdichtet und verankert Ihr es immer mehr. Es wird dann zur Wirk–lichkeit in dem Sinne, dass Eure Kreationen in Eurem Leben anfangen zu wirken und dann das Leben sogar bestimmen. Dies ist die Quelle Eurer Schuldgefühle und Eures Selbstwertmangels, da Ihr die illusionären Ideale, die mit der illusionären Welt verbunden sind, niemals erreicht. Es wird eine illusionäre Welt projiziert, anstelle das Gegebene wahr-zunehmen. Schicksale, Krankheiten usw., aber auch Reichtum und Erfolg entstehen durch geistige Projektion. Krankheit oder Reichtum, schweres Schicksal oder leichtes bringt Euch dennoch nicht in die Glückseligkeit, solange Ihr daran haftet und dem Ganzen damit durch die Identifikation wirk-lichkeitsschaffenden Charakter gebt.

An der Stelle könnt Ihr Euch fragen, wie wahr Eure Wahr–nehmung ist. Dazu kommt, dass jeder Mensch Leben und Welt anders wahr–nimmt. Jeder nimmt das für wahr, was seine Gedankenwelt projiziert. Dichte Gedanken bringen dichte Wirk–lichkeit in Erscheinung. „Lichtere" Gedanken bringen eine „lichtere" Wirk–lichkeit in Erscheinung. Obgleich beides Schein ist, kommen die entdichteteren Schwingungen dem universellen Sein – mir – näher.

Die Gestaltung Deiner eigenen projizierten Welt

Diese scheinbar objektive Welt ist nur eine Art Summe kollektiver Projektion. Sie ist damit das Ergebnis der dichten bzw. „lichteren" Gedanken der Menschen. Durch die „Wahr–nehmung" dieser Welt – weil diese Welt also von Euch für wahr-genommen wird – wird sie damit auch verankert und wirkt als Wirk–lichkeit auf Euch zurück.

Was Du projizierst, erscheint auf Deiner inneren Kinoleinwand. Alle Schicksale und Erlebnisse sind nur eine Erscheinung und spiegeln das Dichteniveau Deiner Geistigkeit wieder, die Du in Dir hältst. Du brauchst also das, was Du für wahr nimmst nicht für so furchtbar unabwendbar und manifest zu halten; es sind nur Bilder, die die relative Dichte Deiner Geistigkeit widerspiegeln. Da das, was Du für wahr nimmst, nur dadurch wirk–lich wird, in dem Du es für wahr nimmst und auf Deine innere Kinoleinwand, auf Dein inneres Bewusstseinsdisplay projizierst, kannst Du diese Wirk–lichkeit auch verändern und gestalten. Indem Du Deine Geistigkeit entdichtest durch innere „Ja´s" anstelle von Ablehnung und Verneinung und durch das Aufnehmen von „lichten" Gedanken, erscheint etwas anderes auf Deinem inneren Bewusstseinsdisplay. Was Du Wirklichkeit nennst, ist formbar. Sie ist keinesfalls einheitlich oder fest, es sei denn, Ihr zementiert sie durch Euren Glauben daran.

Jedes Wesen nimmt eine andere Welt für wahr

Allein schon eine Katze nimmt die Welt völlig anders wahr als Du. Sie geht scheinbar auf dem gleichen Boden der gleichen Welt und nimmt doch etwas völlig anderes wahr als Ihr. Dennoch findet sie sich in der Welt zurecht, sie hat die gleichen Häuser und Bäume auf ihrem „Display", nur in einer ganz anderen Weise. Aufgrund anderer Schwingungsmuster des eingeflossenen Bewusstseins (bzw. dessen, was draußen geblieben ist) zeigt ihr Display eine andere Welt, die doch die Selbe ist. Je nach Tiergattung und abnehmendem intrauterinen Bewusstsein wird die Welt von der jeweiligen Art zwar artgerecht, aber für Menschen verzerrt oder unerkennbar abgebildet.

Welche Welt ist dann aber die Wahre?
Die der Hummel, die der Katze, die des Menschen?
Was heißt das für die menschliche Wahrnehmung der Welt?
Gibt es das (für) Wahr–genommene überhaupt?
Oder erscheint die Welt „nur" aufgrund geistiger Projektion?

Die Physiker wissen, ebenso wie die alten Sanskrit-Gelehrten, die den Begriff „Maya" (die Illusion der Erscheinungsformen) prägten, dass das vom

Menschen für wahr Genommene, nicht wahr ist, in einem letztendlichen Sinne. Es gibt keine „objektive Wahrheit" auf den jeweiligen Bewusstseinsdisplays.

Jede Tiergattung nimmt eine andere Welt wahr. Aufgrund ihres Bewusstseinsdisplays, das auf die Bedingungen Ihrer Gattung ausgerichtet ist, finden sie sich in der Welt zurecht. Alles ist ja aus mir gemacht. Alles Irdische trägt universelles Bewusstseins in sich, es ist aus universellem Bewusstsein „gemacht", welches sich entsprechend seiner geistigen „Matrix" verdichtet. So ist die Wahr-nehmung des Tiers welches auf ihren jeweiligen Bewusstseinsdisplays erscheint, dem des Menschen teilweise ähnlich und doch auch immer anders.

Tiere je nach Gattung haften nicht an Ihren Wahrnehmungen und verankern und projizieren sie damit nicht so, wie die Menschen. Sie leben in einer anderen Welt, während sie scheinbar in derselben Welt leben.

In gewissem Sinne können wir auch sagen, dass jeder Mensch in einer anderen Welt lebt. Wie Menschen, die auf einen großen Spiegel sehen, aber weil jeder aus einem anderen Winkel schaut, sieht jeder im selben Spiegel etwas anderes.

So lebt jeder Mensch in der Projektion seiner geistigen Schwingungsmuster. Das, was Ihr Realität nennt, besteht aus Bildern im Kopf (sie sind nicht wirklich im Kopf, auch das ist nur eine Erscheinung, sondern auf dem, was wir inneres Display genannt haben).

Orte sind nur andere Bilder auf dem Display

Wenn Ihr Eure Körperlichkeit im Tod verlasst, geht Ihr an keinen anderen Ort. Es gibt keinen anderen Ort als den, an dem Ihr seid. Alles, was Ihr an Örtlichkeit wahr-nehmt, sind nur Bilder auf dem inneren Display. Wenn Ihr also die Körperlichkeit verlasst, bleibt Ihr am gleichen Ort, nur die Bilder auf dem Display ändern sich.

Durch das Loslassen der dichten Körperlichkeit ändert sich das Niveau der Schwingungsinterferenzen im Geist, alles wird entdichteter, 'lichter'. Die Schwingungen Deiner Geistigkeit werden mir dann ähnlicher. Im Weiteren wirst Du durch mich hindurchgehen, ganz mit mir verschmelzen, um

„gewaschen" zu werden. Dann kannst Du wieder die ersten Formen Deiner „Individualität" annehmen und anfangen, Dich mit etwas zu identifizieren. Als Du die Körperlichkeit verlassen hast, hast Du manche Deiner Identifikationen nicht losgelassen. Nach der Reinigung und Erfrischung, in der Du durch mich durchgegangen bist, kannst Du die als „feinstoffliche" Strukturen vorhandenen Muster wieder als Schwingungsmuster aufnehmen. Du lässt Dich dann von diesen Mustern strukturieren. Die Struktur bildet Deine neue Körperlichkeit und das, was in etwa in diesem Leben in Erscheinung treten wird. Die Muster beinhalten das, was Du am Ende des vorangegangenen körperlichen Lebens nicht losgelassen hattest, weil Du damit noch im Kampf standest. Das heißt, Du wolltest damals noch nicht letztendlich heimkehren, was Du „getan" hättest, wenn Du alle Identifikationen aufgegeben, hin–gegeben hättest. Aber das ist natürlich O.K.. So bilden diese Strukturen die Basis der Grundmatrix, die sich, wenn sie dicht genug ist, wieder verkörperlicht.

Während dem Verbleiben im „Zwischenbereich" geht Ihr nicht an andere Orte. Orte gibt es nicht. Ihr sterbt auch nicht wirklich wohin, es ändern sich nur die Bilder im Display, die Ihr wahr–nehmt. Wer will, kann auch die „bewusste" Öffnung erleben und ganz unverstellt das einzig Wahre erkennen (mich) und dass er ich ist und ich er. Damit wird das ganze Spiel der Illusion erkannt. Doch wenn noch an Identifikationen festgehalten wird, zieht dieser Mensch bildlich gesprochen seine Kleider wieder an (vielleicht ein bisschen andere diesmal), nachdem er sich im Fluss des Seins gewaschen und erfrischt hat.

Verdichtung und Geburt

Er verdichtet sich dann immer mehr, bis ein Körper entsteht und das Spiel von vorn beginnt, d.h. in seinem Bewusstseinsdisplay erscheinen wieder „Erdenbilder". In seinem Seelenrucksack nahm er sich etwas auf die beschwerliche und schöne Reise mit, wie auf eine Bergtour. Er nahm sich potentielle, zu verwirklichende Situationen mit, um Gelegenheiten zu haben, alles Dichte in sich zu entdichten und die harmonische Resonanz mit mir im körperlichen Leben zu genießen.

Ob er jedoch die „Schätze" in seinem Rucksack während seiner Lebenszeit umsetzt, und wenn er sie umgesetzt hat, sich darauf einlässt und die Chance nützt, die er sich mitgenommen hat, ist offen. Es ist Eure Entscheidung.

Die Entlarvung der Lüge

Die Bilder, die während der Lebenszeit auf dem Display erscheinen, sind keine letztendliche Illusion, sie sind so gemacht, dass man sie durchschauen kann. Nur im Durchschauen des „Unwahren" kann dann das Wahre wieder erkannt werden. Sonst gäbe es keine Möglichkeit dazu. Die „Lüge" ist also nur dazu da, erkannt zu werden und im Erkennen der Lüge den Blick auf das Wahre wieder frei zu geben. Das was ist, kann nun wieder für wahr–genommen werden.

Irgendwann (wann immer Ihr wollt) kommt Euch etwas komisch vor in dieser Welt und Ihr fangt an zu vermuten, dass es dahinter etwas gibt, was all das in Erscheinung bringt. Ähnlich vielleicht, wie es dem Protagonisten in dem Film „Die Truman Show" ergeht, und ähnlich wie dieser, macht Ihr Euch vielleicht dann auf, die wirkliche Welt zu finden. Und wie in diesem inspirierten, fast prophetischen Film entdeckt Ihr, dass die wirkliche Welt der illusionären in einer gewissen Hinsicht ähnelt, aber gänzlich unbegrenzt ist. Das einzig Wahre bin ich, ich bin die Welt „dahinter" und auch die „davor" (der Vor–stellungen). Erkenne mich und Du bist in der Wahrheit. Wie? Erkenne Dich, denn Du bist ich und ich bin Du. Erkenne das und Du bist in der Wahrheit. Dieses Erkennen ist ein Loslassen all dessen, was Du nicht bist. Dieses Erkennen ist ein Entdichten alles Dichten, und damit wird die Resonanz unserer Schwingungen wieder wahr-genommen.

Die Bilder am Display sind dann zwar immer noch da, Du bist nicht ins Nirwana entschwunden. Doch diese Bilder haben vielleicht eine entdichtetere Tönung, durch das, was Du von „dahinter" durchscheinen siehst. Du haftest nicht mehr an diesen Bildern und identifizierst Dich nicht mit ihnen. Du kennst ja das Spiel jetzt. Du identifizierst Dich mit dem einzig Wahren, mit mir. Du bist identifiziert mit dem Paradies, mit der Glückseligkeit und mit der lebendigen Gerechtigkeit, wie wir sie beschrieben haben. Eine

Identifikation mit etwas anderem kommt Dir dann sinnlos vor, weil die Ursehnsucht erfüllt ist und weil diese Identifikation wieder das Herausfallen aus der Einheit bedeuten würde. Mehr als alles ist nicht mehr zu wollen. Daher gibt es gar kein Wollen mehr außer den Impulsen des reinen Geistes, dem Handeln im „Wu Wei".

Die Bedeutung der Welt: Die Lüge spricht von der Wahrheit

Dennoch hat die Welt der scheinbaren Materie eine elementare, eine „heil-ige" Bedeutung. Auch wenn sie nur Erscheinung ist, ist diese Erscheinung eine Form von mir. Denn außerhalb von mir ist nichts. Die Welt der Erscheinung ist Euer Ort (Nichtort), der Euch die Möglichkeit gibt, in der Verdichtung eine Entdichtung zu bewirken, so dass Ihr und ich immer wieder eins werden können.
Ich bin in Euren scheinbaren „Selbst`s" unterwegs zu mir und in unserer Einheit gleichermaßen angekommen.
Auch wenn die Welt nur eine Erscheinung auf Euren inneren Displays ist, kann sie nicht anders, als Euch das Paradies (entsprechend der Dichte Eurer Geistigkeit mehr oder weniger verdichtet) widerzuspiegeln.
So wie jede Lüge die Wahrheit zeigt, wenn sie entlarvt, entdichtet wird.

Ohne die materielle Welt (und anderer mehr oder weniger dichten Welten) bleiben die unerschöpflichen Möglichkeiten des reinen Geistes „nur" Möglichkeiten. Die unerschöpflichen Möglichkeiten wurden für Euch, und dadurch auch für mich, durch das In-Erscheinung-Treten der Welt in dieser Welt konkret. Ich gab mich in Eure Arme, um mich mittels Euch der Dichte hinzugegeben, was Ihr auch immer mit mir und aus mir macht. Ob Ihr totalitäre Reiche schafft oder ein Paradies lebendiger Gerechtigkeit, Ihr macht es aus mir durch Ver– bzw. Entdichtung.

Nur Bewegung ist wahr–nehmbar

Daher ist es ein Unterschied, ob die Materie in Erscheinung tritt oder nicht, selbst wenn sie in Wirklichkeit nicht geschaffen wird, sondern nur – sagen wir – als geschaffen erscheint. Ihr und ich, die wir ja eins sind, ob dies bewusst ist oder nicht, sind beide dem Leben verpflichtet, wie wir – und weil wir – das Leben sind.

Meine Aufgabe ist es, zu verdichten, damit Leben und Welt aus dem Potentiellen, dem Universellen ins Konkrete rücken, und ihr, die ihr auch ich seid, aus dem gleichen (Nicht)Urstoff gemacht, aber eben verdichtet, habt die Aufgabe, Verdichtetes wieder zu entdichten und so am Leben zu weben. Wir halten das Leben somit in der (scheinbaren) Körperlichkeit, indem wir es in Bewegung halten. Nur das tritt auf den jeweiligen Bewusstseinsdisplays in Erscheinung, was sich bewegt, was in Schwingung, was Schwingung ist. Die Ruhe dahinter, der reine Geist, wird erst durch Bewegung bzw. durch In-Schwingung-Sein wahrnehmbar. Denn wo Bewegung ist, muss es auch „Ruhe", reinen Geist, So-sein geben. Bewegung ist der Wechsel zwischen Ver– und Entdichtung, also den Schwingungsniveaus. Entdichtung führt von der Illusion zum wahrhaftigen und wesentlichen und Verdichtung führt von der Wahrheit zur Illusion.

Die Welt tritt durch ihre Abgrenzung vom Gegenteil in Erscheinung

Dadurch, dass Bewegung sichtbar wird, in Erscheinung tritt, tritt auch Zeit in Erscheinung. Bewegung impliziert Zeit, erschafft Zeit (oder entdichtet sie). In der Ruhe, im reinen Geist ist keine Zeit. Aber die Zeit-losigkeit kann nur durch die Existenz der Zeit entstehen und sein und umgekehrt. Ihr seht also, dass sich alle Dinge gegenseitig bedingen. Illusion und Wahrheit bedingen einander. Sowie auch Gott und Mensch sich gegen–seitig bedingen und doch das Selbe sind. Wir sind schwingungsmäßig oder im Dichtegrad unterschiedlich, aber nicht vom Stoff (Nichtstoff) her. Weil es eines gibt, gibt es auch etwas anderes. Weil es Gott (so nennt Ihr das nun mal) gibt, gibt es den Menschen und – ist das nicht toll – weil es den Menschen gibt, gibt es Gott. Es gibt nicht nur Euch durch und aus mir, es gibt auch mich durch und aus Euch. Doch wir können die Trennung aufheben. Ihr seid so „gefüllt" mit Bewusstsein, so gefüllt mit mir und aus mir, dass Ihr Euer eigenständiges, individuelles und persönliches Wesen als leer, als im Grunde nichtexistent erkennen könnt. Ihr könnt damit wieder in die Einheit mit mir zurückgehen. Ihr könnt diese Einheit, die immer besteht und bestand, in diesem Leben in dieser Welt bewusst erkennen.

Leben in der Liebesfabrik

Durch die Bewegung, wenn etwas Dichtes in einen weniger dichten Zustand kommt, wird – wie in Eurer Theorie der Entropie – etwas freigesetzt und das ist Liebe. Die Welt, die wir schaffen, ist an sich eine Liebesfabrik, wir könnten gemeinsam ständig Liebe „herstellen" durch die Freisetzung, welche bei der Entdichtung dichter Zustände entsteht. Diese Bewegung ist es, in der Ihr immer wieder zu mir finden könnt und somit zu Euch.

Ihr versucht, Welt und Leben „in den Griff zu bekommen". Ebenso sucht Ihr die „Befreiung", die „Erlösung" und die Glückseligkeit zu finden, indem Ihr aus Euren Vor–stellungen heraus handelt, tut und strebt. Was Ihr sucht, ist aber der natürliche Zustand, der – wenn Ihr von allem Tun und Streben lasst – „von selbst" auftaucht.

Ihr sagt: „wir müssen immer tun, streben und handeln, wir können und wollen nicht in Stillstand und Müßiggang leben, Leben ist schließlich Bewegung und wir wollen etwas erreichen".

Ja, Leben ist Bewegung und Ihr seid handlungsfähig und seid hier, um zu handeln. Es ist jedoch wesentlich, ob Ihr an Eurem Tun haftet oder nicht. Je mehr Ihr glaubt, es zu brauchen, dass gewisse Umstände eintreten, umso mehr haftet Ihr an Eurem Streben, das Euch aber nur (ganz unmerklich) von Euch selbst wegstreben lässt, weil Ihr durch Anhaftung und Identifikation etwas Geistiges in Euch verdichtet. Durch Verdichtung im Denken entstehen dichte Gedankeninhalte, wie z.B.: „Ich bin in einem Mangel", „es fehlt mir noch etwas zum Glück", „ich brauche...". Aus dem Gefühl des Brauchens entsteht wieder Verdichtung und so hältst Du Dich selbst in Deinem eigenen Labyrinth gefangen.

Du wählst frei–willige Gefangenschaft, nur um nicht loszulassen und um zu vermeiden, Deine wahre innere „Frei–Willigkeit" zu erfahren, eben jene innere „Frei–Willigkeit", die alles, was unwesentlich ist, loslassen kann und reich wird im „frei–willigen" Geben. „Frei–Williges" Geben, welches aus der Leichtigkeit, der Glückseligkeit, dem Wissen um die unermessliche Fülle entsteht. Ein „frei–williges" Geben, das auch den Geber nährt und bereichert. Gibst Du so aus der Leichtigkeit mit dieser Liebe, die nichts will und braucht, werden andere nicht zu bremsen sein, Dir zu geben. So entsteht das Paradies als Feuerwerk der Entdichtung und der Freisetzung der Liebe. Erschafft die Liebesfabrik, werdet Liebeserzeuger, welche nicht an Tun und Streben hängen, sondern leicht sind, licht sind, glückselig.

Du kannst an der Stelle die Geschichte von den Löffeln erzählen, die Du so magst und die hier genau das zum Ausdruck bringt, von dem wir gerade sprechen:

Die Geschichte von den großen Löffeln

Einst wurde einem Menschen die Gnade zuteil, einen Engel zu treffen. Der Mensch wollte diese Welt verstehen. Er bat den Engel um mehr Bewusstsein und fragte: „Was ist die Hölle?"

Da nahm der Engel den Menschen bei der Hand und führte ihn in einen Raum und dieser sah Folgendes:
In diesem Raum standen Menschen an den Wänden und sie waren sehr hungrig, mager, verbittert und voller Angst. Und jeder dieser Menschen hatte in der Hand einen sehr langen Löffel mit einem sehr langen Stiel und in der Mitte des Raums, für die Menschen nur mit dem Löffel erreichbar, stand ein großer Topf mit wunderbarem Essen. Und jeder Mensch war verzweifelt in dem Versuch, seinen Löffel in den Topf zu tauchen und sich diesen selbst in den Mund zu stecken. Da jedoch der Löffel einen so langen Stiel hatte, gelang ihm das nicht und das Essen fiel auf den Boden und erreichte nicht die hungrigen Münder. In dem Raum herrschte Verzweiflung und Schreien, Angst, Sorge und Tod.
Und der Engel sagte: „Siehst du, Mensch, dies ist die Hölle."
Und der Mensch war erschüttert und schwieg.

Dann sprach er zu dem Engel: „Ich bitte dich, zeig mir den Himmel!"

Und der Engel nahm den Mensch und führte ihn in einen Raum. Und in diesem Raum sah der Mensch Menschen an den Wänden stehen und sie waren glücklich und lachten und sie waren   wohlgenährt und jeder hielt in seiner Hand einen langen Löffel mit einem langen Stiel.
Und in der Mitte sah der Mensch, wie in dem anderen Raum, einen Topf mit Essen stehen. Und diese Menschen – so sah der Mensch – tauchten ihre Löffel in den Topf und fütterten immer den Menschen, den sie mit ihrem Löffel erreichen konnten, so dass alle sich umeinander kümmerten und alle

in Liebe miteinander waren und alle genug bekamen und versorgt waren.
Und der Mensch stand und staunte.
Und der Engel sagte: „Siehst du Mensch, dies ist der   Himmel!"
(Anonym)

Das Füttern des Persönlichkeitsturms

Ich habe zu diesem Text inspiriert, um Euch heute, wie in allen Zeiten zu
zeigen, wie einfach die Befreiung, die Erlösung ist, wie leicht Ihr zur
Glückseligkeit finden könnt. Ihr tretet in der Welt in Erscheinung, als wäret
Ihr viele, als wäre ich viele. Das erscheint Euch so, damit Ihr Euch
gegenseitig füttern könnt und auf diese Weise mit großer Leichtigkeit das
Paradies, die Glückseligkeit wieder erkennen könnt.
Wenn Ihr Euch mit allem Möglichen, was Ihr nicht seid, identifiziert, Euch
fixiert und anhaftet, schafft Ihr einen übermäßigen Persönlichkeitsturm, der
Euer Wesentliches gefangen hält. Der Persönlichkeitsturm besteht aus
dichten Gedanken und „produziert" wiederum dichte Gedanken. Dadurch
entsteht ein gewisses Dichteniveau in Eurer Geistigkeit. Die Dichte ist wie
ein Magnet. Dieser Magnet will gefüttert werden, er braucht immer mehr an
Form, an Kleidern, ein „Drumherum" an allem Möglichen, das Ihr nicht im
Wesentlichen seid. Form und Kleid stehen dann an Stelle der Glückseligkeit
und damit ist ein Stück Abhängigkeit oder gar Sucht geboren.
Ihr habt die Möglichkeit, zu entdichten oder zu verdichten, also entweder
den Persönlichkeitsturm zu füttern oder Deinen (scheinbaren) Mitmenschen.
Irgendwann werdet Ihr herausfinden, dass nur das Füttern des anderen
Euch sättigt. Denn Ihr füttert in Wirklichkeit Euch, Ihr füttert in Wirklichkeit
mich, der ich alle bin. Kommt Euch das bekannt vor: *„Was Ihr für einen*
meiner geringsten Brüder getan habt, das habt Ihr mir getan" (Mt 25,40).
Wenn Ihr Euch selbst füttert (was aus Mangeldenken, also aus Angst, aus
verdichteter Geistigkeit heraus passiert), füttert Ihr meist nur Euren
Persönlichkeitsmantel. Die Nahrung dringt nicht bis in die Seele und in den
Geist, um Euer Sein (mein Sein) zu entdichten.

Alles was Ihr denkt und erfahrt – und ob Ihr an Erfahrungen festhaltet oder
sie durchfließen lasst – sowie die (Bewertungs)Muster, die aus dem

Festhalten resultieren, erzeugen ein bestimmtes dichtes oder weniger dichtes Milieu in Eurer Geistigkeit. Diese Geistigkeit zeichnet sich dann wieder auf Eurem inneren Wahr–nehmungs–Display als Eure dichte oder weniger dichte Lebenssituation ab. Eure subjektive Welt tritt somit als objektive Welt in Erscheinung, als eine Welt, die bunt ist oder grau, als die einer Fülle oder eines Mangels, einer Welt der Leichtigkeit oder der Schwere, als Euer Himmel oder Eure Hölle. Ihr kreiert diese Eure Welt in Eurer Geistigkeit. Sodann erscheint diese auf Eurem Bewusstseinsdisplay und Ihr verwechselt sie mit dem Wesentlichen. Eure Welt, die leicht oder schwer ist, habt Ihr also selbst kreiert und was Ihr kreiert habt, mit dem müsst Ihr leben bis Ihr etwas Liebevolleres kreiert. Indem Ihr die (scheinbar) Anderen füttert, könnt Ihr Euch dabei erleichtern und eine leichtere, lichtere, entdichtetere Welt schaffen, als wenn Ihr Euch bereichert.

Erleichterung statt Selbstlosigkeit

Wenn hier davon gesprochen wird, dass nur das „Füttern" des Anderen satt macht, heißt das nicht, dass hier so etwas wie „Selbstlosigkeit" „gepredigt" wird. Daraus würde nur wieder eine Moral, eine Methode, Religion oder Richtung entstehen und damit ein Prinzip von Gut und Böse. Vielmehr geht es um die Überwindung dieser und jeder Polarität. Es geht um einen Zustand der Leichtigkeit, in dem frei–willig, aus dem Gefühl der Fülle, der Leichtigkeit heraus gegeben wird. Ein Zustand, der eher selbstvoll als selbstlos ist. Eine „Selbstfülle", an der nicht gehaftet wird, in der dadurch nichts festgehalten wird, alles durchfließen kann und im Durchfließen die Grenzen von ich und du, von Mensch und universellem Bewusstsein aufhebt.

Der private „Himmel" und die private „Hölle" treten mittels Bewusstseinsdisplay in Erscheinung.

Euer inneres Bewusstseinsdisplay ist nicht nur ein visuelles. Alles, was Ihr „Sinne" nennt, ist in dem was wir hier „Display" nennen mit eingeschlossen. Es ist Euer Instrument, die Welt wahr–zu–nehmen und verhilft Euch in dieser in Erscheinung tretenden Welt, zu interagieren. So wirkt Ihr auf die scheinbar anderen Menschen, die Ihr ja auch seid (weil Ihr alle ich seid und ich Ihr), entweder entdichtend oder verdichtend. Weil aber als Ursubstanz, die ich bin, alles eins ist, wirkt das, was Ihr bei anderen bewirkt, wieder verdichtend oder entdichtend auf Euch zurück. Ihr könnt also Euer Leben auch darüber gestalten, wie liebevoll oder angstbesessen Ihr mit den scheinbar anderen Menschen, den Tieren, der Natur und dem Kosmos umgeht.

Euer Dreh- und Angelpunkt scheint zu sein, dass Ihr Euch immer wieder fragt: *„Ich möchte ja gern liebevoll sein, aber wie mache ich das?".* Immer wieder zur Erinnerung: Es geht hier nicht um „Machen", es geht darum, alles zu lassen, bis Dein leichtes ursprüngliches Wesen wieder hervorkommt, das sich versorgt und geborgen fühlt, weil es sich als mich erkennt und gar nichts anderes will als Anderen mit Liebe zu begegnen, ganz gleich–gültig wie „verdichtet" der Andere ist. Denn durch die entdichtende Einwirkung auf den Anderen, gleich–gültig, ob der Andere sich entdichten lässt oder nicht, ist es immer wieder möglich, sich selbst zu entdichten, lichter zu werden und mich dabei zu erkennen. Du bist dabei ja nicht abhängig von der Reaktion des Anderen. Deine offene Haltung dem Anderen gegenüber ist Deine Glückseligkeit, wenn Du nicht an einem Ergebnis haftest.
Wo Du auch immer glaubst zu stehen, Du kannst von diesem Moment an damit anfangen und Deine Erfahrungen machen, Deinen Erkenntnisweg zu mir gehen, mich als Dich und Dich als mich zu erkennen. Du tust dies sobald Du damit anfängst Dich zu füttern, indem Du andere mit Hin–gabe fütterst. Du gibst Dich den Anderen hin, Du gibst Dich damit Dir selbst hin, daher wirst Du durch die Hin–Gabe nicht ärmer, sondern „reicher". Gleichzeitig gibst Du alles hin, was Du nicht bist, lässt es los, es kann abfallen, weil Du es nicht mehr brauchst, weil es nicht mehr not–wendig ist.
Jetzt trittst Du in die Verwandlung ein. Das heißt, offen sein für die

Verwandlung zu der ich komme, wenn Du mich einlädst. Die Verwandlung, die immer wieder heißt, Dich als mich zu erkennen.

Identifikation

Erkenntnis und Wahr–Nehmung

Verwandlung, so sagten wir, ist die Erkenntnis der Einheit, der Ungetrenntheit von uns. Jede wirkliche Erkenntnis ist also eine Gott–Erkenntnis. Ein Erkennen von mir, des reinen Geistes, des reinen Bewusstseins. Es ist ein Erkennen dessen, was ist.

Eine „negative Erkenntnis" wie: *„Die Welt ist schlecht und ungerecht", „den Frauen kann man nicht trauen"* oder *„mein Mann nützt mich aus",* sind keine Erkenntnisse, sondern die Projektion einer eigenen inneren Geistigkeit. Selbst wenn es so wäre, wäre dieser Umstand aus Angst, aus dichtem Denken auf dem inneren Display in Erscheinung getreten und wäre dadurch nicht im letztendlichen Sinne wahr.
Die Wahr– heit, die hinter den Täuschungen auftaucht, bin immer ich.

Erkenntnis ist immer essenzielle Wahr–nehmung.

Erkenntnis ist die Wahr–nehmung dessen, was hinter der Täuschung liegt. Das, was auf den inneren Bewusstseinsdisplays erscheint, ist daher nicht Wahrnehmung im letztendlichen Sinne, es ist ein Für-wahr-Nehmen von dem, was da erscheint. Was er–scheint, scheint aber nur zu sein. Es ist Täuschung. Alles, was nicht Glückseligkeit ist, ist letztendlich Täuschung.

Die „Vertreibung aus dem Paradies" als Identifikation mit der Täuschung

Das ist es – um wieder einmal auf die Paradiesgeschichte zurückzukommen –was dort mit der „Vertreibung" gemeint ist. Diese Vertreibung ist nichts anderes, als die Identifikation mit der Täuschung. Das für Wahr–nehmen dessen, was auf den Displays erscheint. Der Mensch hat durch sein „Nein" – des vermeintlichen sich Abwendens von „Gott" – Leben und Welt in Erscheinung gebracht. Dafür war dieses „Nein" unerlässlich. Wir wollten etwas schaffen, in das wir gehen, um im Zurückkommen die Glückseligkeit wieder erfahren zu können.

Leben und Welt sind als Spielwiese gedacht, stattdessen nehmt Ihr alles viel zu ernst. So ist diese Spielwiese der Erfahrungen zu Eurem Joch geworden. Ihr habt vergessen, zurückzukommen. Ihr habt vergessen, dass die Erscheinungen auf dem Display nur Erscheinungen sind und nicht die „Wahrheit". Wahre Erkenntnis aber sieht immer hinter die Täuschung. Durch die Identifikation mit der Täuschung verschwand die Gewissheit des „ewigen Lebens" und der Tod erschien auf den Displays. Um diesem Tod entgegenzuwirken klammert ihr euch ans Leben und damit an eure Identität. Dies führt zu Verdichtung im Geist als Angst vor eurer Auflösung. Doch was sich auflösen kann, war nur Schein, es war niemals etwas Wesentliches.

Tod und Hingabe

Auch der Tod ist Täuschung. Der Tod verlangt letztendlich Eure Hin–gabe. Hin–gabe ist das Eintreten in die Verwandlung und die Aufgabe der Täuschung (welche durchschaut werden will). Im Tod, erkennt Ihr schlagartig das „ewige Leben", das nur dadurch ewig sein kann, indem es auch eine Zeitlichkeit gibt. Jeder Tod aber, ob er innerhalb einer Lebensspanne als ständiges Loslassen seiner Fixierungen und Identifikationen auftritt oder das Ende des Lebens bezeichnet, weist immer den Weg nach Hause.

Leibliche und göttliche Elternschaft

Von dem Menschen, den Ihr Jesus nennt, wurde vermerkt, er hätte gesagt, dass, wer ihm nachfolgen will, Vater und Mutter aufgeben müsse. Er meinte dabei die Hin–gabe an das Wesentliche. Dabei war natürlich nicht gemeint, sich von den leiblichen Eltern abzuwenden. Es geht dabei auch nicht darum, irgendeinem Menschen oder einer Lehre nachzufolgen. Übersetzt heißt der Ausspruch, dass, wer zur Erkenntnis des reinen Geistes, des universalen Bewusstsein von dem was ich bin kommen will (mir nachfolgen will), sich von den Dingen, mit denen er sich identifiziert, lösen muss.

Indem sich jemand von seinen Identifikationen löst – und das betrifft letztendlich auch die Identifikation mit seiner Herkunftsfamilie – kann er eine Identifikation mit dem eingehen, das er wirklich ist, nämlich mit mir.

Auch wenn der Mensch durch Vater und Mutter „auf die Welt kommt" und das „Ja" zu seinen leiblichen Eltern für jeden Menschen von elementarer Wichtigkeit ist (die Eltern sind meine Vertreter), sind die leiblichen Eltern nicht die letztendliche Herkunft des Menschen.

Angst hält die Täuschung in sich

Ähnlich wie bei dem eben verwendeten „Jesus–Zitat" wurde der Sinngehalt vieler derartiger verzeichneter Aussprüche verändert, weil Eure Angst es Euch so diktierte. Die Texte dieses Mannes sind gefährlich in seinem Wahrheitsgehalt, gefährlich für jedwedes Festhalten und Anhaften. Für die Kirche (wie alle anderen religiösen Institutionen jeglicher Richtung) bedeuten die Zusammenhänge, wie sie von „Jesus" z.B. gezeigt wurden eine moralische Gefahr. Daher mussten die Inhalte so verändert werden, dass das Grundprinzip der Anhaftung und Persönlichkeitsbildung, das Ihr für Euer „Heil" auserkoren habt, nicht gefährdet wird.

Religion als Medium der Täuschung oder der lebendigen Suche?

Niemand kann den Weg weisen und niemand kann nachfolgen, das hätte immer die Wirkung, die zusammengehörende Einheit des „ich bin" in Gut und Böse zu spalten.

Es gibt kein Erlösungsrezept, jeder hat seine eigene Verwandlung, seine eigene Erkenntnis von: *„Ich bin Alle und Alles"*; von: *„Ich bin der reine Geist und ich bin „Gott"*.

Kirchen oder „spirituelle" Gemeinschaften könnten nützlich sein, wenn sie mehr auf Erfahrungsaustausch und gegenseitige Stützung und Klärung ausgerichtet wären (ohne, dass es dabei Meister und Schüler gäbe) und nicht auf Dogmen, Richtungen, Riten, Heiligkeit und was sie auch immer „verkaufen" wollen, an was Ihr Euch dann wieder zu sehr klammert. So wird Euch Heil versprochen, wenn Ihr z.B. bestimmte Praktiken einhaltet, aber die wirkliche Hingabe kommt dabei nicht vor. Es wird höchstens eine Hingabe an das sich aufgrund der Dogmen und Ideale gebildeten Gewissens gefordert. Doch das ist kein Hingeben der Identifikation, um sich als mich zu entdecken.

Und wenn jemand das Heil dennoch in dieser oder jener Richtung gefunden zu haben glaubt, „sucht" er nicht mehr nach der Wahr–heit hinter der Täuschung und ist dadurch nicht mehr für die Verwandlung offen. Momentan tragen Kirchen und Religionsgemeinschaften eher zur Täuschung bei, als dass sie Menschen helfen, hinter die Täuschung zu sehen. Bestimmte „Formen" – von was auch immer – für Kirchen könnten sehr hilfreich sein, doch sie müssten immer wieder „Buddha töten, wenn sie ihm unterwegs begegneten", sie müssten ihre Anmaßung hin–geben, Vertreter der „Wahrheit Gottes" zu sein und die De–mut annehmen, Kanal für das lebendige Wesentliche zu werden.

Wer die Täuschung beobachtet, beobachtet auch die Wahrheit

Wer die Erkenntnis der Einheit mit mir haben will, könnte sich selbst beobachten; Er könnte seine Gefühle beobachten, wie sie auf äußere oder innere Situationen reagieren, oder die vorbeiziehenden Gedanken, die Körperempfindungen usw. Dabei kann er sich fragen, wer ist derjenige, der beobachtet und wer ist derjenige, der beobachtet wird?
Ihr seht dabei, dass Ihr in der Lage seid, eine Metaposition Euch selbst gegenüber einzunehmen, folglich muss es außerhalb Eurer Entität etwas geben, das Ihr auch seid, obwohl Ihr das im Alltagsleben gar nicht merkt.

Ihr könntet dann einen weiteren inneren Beobachter ins Spiel bringen, der den Beobachter beobachtet und noch einen weiteren. Ihr könntet eine Metaposition über die andere setzen. Ihr beobachtet Euch aus einer immer weiter entfernten Position, wie von einem anderen Stern, einem anderen Sonnensystem oder einem anderen Universum. Ihr schaut auf Euch herunter und sagt Euch, wer ist denn der, was macht er für Sachen, was hat er für seltsame dichte Gedanken, warum lässt er sich so einfangen und stellt solche Abhängigkeiten und Verstrickungen her. Ihr habt einen Eindruck von Euch als Nicht–Euch. Ihr fragt Euch, wer ist der „da unten", der so weit weg ist und wer bin ich, der ich hier beobachte mit diesem „ich", mit dem ich mich solange identifiziert habe und den ich ganz „merkwürdig" finde.

Du spürst dann vielleicht Deine Identität wackeln. Das, was Du für Dich hieltest, womit Du Dich identifiziertest, scheint nicht das zu sein, was Du letztendlich bist.

Du magst Dir sagen, ich bin doch etwas Bestimmtes, z.B. Deutscher, Buddhist, Akademiker, Vorsitzender, Arbeiter, Archäologieinteressierter, Literaturliebhaber, Klassikfan, Anthroposoph, Atheist, Diabetiker, Mitglied dieser und jener Gesellschaft.

Aber was davon bist Du wirklich? Was davon macht ein elementares Sein aus?

Du könntest auch die „Zusammensetzung" wechseln und Du nennst Dich jetzt Katholik statt Atheist. Ist das, was Du bist austauschbar? Bist Du dann ein anderer?

Du ziehst Dir nur Kleider über. Bist Du Deine Kleider?

Viele Fragen tauchen hier auf. Wenn Du nicht Deine Kleider bist, für die Du Dich hieltest, wer bist du dann? Wer trägt die Kleider? Ist da überhaupt jemand? Vielleicht ist da Niemand? Vielleicht gibt es Dich gar nicht? Vielleicht bist auch Du nur Täuschung? Aber wer denkt dann, wer empfindet? Da muss doch wer sein. Muss es? Vielleicht auch nicht. Vielleicht ist alles nur ein Traum?

Sind wir existent, oder illusionär?

Hast Du schon einmal darüber nachgedacht, dass es Dich vielleicht gar nicht geben könnte? Und tatsächlich, auf die Frage: Wer wohnt da hinter der Persönlichkeitsturmfassade, wer verbirgt sich in den Kleidern wirklich? Da gibt es erst einmal keine Antwort. Du weißt bis jetzt nur, wer oder was Du nicht bist. Du bist jedenfalls nicht das, womit Du Dich identifizierst.

Eine Reise in die Auflösung

Ihr könnt seit den Erkenntnissen der Quantenphysik eine Reise unternehmen, die Materie unter die Lupe nehmen und dabei feststellen, dass die elementaren Bausteine, je mehr Ihr auf der Suche danach seid, umso weniger zu finden sind. Auch die Atome, wie heute jedes Schulkind weiß, dienen uns nicht mehr als elementare Bausteine der Materie, da auch diese in eine Menge von Unterteilchen zerfallen. Auf der Suche nach den letzten festen Bestandteilen landen wir bei subatomaren „Teilchen", von denen Ihr schon gar nicht mehr mit Sicherheit sagen könnt, ob es sie überhaupt gibt. Alles, was Ihr auf dieser Stufe noch „in der Hand" habt, sind Wahrscheinlichkeiten von Existenz, Masse oder Aufenthaltsort dieser Teilchen bzw. Ladungszustände.

Und aus Summen dieser Wahrscheinlichkeiten soll nun die Materie bestehen? Wahrscheinlichkeiten, die in eine kurze Existenz treten durch die Aufmerksamkeit eines Beobachters. Aber wer ist der Beobachter, ist er existent?

Ihr alle seid illusionäre Beobachter, die Ihr alle mit dem Focus Eurer Aufmerksamkeit verschiedene Dinge mittels Gedankenkraft in Erscheinung bringen könnt. Ihr habt damit Wirkung nicht nur auf ein paar subatomare Teilchen, sondern auch auf die Gestaltung der Welt, der eigenen Welt. Wenn wir von den subatomaren Teilchen aus noch einen Schritt weitergehen, sind wir bei Schwingungsmustern und Interferenzen und nicht mehr bei Teilchen. Wir haben also die Teilchen–Welt verlassen, und verabschieden uns damit von der Vor–stellung, dass eine große Summe Kleinstteile zusammen feste Materie ergeben.

Aufgrund von Schwingungsverdichtung erscheint eine Welt auf den Bewusstseinsdisplays und durch die Fixierung und Identifikation damit werden die Bilder der Welt erhalten und modifiziert. Das Für-wahr-Nehmen der Erscheinungen hat einen wirklichkeitsschaffenden Effekt, Ihr könntet sie dadurch auch Wahr–gebung nennen.

Wir sind nun bei unserer Reise in die Welt, in die „Mikrowelt" auf der Ebene der Schwingungen angekommen. Wenn wir noch weitergehen, könnten Euch langsam Gedanken kommen, ob es die vielleicht auch nicht gibt. Und tatsächlich: Schwingungen sind der Bereich des Numinosen, der noch in Euren Wahr–nehmungsbereich hineinlangt und eine Verbindung herstellt zu dem Unverdichteten hinter den verdichteten Erscheinungen. Dies ist für Euch (momentan) die letzte erkennbare Sprosse der Leiter, die sich im reinen Sein verliert.

Das ist ja zum Teil schon Allgemeingut, Ihr lernt es im Physikunterricht und wisst, der Stuhl oder der Tisch ist eigentlich gar nicht fest, eigentlich gibt es ihn, zumindest in dieser festen Form, nicht.

Sind wir Körper?

Ist Dir schon einmal aufgefallen, dass dies nicht nur auf den Stuhl und den Tisch zutrifft, sondern auch beispielsweise für Deinen Körper? Das ist doch Dein Identifikationsobjekt schlechthin.
Doch wenn Du nicht Dein Körper bist, was bist Du dann? Bist Du dann überhaupt? Vielleicht bist Du ja Dein Geist, weil er ja Deine Erscheinungsform zustande bringt, und auf Deinem Empfindungs- und Bewusstseinsdisplay in Erscheinung bringt.

Sind wir „unser" Geist, „unsere" Gedanken?

Doch der Geist und die Seele sind nicht materiell und ob sie dem individuellen Menschen zueigen sind, müssen wir hier auch dahingestellt lassen. Es wäre nichts weiter als eine Behauptung, eine Fixierung, zu sagen „mein" Geist, „meine" Seele. Was heißt hier „mein"? „Meine Gedanken" – sind es Deine Gedanken? Wo kommen die Gedanken her? Hast Du sie gemacht? Wer ist das „Du", das Gedanken machen kann? Sind Gedanken als ein Geistesmerkmal denn überhaupt gemacht? Sind sie das, was Du bist, Dein Ureigenes, hast Du sie aus Dir geschöpft? Ist es das – das Selbst, mit dem Du Dich identifizieren könntest? Oder hat das Bewusstseinsknäuel die Bewusstheitsverdichtung, welche Du „Ich" nennst, sie vielleicht nur angezogen? Gedanken als geistige Schwingung, für die Du offen warst aus einem universellen einzigen Geist?
Doch wer ist dieses „Ich" dann? Auch die Gedanken sind es offensichtlich nicht. Auch sie können nicht als Identifikationsobjekt dienen.

Sind wir *unsere* Emotion, *unser* Gefühl?

Vielleicht ist es das, was Du Deine Seele nennst, was Deine Individualität beinhalten könnte, als „Speicher" Deiner Erfahrungen und dem, was Du daraus gemacht hast? Vielleicht ist es das, was Dich gebildet hat und bildet? Vielleicht ist es die Seele, die Deine Eigenart in ihrem Kern hält; das, was Dich von anderen unterscheidet? Vielleicht bist Du ja Deine Gefühle, die E-motion, die Ihr der Seele zuschreibt, das was Dich bewegt?
Deine Gefühle sind jedoch größtenteils Reaktionen auf Gedankliches. Auf Grund innerer Bewertungskriterien wird durch Freude entdichtete „Energie" freigesetzt bzw. solche Energie durch Verdichtung gebunden, was sich dann als negatives, als unangenehmes Gefühl zeigt.
Wie wir schon einmal an anderer Stelle sagten: Die heimische Fußballmannschaft gewinnt, das innere Bewertungskriterium meldet Freude. Du hast den Job verloren, die Konditionierung sagt: Ärger, Depression, Verzweiflung. E-motionen sind die gefühlsmäßigen Wiederspiegelungen der Konditionierung des Geistes, ausgelöst durch „äußere" Erscheinungen – „Schicksal" genannt. Mit Ausnahme der sogenannten „primären Gefühlen", wie z.B. der nicht gegensätzlichen Liebe (Ahimsa). Doch diese „Gefühle" sind nicht etwas, das zu Dir gehören würde. Diese Liebe bin ich und ich fließe nur durch Dich und bringe Dich damit in eine Schwingung, in eine (Seelen)Bewegung.

In dem Wort E-motion steckt das Wort Bewegung (motion = Bewegung). Der „Ur(nicht)Stoff", der bewegt wird bzw. der bewegt, bin ich. Ich bin das Leben, Bewegung, Schwingung, Rhythmus. Dinge erscheinen auf den menschlichen Bewusstseinsdisplays und werden so für die Menschen als Leben und Welt wahr-nehmbar. Doch sind es nur Schwingungen in der reinen Geistigkeit, die das alles in Erscheinung treten lassen. Die E-motion, welche sich als Gefühl zeigt, ist „nur" Reaktion. Sie ist nichts „Eigenes", etwas, das Individualität zum Ausdruck bringen würde. Ich bin das, was bewegt wird und ich bin auch die Bewegung.

Sind wir „unsere" Seele?

Nun können wir gleich weiter aufräumen und auf das sehen, was Ihr „Seele" nennt. Auch diese ist nicht individuell, denn Deine Seele hört nicht bei Dir auf, sie geht über Dich hinaus. Es gibt nur eine Seele, die Dich – was Du nun auch immer bist (wir haben es ja immer noch nicht herausgefunden) – an sich teil–haben lässt.

Wobei hier gesagt werden kann, dass die Seele schwingungsmäßig zwischen Geistigkeit und Körperlichkeit „gelagert" ist und als ein immaterielles Gefäß betrachtet werden kann, welches z.B. individuelle sowie kollektive Identifikationen speichert. Sie ist immer mit der Matrix hinter den Erscheinungen verbunden, also auch mit dem reinen Geist, dem reinen Bewusstsein. Die Seele ist ein Zwischending, die einesteils, um ihre Aufgabe erfüllen zu können, dazu beiträgt, dass Ihr einen scheinbaren Eindruck einer Individualität für wahr–nehmt. Andererseits ist sie etwas ganz und gar Überindividuelles, da die Seele nicht in Einzelwesen getrennt ist.

Nun, da auch die Seele nicht zum Beweis einer Individualität Deiner Existenz heranzuziehen ist, scheinst Du als eigenständige Entität nirgendwo aufzutauchen. Es scheint Dich als umrissenes, abgegrenztes „Du" nirgendwo zu geben. Es gibt nichts, was Dich ausmacht, nichts womit Du Dich identifizieren könntest, nichts wovon Du sagen kannst: „Das bin ich". Schlechte Karten für Deine Existenz.

Und doch bist Du, zweifellos Du, der Du das gerade aufschreibst oder Du, der Du es gerade liest. Du bist, Du schreibst, Du liest, Du denkst, Du spürst, Du bist. Aber was? Wer? Wo bist Du festzumachen? Wo zu packen und zu sagen „das bin ich"?

Wer sind wir hinter der Fixierung dessen, woran wir glauben, zu sein?

Du bist, aber Du bist nicht das, wofür Du Dich hältst. All Dein Kampf und Leid besteht aus dem Aufrechterhalten eines Ich–Gebäudes, das nicht existiert. Aber gerade weil es nicht „von sich aus" existiert, muss es mit so großem Aufwand erhalten werden. Alles, damit Du nur nicht dahinter kommst, wer Du wirklich bist. Eure immense Sehnsucht, „nach Hause" zu kommen, Eure wahre Heimat wieder einzunehmen, das Paradies, die

Glückseligkeit zu erfahren, eins zu werden mit mir, treibt Euch an, Eure Weltkultur zu bauen, eine Kultur der Täuschung. Deshalb funktioniert sie, wenn überhaupt, immer nur teilweise.

Die Kultur der Täuschung

Wenn Ihr seit der Steinzeit „bessere", „kultiviertere" Wesen geworden seid, lag das immer wieder an wahren Erkenntnissen, also bewussten oder unbewussten Begegnungen mit mir, mit dem reinen Geist, dem universellen Bewusstsein, als Wegweiser und nicht an der Kultur der Täuschung. Auch wenn sie Wissenschaft, Religion, oder Ethik heißt. Das alles ist nicht schlecht, aber es stellt die große „Falle" all das für echt oder absolut zu halten. Das ist der Grund, weshalb Euch die kulturellen Errungenschaften immer nur ein Stück weit bringen, um dann zu versanden und zu versagen. Es gab zweifellos auf vielen Gebieten seit der Steinzeit Fortschritte, doch wie sozial, wie liebevoll, wie „gerecht" seid Ihr wirklich geworden? Wie sehr habt Ihr einen Rahmen geschaffen, in dem Ihr frei–willig sein könnt und ohne Kampf, in dem Ihr von Euch heraus, einfach so, sein und geben könnt? Wo Ihr Euch verströmen könnt, wo immer Hilfe da ist anstelle von Ausbeutung?

Der Fortschritt kam durch die Menschheitsmatrix, welche sich hinter der „Welt" der Erscheinungen, des Scheins, verbirgt und durch Menschen und andere „Wesen", welche entsprechend offen, entdichtet in Ihrer Geistigkeit und mutig genug waren, um die Impulse dieser Matrix in die „Welt" der Erscheinungen zu tragen.
Nun, die „Denk-Falle" hinter dem Glauben an die menschliche Kultur ist der Glaube daran, dass Euer Tun selbstständig wäre, abgetrennt von mir.
Wir haben eindrücklich gesehen, dass es Euch in der Weise, wie Ihr zu sein glaubt, gar nicht gibt. Die „Falle" ist das für Wahr–halten der Identifikationen. Wenn Ihr Euch nehmt und mich abzieht, was bleibt übrig? Das wäre das absolute Nichts, das, was es nicht gibt und nie geben kann. Denn ich bin alles was ist, und daher kann man mich nicht abziehen.

Was bleibt aber bestehen, wenn Ihr Euch nehmt und Eure Identifikationen – Euren Glauben von dem, was Ihr seid, was Leben und Welt ist – abzieht?

– Ich –

Das Sein (Gottes) als einzig Wahres und Existentes

Ich bin das Einzige, das nicht Täuschung ist. Ich bin alles, was ist und was sein könnte. Natürlich kann man mir nicht wirklich etwas hinzufügen oder wegnehmen.
Euer Menschsein ist oft der Versuch – da Ihr mich nicht seht – mir, der Schöpfung, etwas hinzuzufügen, was es bisher nicht gab. Ihr denkt, Ihr bildet Eure Persönlichkeiten als etwas Eigenständiges und erschafft dabei nur Illusionen, die Euch den Blick auf mich weiterhin verstellen. Wenn Ihr etwas schafft, wird es immer aus mir geschaffen, aus dem was ich bin, da es außerhalb von mir nichts gibt, Ihr aber stellt das Menschliche dem Göttlichen gegenüber und das ist das essentielle Missverständnis.

Der Weg „zurück"

Der „Weg" aus der illusionären „Welt" ist, zu erkennen, dass Ihr nicht seid, was Ihr zu sein glaubt und damit die heilsame Frage zu stellen: „Wer bin ich dann?" Das ist der Prozess der Heilung.

Auch darum gibt es Probleme, Symptome, Krankheiten, Auffälligkeiten, Hemmnisse, Schicksale, Leid usw., damit Ihr das Illusionäre und Künstliche in Frage stellen könnt. Alles, was „festgeworden" ist, verdichtet ist, in Stagnation gekommen ist, usw., ist letztendlich unwahr. Und es kann nur seine über sich hinausreichend verdichtende Wirkung verlieren, wenn das, was unwahr ist, als unwahr erkannt wird – wenn es in Frage gestellt wird. Wenn es mit (De)Mut in Frage gestellt wird und in Folge als unwahr erkannt wird, taucht „automatisch" die Wahrheit auf, eine echte Erkenntnis geschieht, eine Begegnung mit mir geschieht, wir kommen in Resonanz, Einklang mit mir entsteht. Das ist Wunder und Verwandlung.

Heil und Un–Heil

Allein durch die Erkenntnis, dass das Unheil unwahr ist, ist das Heil - bin ich - zu erkennen. Alles was Ihr mit „Un" betitelt, heißt ja, dass es nicht ist; gleichzeitig wird diesen Un–Dingen eine illusionäre Existenz gegeben, indem Ihr an sie glaubt.

Es gibt kein Gegenteil des Heils, sowie es kein Gegenteil von mir gibt. Die Welt ist nicht das Gegenteil von mir, sie ist nur eine Erscheinung, die bunt oder grau auf Euren Displays erscheint, je nachdem, welches Dichteniveau Eure Geistigkeit hat. Je mehr etwas Dichtes auf die Displays projiziert wird, wird das Heil als Unheil wahrgenommen. Je mehr die „Schwere", das „Leidvolle" für wahr-genommen wird, umso mehr ist es Täuschung und wird immer mehr zur Verzerrung des Wahren, das nie ganz daraus verschwinden kann, weil alles aus dem Wahren, aus mir besteht. So wird das Heil, die Liebe, die Glückseligkeit verzerrt gelebt. So wird z.B. aus der Freude an etwas eine Sucht.

„Individualität" ist nur eine Kräuselung des Wassers auf dem See des universellen Bewusstseins

Durch Identifikation, das heißt durch den Umstand, dass Ihre Eure „Individualität" für wahr nehmt, für fest und gegeben haltet, lebt Ihr wie eine (scheinbar) eigenständige Person, als eine mehr oder weniger starke Verzerrung von dem, was ich bin.

Das, was Ihr für Eure Identität haltet, ist bildlich gesprochen nichts anderes als ein Faltenwurf im Nichtstoff des Seins, eine Kräuselung des Wassers auf dem See des universellen Bewusstseins. Dennoch ist das Wesen des Sees das Wasser, und auch die Kräuselung ist Wasser und nichts Eigenständiges. Die Kräuselung ist nur eine momentane Bewegung, die mit dem Wasser geschieht. So seid Ihr nur eine momentane Bewegung von dem, was ich bin.

Ihr schafft Euer künstliches Ich, Eure Kräuselungen, aus dem heraus, was Ihr festhaltet, mit dem Ihr Euch identifiziert. Wie wir schon sagten, ist es Euch möglich, auch über den körperlichen Tod hinaus an Bestimmtem festzuhalten. Das, was Euch über die Matrix dann wieder leitet, wenn Ihr – oder sollte ich sagen ich – wieder ein körperliches Kleid anlegt(e). Dieser

Vorgang gibt Euch die Illusion, ein eigenständiges Wesen zu sein. Diese „Eigenständigkeit" besteht jedoch nur aus Verdichtungen des immer gleichen (Nicht)Stoffs.

Die Begrenztheit der Körperlichkeit löst sich in frei–williger Sozialität

Die Illusion, ein abgegrenztes, eigenständiges Wesen zu sein, geht jedoch mit der Erscheinungsform der Körperlichkeit einher. Der Sinn ist, dass durch die Unvollkommenheit jedes Wesen, das sich für abgegrenzt und eigenständig hält, sich mit diesem oder jenem identifiziert, andere solche Wesen braucht. Daraus entsteht die Sozialität. Dadurch entsteht die Möglichkeit, durch die Hin–gabe, über die wir schon sprachen, durch das „Füttern" der anderen, wieder zur Erkenntnis des Einsseins mit mir zurückzufinden und nach Hause zu kommen.

Manche von Euch sehen in Ihrer verdichteten Geistigkeit die Welt als ein Fressen und Gefressen werden. Sie stellen sich damit auf die Stufe der Raubtiere. Raubtiere haben aber ihre eigene Erscheinungsform. Der Mensch, in dem viel Bewusstsein von außerhalb der Erscheinungsformen eingeflossen ist, ist kein Raubtier. Durch das Maß an eingeflossenem Bewusstsein ist er durch Hin–gabe, durch Frei–willigkeit in der Lage, zurückzukehren. Er ist in der Lage, zwischen Erscheinungsform und Wahr–heit hin und her zu gehen, um die Heimat der Glückseligkeit immer wieder neu zu entdecken, um sich immer wieder als mich zu finden.

Tiere treten in Eurem Wahr–nehmungsfeld in Erscheinung, aber für sie ist es viel weniger Trennung zwischen ihrem Herkunftsort und der Erde. Sie leben gewissermaßen hier wie dort (allein die Trennung von hier und dort ist eine Illusion), weil je nach Gattung weniger an Bewusstsein einfließt und sie stärker mit dem universellen Geist in Verbindung bleiben und von dort aus Impulse erhalten, die Ihr Instinkt nennt.

Die Chance des Menschen ist seine Sozialität, die aus ihm heraus ohne Moral, Ethik, Ideale, Philosophie oder Religion, ohne Angst vor Strafe, als Liebe aus ihm fließt. Damit hat er Anteil am reinen Geist, am universellen Bewusstsein, an der umfassenden Seele, wenn Ihr so wollt. Das heißt, Ihr nützt den reinen Geist ohne aus ihm eine eigene Identifikation zu bilden und diesen als ich zu bezeichnen. Der Aufbau einer (scheinbar) eigenständigen

Persönlichkeit heißt nämlich, dass ihr aus mir etwas Eigenes machen wollt, ohne mich im Wesentlichen zu kennen, um euch selbst als selbständigen Gott zu sehen. Einen Gott allerdings, dem doch eine Menge Dinge misslingen und den sein Gott–Sein nicht zur gewünschten Glückseligkeit führt.

Das universelle Bewusstsein nützen, statt selbst Gott zu spielen

Wenn Ihr Euch aber nicht an meine Stelle setzen wollt in „eigen-sinniger" Art und Weise, könnt Ihr in entdichteter Weise an mir teilhaben, Ihr könnt Euch als mich erkennen. Ihr könnt dann erkennen, dass Eure Identität „Ich-Bin". Wir sind eins und könnten nie anders sein. Wenn Ihr seht, dass ich Eure wahre Identität bin, die bildlich gesprochen in vielen individuellen Farben und Schattierungen in Eurer Welt der Erscheinungen schillert und sich zum Ausdruck bringt, fallen alle anderen künstlichen Identifizierungen von Euch ab, sie werden nicht mehr gebraucht, haben die Not–wendigkeit verloren, da zu sein.

Eure Identität, Eure Persönlichkeit ist dann nur eine Form, wie ein leerer Kanal, durch den die wahre Identität, nämlich ich, durchfließt. Ein Kanal, der nicht voll ist mit künstlichen Identifikationen, mit verdichteten Faltenwürfen des Seins oder Kräuselungen, die als ein eigenständiges ich für wahr-genommen werden.

Persönlichkeit als Maske oder als Membran

Das Wort Person könnte man aus zwei sehr verschiedenen Sprachwurzeln herleiten. Einmal von dem Wort 'Persona', das so viel wie Maske heißt. Zum anderen kann es auch von den Worten „per sonare" hergeleitet werden, was Ihr wohl mit „hindurchtönen" übersetzt.
In diesen Herleitungsmöglichkeiten spiegelt sich die unterschiedliche „Natur" dessen, was Ihr Person oder Persönlichkeit nennt.

Ist Euer Persönlichkeitskanal voll mit dichten Identifikationen, werdet Ihr zur Verzerrung dessen, was ich bin, zur Maske. Also zu einem Menschen, dem sein wahres Gesicht fehlt oder der es nicht zeigt.

Den Persönlichkeitskanal – der jedoch leer ist und somit das Wesentliche durchfließen lassen kann, um daran Anteil zu haben – könnten wir auch als Membran bezeichnen, die existiert, um den reinen Geist, um mich, durchtönen zu lassen. Durchtönen lassen, um selbst an der Vibration des Tönens Glückseligkeit zu erfahren und um auch wieder andere scheinbar abgegrenzte Wesen an Euren Vibrationen teilhaben zu lassen. Der jeweils „Andere", welcher sich von den durchgetönten Schwingungen bewegen lässt, gerät ebenso in Resonanz mit mir und damit evtl. sogar in Einklang mit mir. Ihr könntet auf diese Weise eine entdichtende Wirkung auf Eure Umwelt haben.

Bildung der Persönlichkeit aus Angst vor Auflösung

Nichtsein, Nichtexistenz ist Eure allergrößte Angst, die zentrale Angst unter allen anderen. Erinnert Euch an den Film „Space Odyssee", in dem ein Computer, der so stark mit Bewusstsein „gefüttert" war, dass er „menschenähnlich" wurde, diese Angst vor der Nichtexistenz entwickelte, und dann die Crew manipulierte, um nicht „abgeschaltet" zu werden. Ihr seid wie dieser Computer, der aus der Angst, nicht zu existieren immer mehr „Persönlichkeit" und künstliche „Unsterblichkeit" durch immer mehr Identifikation, Fixierung, Verdichtung bildet.

Der Unterschied ist, dass Ihr nicht abgeschaltet werden könnt. Ihr lebt ewig, denn Ihr seid ich und ich lebe ewig.

Was Ihr „abschalten" könnt, sind Eure Identifikationen und Fixierungen. Dummerweise haltet Ihr Eure Identifikationen und Fixierungen für Euer „wahres" Wesen. Ihr habt daher Angst, wenn Ihr diese „abschaltet", Euer Bewusstseinslicht auch damit auszuknipsen und nicht mehr zu sein. Oder Ihr habt die Angst, nichts mehr von dem zu sein, was Ihr dachtet, was Euch ausmacht. So habt Ihr Angst vor Auflösung und Haltlosigkeit, Ihr wähnt Euch dann unbewusst treibend, ohne eigenen Willen und Gestaltungsmöglichkeiten, usw.

Auflösung des Unwesentlichen führt zur Erkenntnis des Wesentlichen

In allen Verdichtungen bin ich. In allen Kräuselungen bin ich, sie sind aus mir. Ich bin das, was alles ist, aus dem alles ist.
Wenn Du daher Deine Identifikationen und Fixierungen „ausschaltest", bist Du dann verschwunden? Nein, Du erkennst Dich als mich. Du lebst als ich.

Wenn Du ich bist und Dich mit mir identifizierst, dann bist Du doch etwas, oder? Dann bist Du alles und mit allem verbunden und eins. Du bist nicht nichts, sondern alles. Und das ist doch etwas? Das ist doch eine ganze Menge, oder? Also, wenn Du die künstlichen Kräuselungen und Falten, die Verbiegungen und Verdichtungen des Seins aufgibst, welche Du Deine Identität nennst, bist Du nicht mitten in der Auflösung, die Du so fürchtest – sondern in der Er–füllung durch mich und das ist allemal mehr als Eure künstlichen, illusionären, unwirklichen Fixierungen und Identifikationen.
Ich kann nur sagen, versucht es doch einmal und findet es selbst heraus, wie sich das anfühlt. Findet heraus, was es heißt, wieder nach Hause zu kommen, wieder zurückzukommen in die Urheimat Glückseligkeit.

Verwandlung

Es gibt keinen Weg zur Glückseligkeit, Glückseligkeit ist der Weg

Du darfst zu Gott nicht schrei`n

der Brunnquell ist in dir

stopfst du den Ausgang nicht,

er flösse für und für.

(Meister Eckehard aus Linnewedel J., Meister Eckharts Mystik)[15]

Die Lebensparadoxie

Die Angst vor der Nichtexistenz veranlasst Euch, Euch mit dem zu identifizieren, was Ihr nicht seid, während Ihr das, was Ihr wirklich seid, nicht erkennt oder erkennen wollt. Das Erkennen Eurer wahren Identität macht Euch Angst. Doch es braucht viel Energie, Eure wesentliche Natur in Euch zurückzudrängen und stattdessen die künstliche Identität aufrecht zu erhalten. Daraus entwickelt sich die innere Situation, dass das, was Euch die Kraft zum Leben nimmt, als Eure Sicherheit einsetzt, während Ihr die Ekstase der Glückseligkeit, des im Einklangsein mit mir, des Euch als mich Erkennens als Gefahr seht. Diese Sichtweise macht das Leben schwer und dicht. Doch alles, was sich in mir verdichtet hat, muss sich auch wieder lösen.

Die Unausweichlichkeit, sich selbst zu verlieren

Alles, was Ihr an Identität erworben habt, die Kräuselungen, die Faltenwürfe sind Verdichtungen und erscheinen im Geist entsprechend auf den inneren Displays. Sie sind daher der Zeitlichkeit „preisgegeben". Spätestens im Tod der Körperlichkeit wird ein Großteil dieser „Erwerbungen" wieder losgelassen. Ihr müsst damit aber nicht bis zum Tod warten, Ihr könnt immer ins Leben hinein sterben. Ihr könnt schon während des körperlichen Lebens alles künstlich Dichte wieder entdichten und zum Kanal werden, durch den Euer wahres Wesen, durch den ich fließen kann.
Ihr werdet dabei sogar die Erfahrung machen, dass Eure Form bleibt und Ihr Euch nicht auflöst. Den „Kanal" als Form, gibt es ja immer noch, nur dass ich belebend mit der Vibration, der Schwingung der Glückseligkeit hindurchfließen, hindurchtönen kann.

In der Welt, aber nicht von ihr

Wenn etwas, das in Dir ist, nicht starr ist, sondern von mir durchflossen, von mir durchtönt ist, kommt immer mehr von Dir dadurch in Fluss. Jetzt braucht es immer weniger ein Anhaften an etwas, da das, was Du zu Deinem Glück brauchst, immer mehr da ist. Ebenso braucht es weniger Abwehr und

Kämpfe im Außen, weil Du Dich immer weniger mit der Welt und Ihren Erscheinungen identifizierst. Wenn es keine Abwehr gibt, keinen Kampf, so ist auch keine Abhängigkeit mehr vorhanden, bis auf die natürlichen Abhängigkeiten im Erdenleben, doch werden diese nicht mehr als einengend wahr–genommen. Selbst auf Dein körperliches „Überleben" bezogen, gibt es dann keine Abhängigkeit mehr, weil Dein Leben nicht von einer Körperlichkeit abhängt. Du weißt, dass dieses Erdenleben nur eine Erscheinungsform auf Deinem inneren Display ist, dass das Leben an sich unendlich ist.

Um unendlich zu sein, braucht es dazu die „Zeitlichkeit"; sowie das Wahre, um als wahr erkannt zu werden, das Illusionäre braucht. Nur durch die Zeit wird die Unendlichkeit zur Unendlichkeit. Und der reine Geist wird als reiner Geist für Euch durch die Vielheit, die eine Einheit dahinter zusammenhalten muss, wieder erkennbar. Das Eine das hinter der Vielheit existiert, stellt die absolute Wahrheit dar, während die Vielheit selbst nur eine relative (und von vielen Dingen abhängige) Wahrheit darstellt.

Ihr lebt jetzt in Beidem und nicht mehr in der Illusion der Vielheit alleine. In Eurem Bewusstsein kann Einheit und Polarität gleichzeitig (jedoch durch Schwingung und Dichte unterschieden) bestehen. Auch Einheit und Polarität bedingen sich gegenseitig und können nur miteinander bestehen, weil sie sich aneinander abgrenzen und somit erkennbar machen.

Wenn Du Dich mit mir identifizierst, bleibst Du zwar in der Welt, aber es gibt keine Abhängigkeit mehr von den weltlichen Gegebenheiten, weil es keine Anhaftung mehr gibt. Du strebst nicht das eine an (außer aus einem nach–drucklosen und frei–willigem Impuls, des 'Wu Wei' heraus) und willst etwas Anderes loswerden. Alles kann angenommen werden und kann daher durchfließen, weil es kein Gefühl der Bedrohung oder des Mangels gibt.

Auf dem Bewusstseinsdisplay erscheint jetzt ein leichteres, lichteres Leben und damit verschwindet im scheinbaren „Außen" der Mangel und das Gefühl von Bedrohung oder Ausgeliefertsein im Leben nimmt ab. Wenn alles, was Dir auf Deinem „Lebensweg" begegnet, durch Dich hindurchfließen, hindurchtönen kann und damit die Form belebt und mit der Freude, die ich bin, durchflutet, gibt es keine Vermeidung, keinen Kampf, kein Anhaften oder ein (krampfhaftes) Aufrechterhalten- Wollen, daher ist keine

Abhängigkeit mehr gegeben.
Für Dich stimmt nun der Satz, dass Du in der Welt bist, aber nicht von ihr.

Identifikation mit der Abhängigkeit

Aufgrund der schon beschriebenen Lebensparadoxie identifiziert Ihr Euch aber gerade oft mit der Abhängigkeit. Aus der Angst vor der Nichtexistenz heraus identifiziert Ihr Euch mit dem Mangel, der Begrenztheit, der Rivalität, dem Kampf, der Not, dem Leid und dem Schicksal mit Alter, Krankheit und Tod.
Ihr tragt „weiß Gott" (ja, ich weiß es) Euer „Kreuz".
Was Spielwiese sein sollte oder sein könnte, ist zum Joch geworden.

Heißt Menschsein ungenügend sein?

Die Angst vor der Nichtexistenz, vor der Auflösung, erzeugt durch die Anhaftung an den Identifikationen, über die Ihr dieser Angst aus dem Weg zu gehen versucht, gleichzeitig auch die Angst, nicht gut genug zu sein. Die von der Angst oft verfälschten religionsgründenden Schriften sind voll mit Botschaften, dass nur die Guten ein ewiges Leben haben, dass nur die, die irgendwelche bestimmte Regeln und Lebensweisen befolgt haben, von Gott gemocht und geliebt werden und dass „er" diese emporhebt, während er die anderen bestraft.

Wann aber seid Ihr gut genug für Gottes Gnade?
Diese unbewusste Frage, die (fast) jeder Mensch unbewusst als verdichtete Geistigkeit in sich hält, löst ein ständiges bewusstes oder unbewusstes Gefühl des Ungenügens aus. Denn wie weit man auch immer mit der Überwindung des inneren Schweinehundes, des, der Körperlichkeit immanent anhängenden Bösen, oder des Schattens gekommen sein mag, Ihr überwindet „ihn" nie vollständig. Aus dem einfachen Grund, dass je mehr Ihr Euren imaginäreren Schweinehund loswerden wollt, er sich umso vehementer breit macht und dann plötzlich als das (scheinbar) wirklich Böse in der Welt erscheint.

Die Erbsünde als morphogenetisches Feld

Die Identifizierung mit dem Glauben an das, dem Fleischlichen zwingend anhängendem Bösen lässt so etwas entstehen, was Ihr manchmal „morphogenetisches Feld" nennt. So ein Glaube ist dann gespeichert, eingegraben (da nicht hinterfragt) im Feld der kollektiven Geistigkeit, oder im „kollektiven Unbewussten", wenn Ihr so wollt. Da Ihr, wir, ja alle Eins sind, wirken diese unbewussten kollektiven „Muster" auf jeden (scheinbar) einzelnen Menschen zurück. Wenig Menschen sind in ihrem geistigen Niveau entdichtet genug, so dass diese Muster in „ihrer" Geistigkeit keine Verdichtungen bewirken können.

Diese „Muster" treiben Euch an, nach irgendwelchen Idealen zu streben, um dem Gefühl des Ungenügendseins und damit der ständig drohenden Vernichtung der Nichtexistenz zu entgehen (gleichgültig, ob Ihr bewusst an irgendetwas Metaphysisches glaubt oder nicht). Oder Ihr kreiert unbewusst Situationen von Leiden, um das Mangelhaft des Menschseins zu sühnen und wieder würdig zu werden. Dies ist allein mittels eines unbewussten Gefühls eines Mangels gesteuert und völlig unabhängig davon, was jemand glaubt (siehe dazu den Text „Die Entstehung der Schuld und ihre Lösung" am Ende des Buches). Gleichzeitig entwerft Ihr Maßstäbe und Disziplinen, in denen Ihr dann gut sein könnt, in denen Ihr mit enormer Anstrengung besser werden könnt, um vor Euch und/oder Gott zu „bestehen".

Der eine denkt, er besteht, indem er „heilig" wird; der andere meint, die Welt von einem Volk „reinigen" zu müssen. Und jeder glaubt, es in Gottes Auftrag zu tun. Das Gefühl, ungenügend zu sein, stellt sich durch das Verhaftetsein in der Täuschung ein.

Auch wenn Ihr Kriege führt, grausame Dinge tut, „egoistisch" und zerstörerisch seid ebenso, wie wenn Ihr heilig sein wollt, Euch kasteit und verzichtet, oder einfach nur ganz „normal" sein wollt, geht Ihr damit dem Leiden nicht aus dem Weg, sondern Ihr erschafft es damit. Hinter diesem Tun liegen immer Ideale, die Euch versprechen, in ihrer Verwirklichung den Lebenssinn zu treffen und damit zu „bestehen", auch wenn sich all das „nur" unbewusst abspielt.

Euer Leben ist voll mit der Anstrengung, immer besser zu werden, um den inneren Mangel auszugleichen. Oder Ihr werft das Handtuch ob dieser Anstrengung, obgleich dies zu weiterem (auch unbewusstem)

Selbstwertmangel führt. So seid Ihr entweder im Stress, so gut zu werden, bis das bewusste oder unbewusste Gefühl der Unzulänglichkeit endlich aufhört oder Ihr lebt in bewussten oder unbewussten Schuldgefühlen und der Verzweiflung, „es nicht zu schaffen". Meisten lebt Ihr Beides und Beides hält sich gegenseitig aufrecht.

Euer Leben hier auf der Erde scheint oft nur noch in einer selbstgezimmerten Hölle aus Überanstrengung und Schuldgefühl zu bestehen. Das Gefühl (welches in der Paradiesgeschichte ursprünglich das Element war, das Ihr als „Erbsünde" übersetzt habt), nämlich ungenügend zu sein, entsteht aus der (scheinbaren) Trennung von mir. Es entsteht aus der Sichtweise, die auf den Mangel ausgerichtet ist, und nicht auf dem Erkennen der Tatsache, dass Ihr ich seid, dass wir Eins sind.

Alle Last in Eurem Leben entsteht einfach durch Wegsehen von dem, was ist und dem Hinsehen auf die Vor–stellungen, denen Ihr eine künstliche Wahrheit gebt, indem Ihr sie für wahr–nehmt, für wahr haltet. Ihr nehmt die Täuschung für wahr und nicht den universellen, den reinen Geist – mich. Ihr seht nur mehr auf die Verdichtungen, die auf Euren „Displays" erscheinen und nehmt diese so furchtbar ernst, dass Ihr das Wesentliche nicht mehr in den Faltenwürfen und den Kräuselungen erkennt.

Menschliches Dasein zwischen Schuld und Überforderung

Indem Ihr nur auf die Erscheinungen schaut und nicht auf das Dahinter, auf mich; indem Ihr Euren menschlichen „Kanal" mit Persönlichkeit füllt, entsteht ein Gefühl, dass etwas fehlt, dass Ihr etwas nicht „richtig" macht, was zu dem Gefühl der Unzulänglichkeit führt. Dieses Gefühl der Unzulänglichkeit treibt Euch dann bewusst oder unbewusst an, entweder irgendetwas Hehres anzustreben und/oder es lässt Euch in lähmender Schuld versinken.

Wer aber etwas anstrebt, strebt von sich weg. Statt „Ja" zu Euch zu sagen und zu Eurer momentanen Situation, versucht Ihr, dem „Leben etwas abzuringen". Wenn Ihr das Geschenk der Verwandlung nicht annehmen wollt, seid Ihr darauf angewiesen, es ohne mich „schaffen" zu müssen. Du bist dann Deinen dichten Projektionen „ausgeliefert", die Du für wahr hältst. Nicht, weil ich mich aus Dir zurückziehe, sondern weil Dein „Kanal" voll ist und Du mich damit aussperrst. Ich kann nicht mehr hindurchfließen.

Menschliches Tun ist ein Scheitern ohne „Gott"

Wenn das, was ich bin, zu einem bestimmten Grad in Dir verdichtet ist, sind alle Dinge letztendlich zum Scheitern verurteilt, die Du anstrebst. Du bist dann auf Täuschungen ausgerichtet, die nicht anders können, als irgendwann zur Ent–täuschung zu werden. Alles, was Du „aus eigener Kraft erreichen" willst, ohne mich auch nur ein wenig durch Dich fließen zu lassen, scheitert früher oder später, mit 100–%iger Sicherheit und ohne Ausnahme. Daraus ergibt sich das „Drama" des menschlichen Schicksals. Ihr strengt Euch mit immenser Vehemenz an, etwas zu erreichen, das unmöglich erreicht werden kann. Jede Veränderung, die Ihr anstrebt, jedes wesentliche „Besserwerden" aus „eigener Kraft" ist unmöglich. Ihr habt keine eigene Kraft, weil Ihr nichts „Eigenes" seid. Ich bin Eure Kraft und wenn Ihr mich aussperrt, habt Ihr keine.
Jede Anstrengung aus „eigener Kraft" ohne mich ist vergeblich.
Ihr könnt die Verwandlung nicht durchführen. Ihr könnt Euch nicht „verbessern", wie Ihr Euch auch anstrengt, was Ihr auch erfindet und wie weit Eure Wissenschaft auch vordringt. Wenn Eure Wissenschaft in ihrem „Vordringen" nicht auf mich stößt, kann sie nur die Reflektion ihrer selbst untersuchen, aber nicht zum Wesentlichen vordringen.

Welch eine Last tragt Ihr, welch eine Schuldbelastung, auch wenn es Euch nicht bewusst ist. Eine Schuldlast, weil Ihr es nicht schafft, weil Ihr Euer Leben nicht „in den Griff" bekommt, weil Ihr keine wirkliche „Befriedigung" und „Erlösung" erlangt, weil Ihr nicht „rein" genug geworden seid, weil Ihr Euch immer noch bekriegt, weil Ihr Euch immer noch die Löffel um die Ohren haut, anstatt Euch damit zu füttern. Weil Ihr keine guten Menschen werdet und damit ständig Euren Glauben an das der Fleischlichkeit zwingend anhängende Böse – das „bekämpft" werden muss – aufrechterhaltet. Und schon seid Ihr wieder in der Täuschung des menschlichen Dramas gefangen, das immer mehr wie eine Tragödie aussieht.
Wenn Ihr versucht mit Schuld, Last, Überlebenskampf und Anstrengungen, „besser" zu werden, wird es nicht gelingen. Auf diese Weise werdet Ihr keine „guten" Menschen. Gut in dem Sinne des frei–willigen Gebens „von sich heraus", „einfach so", schon gar nicht.
Ihr könnt Euch nicht „verbessern", gebt auf.

Wirkliche Verbesserung im Sinn von Entdichtung in einem Kampf zu erringen ist nicht möglich. Ihr könnt es niemals nur aus eigener Kraft.

Annahme hebt die (scheinbare) Trennung mit „Gott" auf

Nur indem Ihr mich erkennt, erkennt Ihr, dass Ihr ich seid. Nur damit löst sich, entdichtet sich das Gefühl des Ungenügendseins, der Schuld, der Last, des Mangels usw. in Selbstvergebung, Selbstverantwortung, Selbstwertschätzung und somit in Selbstwert. Erst dann ist es Euch möglich, Euch, Euer Leben, Eure Lebensumstände, das Leben und die Welt so zu nehmen, wie all das ist – genau so, wie es ist!

Der Mensch in der Annahme ist so „gut" wie „Gott"

Du bist schon gut, genauso, wie Du bist.
„Bin ich gut?"
Du bist ich. Du bist genauso „gut" wie ich. Du bist aus mir gemacht, und wenn Du Dich annimmst wie Du bist, hebst Du die Trennung zu mir auf, ob Dir das in dem Moment bewusst ist oder nicht. Dann, und erst dann, kannst Du gut sein in dem Sinne des Paradieses der lebendigen Gerechtigkeit, des frei–willigen Gebens „aus Dir heraus", „einfach so". Einfach so, weil es eine Lust ist, weil es im Einklang ist mit den Vibrationen, die Dich in Schwingung bringen, weil der reine Geist durch Dich hindurchtönt.

Kein Kampf mehr, keine Abhängigkeit, keine Last, keine Schuld. Nur wer leicht ist, kann gut sein. Mit Eurer immensen Last, die Ihr tragt, der Anstrengung und der Überforderung ist es nicht möglich, „gut" zu sein. Ihr könnt nicht „besser" sein, als Ihr seid, außer Ihr nehmt Euch an, wie Ihr seid, nehmt mich an und geht damit in die Verwandlung.

Trennung macht Stress, Stress lähmt

Jeder von Euch ist voller Anstrengung, Überforderung, Stress bis „über beide Ohren". Auch jene, die Ihr Leben in dumpfen Verdichtungen fristen, abhängig sind und vielleicht nicht arbeiten, auch „Kriminelle" – besonders jene – stehen unter enormem inneren Stress. Sie können nicht aus ihrer „Bahn", können sich nicht verbessern, weil sie innerer Stress und unbewusste oder bewusste Schuld lähmen, so wie alle anderen auch, nur eben ein bisschen mehr. Im Kampf zu sein, womit auch immer, macht immer Stress.

Der Faktor, der Stress verursacht, ist das Verstopfen des Kanals mit dichten Anhaftungen und Identifikationen. Dann ist es nicht mehr möglich, mich einzulassen und durchfließen, durchtönen zu lassen; die Dichte, die Angst ist zu groß. Je ferner ich Dir (scheinbar) bin, umso dichter werdet Ihr. Je ferner ich bin, umso weniger seid Ihr von der Quelle durchspeist, seid verzweifelt und fühlt Euch ungenügend. Diese Last bürdet Ihr Euch auf, oft ohne es zu merken, weil Ihr nichts anderes mehr kennt.

Das göttliche Potential im „Ungenügend-Sein"

Woraus setzt sich Dein Ungenügend-Sein zusammen, schaue es einmal an! Schaue auf Deine „Schwächen", Deine Gier, Deinen Egoismus, Deine Brutalität, Dein Berechnend-Sein, Deine Rücksichtslosigkeit, Deine Lieblosigkeit, Deine Gleichgültigkeit, Deine Trägheit, Dein Heucheln, Dein Belügen anderer und Deiner selbst; schau auf die Masken, die Du trägst, Dein „so tun als ob"; schau auf alles, was Du an Dir nicht magst und was Du meinst, dass es „verbessert" werden sollte.

Jetzt schaue darauf mit grenzenloser Annahme. Ich, der reine Geist, das universelle Bewusstsein habe keinerlei „Probleme", Dich mit all dem anzunehmen, denn ich weiß, Du kannst ohne Deine volle Selbstannahme, Deine Selbstvergebung nicht anders sein. Schaue auf Deine „dunklen Seiten" wie auf verlorene Kinder, die plötzlich wieder zu Dir zurückfinden und die sich im Zurückfinden, im Angenommen werden verwandeln zu „lichten Seiten", welche Dein „wahres, göttliches Selbst" offenbaren. All das ist Dein wunderbares, herrliches Potential, vielleicht genau das, was Du am meisten los haben wolltest. Doch welch wunderbare Fähigkeiten erwachsen aus Deiner Selbstannahme und Selbstvergebung: Kräfte, Leichtigkeit und Frei–Willigkeit. So vieles in Dir kann dadurch entdichten.

Wenn das Nichtgeliebte durch Annahme entdichtet, bist Du vollkommen, Du bist Gott und Du kannst es auch wahr–nehmen.
Du und ich sind eins. Da die Zeit eine Illusion ist, ist der Umstand der Eins-Werdung jetzt schon gegeben, die Verwandlung ist schon eingetreten, Du bist immer ich. Du bist jedoch in der Zeitlichkeit, in der Täuschung gefangen, weil Du Dich auf Zeit, Trennung und Täuschung ausrichtest. In diesem Moment aber kannst Du die Illusion der Zeit erkennen (wir haben es ja jetzt lange genug besprochen), was hindert Dich also noch, Dich und das Leben anzunehmen, Dich anzunehmen als „Gott", als mich?

Wenn Du aus eigener Kraft die Verwandlung erlangen willst, und Dich übst und Dich verbessern willst, kannst Du es „nicht in allen Zeiten" erlangen, es ist völlig vergebens. Dies ist die vollkommene Agonie, welche Du durch die Trennung kreierst und es ist nicht Gott, der das „Negative" in der Welt zulässt. Ihr habt die Wahl.

Verwandlung kann nur geschenkt werden

Doch wozu anstrengen, lass es Dir doch schenken. Du kannst es nicht erreichen. Du kannst es Dir nur schenken lassen. Und sei Du der Gott, der es Dir schenkt. Sei Schenker und Beschenkter, sei ich und zwar:

Jetzt!

Annahme ist das Geheimnis der Verwandlung

Nun „geht in der Verwandlung ein und aus". Die Verwandlung heißt Annahme. Das war kein so großes Geheimnis, werdet Ihr vielleicht sagen, und brauchte es all die Seiten dazu?

Ja und nein, findet es selbst heraus.

Und das Geheimnis ist mit der Annahme nicht zu Ende, es hat noch gar nicht angefangen.

Anfangen wirst Du, oder Du wirst es nicht. Dein Geheimnis beginnt erst, wenn Du beginnst, mir Einlass zu gewähren, mich durchfließen, durchtönen zu lassen, indem Du annimmst und im Annehmen die (scheinbare) Trennung zwischen uns immer und immer wieder aufhebst.

Es werden viele Geheimnisse und Wunder passieren, Geheimnisse und Wunder der Glückseligkeit, des wiedergefundenen Paradieses.

Es wird auch vielleicht „Schweres" passieren, oder Du bist mit der Dichte anderer Menschen konfrontiert, dann auch deshalb, damit Du Dein unerschöpfliches Potential im Annehmen anwenden kannst, um immer weiter ins „Geheimnis" vorzudringen. In ein Geheimnis, das offen vor Dir liegt.

„Ist dir trinken bitter, werde Wein"

Wenn die Unbilden des Lebens drückend werden, wenn Last, Schuld, Ungenügendsein, der Kampf des Strebens auf Deinem inneren Display der Täuschung erscheint, wenn Dir das Leben bitter ist, wenn Du das Durchfließen lassen als bitter empfindest und Du festhalten möchtest, wenn Dir das Trinken bitter erscheint, werde Wein. Wenn Dir das Leben bitter vorkommt, werde das Leben selbst.

Ich bin das Leben. Wenn Dir Gott bitter wird, weil Du ihn zu sehr verdichtet hast, werde „Gott", werde Leben, werde Wein, werde flüssig; löse alles Starre, Feste, Dichte, Bittere in Deiner göttlichen Annahme – und alles Über–flüssige verflüssigt sich, entdichtet.

Und wenn es gar zu schwer ist, werde das Schwere. Deine Annahme verwandelt Dich in das, was Du abwehrst oder liebst. Wenn Du es selbst geworden bist, wogegen willst Du kämpfen? Statt zu kämpfen werde zu dem, was Dich quält, genauso wie zu dem, was Dich erfüllt und werde dadurch wieder flüssig, fließend, zu einem offenen Kanal. Wenn Du dazu wirst, entdeckst Du das scheinbar „Andere" in Dir und entdeckst, dass Du mit ihm Eins bist, mit mir Eins bist. Daher wirst Du im Nehmen, im `Ja´ immer Eins mit mir, weil Du erkennst, dass es keine Trennung gibt zwischen

Dir und dem was Du „da draußen" wähnst.

Und wenn Du immer und immer wieder Eins wirst, mit wem oder womit wirst Du dann eins? Mit dem reinen Geist? Dem universellen Bewusstsein? Dem Wesentlichen? Dem unverdichteten, freischwingenden (Nicht)Urstoff? Wirst Du eins mit dem Wasser des Seins, das sich einmal kräuselt und einmal nicht, wirst Du eins mit mir?

Doch was, wer bin ich?

Im 'Tao te King' erfährt man, „richtigerweise", dass Gott keinen Namen hat.

Und richtig ...

... ich bin nicht Gott

... Ich bin Du

und Du bist Ich ...

Stiller Freund der vielen Fernen, fühle,

wie dein Atem noch den Raum vermehrt.

Im Gebälk der finstern Glockenstühle

laß dich läuten. Das, was an dir zehrt,

wird ein Starkes über dieser Nahrung.

Geh in der Verwandlung aus und ein.

Was ist deine leidendste Erfahrung?

Ist dir trinken bitter, werde Wein.

Sei in dieser Nacht aus Übermaß

Zauberkraft am Kreuzweg deiner Sinne,

ihrer seltsamen Begegnung Sinn.

Und wenn dich das Irdische vergaß,

zu der stillen Erde sag: Ich rinne,

Zu dem raschen Wasser sprich: Ich bin

(Rilke, Die Sonette an Orpheus, XXIX)[16]

Der Name, der sich nennen lässt,

ist nicht der ewige Name.

„Nichtsein" nenne ich den Anfang von Himmel und Erde.

„Sein" nenne ich die Mutter der Einzelwesen.

(Laotse, Tao te king, aus dem 1. Spruch)[17]

Nichtsein = Gottsein

Eine Übung

Hier eine Art „Mantra", das Du, wenn Du möchtest, ab und zu lesen kannst (ohne daran als Methode zu haften), um Dir immer wieder bewusst zu machen, dass Du nicht das bist, was Du glaubst zu sein. Solange Du Dich mit dem identifizierst, was du glaubst zu sein, lebst Du in der Täuschung. Du glaubst an die Projektionen der geistigen Verdichtungen auf den inneren Bewusstseinsdisplays. Du glaubst an Anstrengung und Schuld, überforderst Dich immer mehr und „schaffst es" immer weniger. Du verdichtest Dich und entfernst Dich von der Erkenntnis unserer Einheit.

So, wenn Du möchtest, nutze den folgenden Absatz, um immer wieder „hinter" die Täuschung zu sehen und Deine wahre Identität zu finden.

Du bist nicht die „Person", für die Du Dich hältst.
(Deine Person(a) ist nur eine Maske.)

Du bist nicht Dein Körper.
(Dein Körper besteht aus keiner festen Materie, die sich aus – welch auch immer – kleinsten Materiebausteinen zusammensetzt, sondern nur aus Schwingungsstrukturen, die ohne Grenzen verbunden sind mit der gesamten Schwingungsstruktur.)

Du bist nicht Deine Seele.
(Die Seele ist nur das „diesseitige" Ende der Matrix im Unmanifestierten.)

Du bist nicht Deine Gedanken.
(Gedanken sind niemandes „Eigentum" und nicht Kreationen individueller Lebewesen. Gedanken sind „Schwingungsinseln", aus mir gemacht, in unterschiedlichen Dichtegraden, also meiner Schwingung ähnlicher oder weniger ähnlich. Du ziehst sie an durch Affinität, entsprechend dem Milieu der Dichte Deines schon bestehenden Denkens. So ist ja auch dieses Buch entstanden, es besteht nur durch aufgegriffene, angezogene Gedanken und ist kein kreatives Produkt.)

Du bist nicht Dein Schmerz.
(Dein Schmerz ist nur eine Verdichtung, die aufgrund gedanklichen
Festhaltens passiert.)

Du bist nicht Deine Erinnerung.
(Deine Erinnerungen sind der Versuch von Identifikationen, eine Identität zu
gewinnen.)

Du bist nicht Deine Identität.
(Deine Identität ist ein künstliches Gebäude, es verdeckt das, was Du
wirklich bist.)

Du bist nicht Deine Vorlieben, Dein Geschmack, Deine Eigenart.
(Das sind alles Versuche, das Wesentliche wieder zu finden. Das
Wesentliche liegt aber nicht darin, Einzelnes zu separieren und zu
bevorzugen, sondern in der Zustimmung zu allem.)

Du bist nicht Dein Charakter.
(Dein Charakter ist nur ein Kleid.)

Du bist nicht Dein Karma.
(Wenn Du Dich nicht damit identifizierst, gibt es keines.)

Du bist nicht Deine Schuld.
(Deine Schuld ist der Vorhang, welcher vor Deiner Selbsterkenntnis als ein
abgetrenntes „Ich" weht.)

**Du bist nicht, was Du erworben, erreicht, gewonnen oder „dem Leben
abgerungen" hast.**
(All das sind nur schillernde Plaketten an einem schönen Anzug, den
niemand trägt.)

Du bist nicht Deine Gewohnheiten.
(Deine Gewohnheiten sind nur Haltegriffe, um ein wenig Orientierung zu
bekommen, die Du im Für-Wahr-Nehmen der Täuschung zu brauchen
glaubst. Wenn Du nicht daran haftest, sind Gewohnheiten etwas
Wunderbares, aber Du bist sie nicht.)

Du bist nicht Deine Kinder.
(Das, was Du bist, was ich bin, ist in allen Kindern.)

Du bist nicht Deine Eltern.
(Was Du von ihnen ablehnst, an das bindest Du Dich, dennoch bist Du es nicht.)

Du bist nicht, was in Deiner DNA codiert ist.
(Verdichtetes Leben ist immer codiertes, reines Bewusstsein, Deine wahre Heimat ist das unkodierte, reine Sein.)

Du bist nicht Deine Liebe.
(...Wenn Deine Liebe ein Gegenteil ausschließt)

Du bist nicht Dein Hass.
(Dein Hass zeigt nur Deine Angst, Dein Festhalten an der Täuschung und den inneren Stress, Schuld und die Last, die damit zusammenhängen.)

Du bist nicht Deine Gefühle.
(Weil sie nur Kunstgebilde sind, die aufgrund Deiner ebenso künstlichen Konditionierung entstehen.)

Du bist nicht Dein Empfinden.
(Wer ist der, der empfindet?)

Du bist nicht Dein Ego.
(Dein „Ego" ist nur der Versuch, mit einem vor lauter Persönlichkeit verstopften Kanal ohne Erkenntnis „unserer" Einheit in der „Welt" zu überleben.)

Du bist auch keine Idee Gottes.
(Weil Du nichts vom Urgrund, von mir Getrenntes sein kannst.)

Du bist nicht.
Nichtsein = Gottsein

Wenn Du Deine Kleider, die Identifikationen ablegst, wer bist Du dann?

Wer hat die Kleider getragen?

Die Erkenntnis, all das was Du glaubst, zu sein nicht zu sein, öffnet automatisch die Tür zur Erkenntnis, dass Du Ich bist. Wenn Du das erkennst, ist das die „Erleichterung" (Erleuchtung), die Verwandlung, die es möglich macht, Dich und andere, das Leben und die Welt anzunehmen. Dich als mich anzunehmen. Die (scheinbare) Trennung aufzuheben.

Im Annehmen wird es leicht, frei–willig, „aus Dir heraus", „einfach so" zu geben und die anderen zu „füttern" und selbst dabei satt zu werden.

Je mehr Du dann gibst, umso reicher wirst Du, jedes Gefühl von Mangel oder Ungenügen löst sich, entdichtet. Leben und Du sind nicht mehr getrennt und das Leben ist nichts, dass Du erhalten müsstest oder dagegen kämpfen. Du bist das Leben geworden, das Dir bislang auf Deinem inneren Bewusstseinsdisplay als „Gegenüber" erschien.

Jetzt bist Du das Leben, bist Du der Wein geworden, der zu der stillen Erde sagt: *„Ich rinne",* der zu dem raschen Wasser spricht: *„Ich bin."*

Gedanken zum Buch

Sich verwandeln lassen - der einzige Weg aus dem Labyrinth

Es gibt so viele Wege und Methoden sowie religiöse, spirituelle, philosophische und therapeutische Richtungen, die uns allen sagen, was wir tun müssen, um vorwärts zu kommen. Unendlich viele „Stimmen" reden auf uns ein und wissen, was wir tun müssen und was wir zu lassen haben. Manche sprechen nur Empfehlungen aus, andere treten autoritärer in unser Leben. Wir fragen ja auch danach, wir wollen Halt, Sicherheit, wir wollen die Ungereimtheiten des Lebens verstehen. Wir wollen vor allem auch wissen, was „Gott" von uns will, wie wir „gut" sein können und was wir zu erwarten haben wenn wir es nicht sind.

Das universelle Bewusstsein will uns über dieses Buch nahe bringen, dass alle die religiösen, spirituellen, philosophischen und therapeutischen „Weisheiten", die angeboten werden - obgleich sie aus dem universellen Bewusstsein geschöpft und auch im passenden Kontext absolut wahr sein können - uns auf Dauer nicht weiterhelfen. Keine „Weisheit" und keine Methode führen uns zur Verwandlung. Das ist vollkommen ausgeschlossen. Wir brauchen uns daher nicht weiter zu verlustieren, indem wir wahllos einigen dieser Millionen von Richtungen, Philosophien, Ansätzen und Idealen folgen, was uns ausschließlich vom Wesentlichen ablenken würde. Wir kommen dadurch nur von einer Überforderung zur nächsten und gehen am Wesentlichen vollkommen vorbei. All diese Methoden sind nur Futter für unser Gefühl des Ungenügend-Seins, da wir es mit keiner Methode schaffen, uns zu erleuchten. Wir wären in keiner Methode gut genug, denn unser Menschsein würde uns immer scheitern lassen.

Verwandlung ?! ... , geschenkt

In diesem Buch sagt uns „Gott" (oder wie immer wir es auch nennen wollen), dass „er/sie/es" uns diese Arbeit abnimmt und verwandelt allein durch unsere innere Bereitschaft. Allein durch diese innere Bereitschaft werden wir zu dem „besseren" oder erfüllten Menschen, den wir uns so bemühen herzustellen und den wir aus „eigener" Kraft nie erreichen. Jedoch ist dieser

„bessere oder erfüllte Mensch" am Ende vermutlich nicht der, den wir uns vorher ausgemalt haben, denn das Leben – das Wesentliche – ist anders als die Vorstellung davon.

Verwandlung, unerreichbar und doch kinderleicht

Ich bin angewiesen, eine bestimmte Textstelle wieder aufzunehmen, die ich etwas eigenmächtig aus dem Buch gestrichen hatte, weil es mir viel zu platt und zu simpel vorkam, als dass es von „Gott" kommen könnte. Nämlich jene: *„Die besagte innere Bereitschaft ist, wie wenn Du an einer Bushaltestelle auf den Bus wartest, dann kommt der Bus und Du steigst ein, das ist alles".*

Es kann doch nicht so einfach sein? … Oder doch?

Was wäre mit all unseren Bemühungen, all unserem jahrtausend-langen Ringen um Erleuchtung und Fortschritt. Und warum, wenn es so einfach und offensichtlich wäre, ist nicht schon vorher jemand draufgekommen? Und doch...

Bereitschaft ist der Eintrittspreis für die Verwandlung

...die Bereitschaft ist etwas Unersetzliches. Sie ist das, was auch im Buch als Frei–Willigkeit beschrieben wurde. Als das einzigartig Menschliche, das nur der Mensch in seinem Bewusstsein in seiner inneren Haltung zu Stande bringt und das auch „Gott" nicht in ihm erwirken kann oder will (weil „er/sie/es" eben ist was er/sie/es ist und nichts anderes will), wenn der Mensch nicht bereit, nicht offen für etwas ist.

Zum anderen haben wir gesehen und sehen es täglich in unserem Alltagsleben, dass wir aus unsrer eigenen Kraft (ist sie überhaupt unsere eigene?), mit unserem Eigen-Willen, nichts Wesentliches erreichen. Wir sehen, wir haben nur diese Bereitschaft, diese Frei–Willigkeit, dass wir der „größeren Kraft" in uns Einlass gewähren, welche uns dann aus der Misere des „verlorenen Paradieses" heraushelfen kann.

Angst und mein Umgehen mit den Botschaften dieses Buches

Nach der Fertigstellung des Buches war ich auch in der Gefahr, ein System daraus abzuleiten, wie ich mein Leben jetzt umstellen muss, um die Verwandlung zu bewirken. Weiterhin wollte ich die Botschaften des Buches in meinen Therapieansatz einbauen, um anderen Menschen zur Verwandlung zu verhelfen.

Dabei konnte ich wieder einmal die Erfahrung machen, wie schnell Angst und Illusion zuschlagen und uns Menschen veranlassen, aus einer lebendigen Botschaft ein „System", eine Lehre oder sonst etwas Festes zu machen, um wiederum – wie schon so oft in der Geschichte – das Lebendige daraus zu töten. Nur damit wir uns nicht dem Leben an sich aussetzten müssen, nur damit alles bisher Gelernte immer noch funktioniert. Hätte ich also einen Arbeitsansatz daraus gemacht, hätte ich nur den unzähligen Richtungen und Philosophien eine weitere hinzugefügt, ich hätte die Chance vertan. Stattdessen habe ich gesehen, dass jeder Moment des Lebens, ob ich gerade mit einem Klienten arbeite oder nicht, nach der Bereitschaft zur Verwandlung und zum Mut, sich dem Leben auszusetzen ohne Haltegriff fragt.

Vermutlich haben mein Umfeld und meine Klienten und auch ich viel mehr von mir, wenn ich mich immer wieder der Verwandlung aussetze und bestenfalls durch inneres Loslassen bewirke, Kontakt zum „Dahinter" aufzunehmen und dadurch Impulse zu bekommen, welche ich aus meinem Verstand nicht bekommen hätte. Ich warne also davor, ein System und eine Lehre aus dem Inhalt des Buches abzuleiten, was nur wieder zu einem Abheben und somit zur Trennung mit anderen führen würde.

Fangen Sie mit der Annahme an und nicht mit dem Verändern und lassen Sie die Annahme bewirken, was Sie sich von der Veränderung erwarten.

Dies als Kurzformel der Verwandlung.

Unbewusst lauert jedoch die Gefahr, aus den Botschaften des Buches ein Vorgehen abzuleiten; in mir und vermutlich auch in Ihnen, was auf den Verbleib der Angst hindeutet, Angst eben genau vor dem, was ich meine, was die 'Verwandlung' von mir verlangt (dabei verlangt sie gar nichts), vor den radikalen Konsequenzen, die sie mit sich bringt (tut sie das?), vor dieser intensiven Lebendigkeit, die dann präsent ist (doch die fließt dann ja nur durch mich und ich muss sie nicht produzieren).

Weil wir Angst haben, handeln wir lieber, strengen uns an und „schuften" (im einen wie im anderen Sinn), um vorwärts zu kommen – und um schließlich zu scheitern. Auf diese Weise schaffen wir die Agonie des Menschseins, die wir so gerne „Gott" in die Schuhe schieben. Wir setzen uns unter enormen Stress, der uns vom Gelingen immer weiter entfernt und geben dann uns oder anderen die Schuld am Scheitern. Um uns nicht verändern zu müssen, kreieren wir auf diese Weise einen Kreislauf der negativen Selbstbestätigung, z.B. diese: *„Wenn ich Vertrauen habe, werde ich sofort ausgenützt, ich kann also nicht offen für eine Verwandlung sein"*, oder Variationen davon. Wir erschaffen dadurch, was wir denken nämlich das „Hamsterrad" des Menschseins. Warum tun wir das?

Besser Leben ohne Verwandlung?

Bereitschaft, Frei–Willigkeit braucht Mut. Sehr viel Mut. Es ist wie das Aufgeben aller Schutzmechanismen, an die wir uns klammern, die uns aber von der inneren Offenheit für die „Verwandlung" abhalten. Im Grunde wollen wir keinen „Gott" (und wir haben offensichtlich vergessen, dass wir dieser selbst sind in verdichteterer Form), der zu uns kommt und uns verwandelt, der uns ein Paradies erkennen lässt, welches aus der Erkenntnis der Einheit mit „Gott" und des Gottseins selbst besteht. Wir wollen, verdammt noch mal, in unserem stinkenden Hamsterrad bleiben. Weil wir es kennen, weil es uns scheinbare Heimat und Sicherheit gibt und weil wir es uns in unserem „Höllenhamsterrad" nett eingerichtet haben. Wir wollen keinen „Gott" und keine Verwandlung, die droht, uns zu entreißen, was wir mühevoll aufgebaut haben und wir wollen unser Gottsein nicht leben.

Soviel Angst uns die Verwandlung auch macht, so sehnen wir uns im Tiefsten unserer Herzen verzweifelt nach unserer Heimat, wir haben genug von allem Egoismus (vor allem von dem der anderen), von der Kälte, der Gier; davon, ständig ausgenützt und betrogen zu werden, vom Rädchen sein im Konsumbetrieb, von Mobbing und Rivalität, von fressen und gefressen werden, und doch zaudern wir vor der Verwandlung. Wir wollen

keine Frei–Willigkeit, wir wollen nichts von dem loslassen, was wir uns durch Identifikation angeeignet haben. Wir gehen alle an Kälte und Egoismus zugrunde, aber wir scheinen noch nicht so weit zu sein, nach einer Verwandlung zu fragen. „Gott" soll kommen und die Welt verwandeln, aber bitte nicht uns. Was aber ist die „Welt" anderes als Du und ich.
Wir erschaffen unsere Agonie, die „ungerechte Welt", das „Jammertal", indem wir „Gottes" Geschenke ablehnen. Das Geschenk, selbst „Gott" zu sein.

Ein weiteres Geschenk wäre die Fähigkeit, bewusst zu erschaffen. Wer „Gott" ist, kann erschaffen, schöpfen. Wenn wir im Einklang sind mit „Gott", können wir erschaffen durch und mit ihm. „Gott", also „menschliches" Gottsein ist dann einfach ein Werkzeug, ein Werkzeug, sich das Leben zu erleichtern. Wie wir schon sagten, das Erschaffene geht nicht nur mit dem Parkplatz, da gibt es mehr, viel mehr. All unsere Sehnsucht kann erfüllt werden, indem wir schöpferisch in unser Leben eingreifen und anfangen, im Einklang mit der Verwirklichungsmaschine „Gott" (Gottsein) selbst zu gestalten.
Doch der Preis ist immer und immer wieder und leider gar nichts anderes als die innere Offenheit für die Verwandlung. Etwas, wobei man ausnahmsweise gar nichts tun muss, nur ein bisschen Mut haben, um sich dem auszusetzen, was passiert. Es ist wie an der Bushaltestelle, wo wir auf „Gottes" (des reinen Geistes, des universellen Bewusstseins, des Gesamten, des Taos, des Buddhas, usw.) Bus warten (wenn wir es denn wirklich tun) und einsteigen, wenn er kommt.

Bereitschaft

Das Schwierige scheint zu sein, dass es „nur" diese Bereitschaft braucht. Doch wenn es nicht „klappt", wissen wir auch, dass unsere Bereitschaft nur vordergründig war, dass es noch ein vielleicht unbewusstes Eckchen in uns gab, das noch nicht bereit war. Noch nicht bereit, weil wir festhalten an Identifikationen, Erwartungen, Angst – oder Annahme zurückhalten, uns selbst oder andere betreffend. Nun scheint es plötzlich doch nicht mehr so einfach zu sein, plötzlich hat diese Bereitschaft mit vielen inneren, teilweise unbewussten Bedingungen zu tun. Nun ja, man ist eben auf ganzer Linie bereit oder nicht. Wir können nicht sagen, wir tun so und schauen was passiert. Jemand ist entschlossen, mit all den Konsequenzen, die es hat oder er ist es nicht. Festhalten, Erwartungen, Angst, Ablehnung, sind der Spiegel unserer sogenannten „Bereitschaft" oder eher unserer Unentschlossenheit und Ambivalenz.

Bereit zu sein ist radikal, es ist eine Art Kamikazezustand unbedingter Entschlossenheit, was immer auch der Preis sein wird oder die Konsequenz, die es mit sich bringt. Nach dieser, durch alle Ebenen der Ängste gehenden Bereitschaft wird sich das Leben verändern und man kann nicht voraussagen, wie. Wir können nur sagen, es wird Sie sich und „Gott" (dem Wesentlichen, dem Leben, dem Allumfassenden) näher bringen; wie das aber aussehen wird, kann man nicht sagen. Vielleicht sind einem einfach ein paar Dinge nicht mehr so fürchterlich wichtig wie „vorher", vielleicht gibt es aber auch radikale Veränderungen im Leben mit schmerzlichen Durchgangspassagen. Wir wissen es nicht, solange wir den Schritt nicht gehen, den Sprung ins „Nichts" nicht wagen, der uns mit dem „allumfassenden Einen" in Verbindung bringt.

Gleichzeitig hieß es so lapidar, man bräuchte nur auf den Bus zu warten und einzusteigen. Dennoch ist es so leicht oder schwer wie wir uns es machen. Je mehr wir uns in unseren Abhängigkeiten, Bildern und Identifikationen einkrallen, um so „schwerer" wird es und gleichzeitig tauchen Erwartungen auf, welche die Bereitschaft wieder innerlich relativieren.

Diese Bereitschaft entsteht, wenn wir loslassen und damit das zu–lassen, was wirklich ist. Wenn wir durch unser Loslassen Offenheit gewinnen, findet das was wirklich ist, was sich „hinter" dem auf unseren Displays erscheinendem Leben abspielt, Zugang zu uns und macht das, was wir auf unseren Displays für wahr nehmen, leichter.

Sich dem Leben aussetzen..., weil es nichts zu erlangen gibt.

Viele Menschen waren in der Menschheitsgeschichte „Kanal" für entdichtete und entdichtende Botschaften aus dem unverdichteten göttlichen „Äther", „hinter" unseren menschlichen Verdichtungen. Von der Zeit der Taoisten und der Entstehung der Veden bis heute haben viele Menschen immer wieder mit ihren Worten und ihrer Inspiration gemäß beschrieben, was hier beschrieben wurde.
Jiddu Krishnamurti hat z.B. immer wieder mit immenser Klarheit beschrieben, wie wir unsere menschliche Agonie beenden können. Er zeigt uns unmissverständlich, dass, wenn wir uns nicht mit gesellschaftlichen oder scheinbar individuellen Maßstäben identifizieren, wir nicht leiden müssen. Er beschreibt das, was hier „Verwandlung" genannt wird so, wie auch andere inspirierte Autoren das taten und immer wieder tun.
Allein die Beschreibung der "Verwandlung" in einem Buch - wie auch hier geschehen- nährt die Hoffnung, man könne sie dadurch erlangen, dass man den geschilderten Prinzipien folgen würde. Und da liegt die Krux. Dieses Buch sagt Ihnen an sich nur, dass das nicht möglich ist, aber auch nicht nötig. Sie müssen sich nicht abmühen damit. Die „Verwandlung" ist etwas, was von selbst eintritt, wenn Sie es zulassen.
Tatsächlich sind wir so gut wie ausschließlich in unserem Leben damit beschäftigt, die „Verwandlung" abzuwehren, aus Angst uns zu verlieren. Die „Verwandlung" ist aber nichts Aggressives, sie hat im wahrsten Sinne des Wortes alle Zeit der Welt (und darüber hinaus), sie wartet, bis ihr Einlass gewährt wird.

Wir können nichts für ihren Eintritt tun, als aufhören, sie abzuwehren.

Sofort aber sind wir wieder bei der Frage:"...Und, wie mach ich das?"
Nun, wie wir schon gesagt haben, wir machen es nicht. Wir setzten uns dem Leben aus, ohne Haltegriff, ohne Identifikation mit etwas, ohne eben genau zu wissen, wer oder was wir sind, wie wir uns an einer Bushaltestelle dem aussetzen, was kommen mag, nämlich dem Bus. Wenn wir schon etwas „machen", „machen" wir es wie Franz Kafka es beschreibt:
„Du brauchst Dein Zimmer gar nicht zu verlassen. Bleib an Deinem Tisch sitzen und lausche. Du brauchst nicht einmal zu lauschen. Warte einfach. Du

brauchst nicht einmal zu warten, lerne einfach still zu sein, still und allein. Dann wird die Welt sich Dir aus freien Stücken zur Demaskierung anbieten. Sie hat keine andere Wahl. Ekstatisch wälzt sie sich zu Deinen Füßen."[18]

Die Verwandlung hat keine andere Wahl, als einzutreten und in uns zu wirken und die Verwandlung (soweit wir sie zulassen) zu vollziehen, sie bringt uns in Resonanz mit unserer Urheimat und lässt uns (wenn wir sie soweit zulassen) zu der Erkenntnis, diese Heimat selbst zu sein, als Einheit mit allem und ohne Zeit. Wir werden erst dann ganz ohne Angst sein, wenn wir diese Erkenntnis ganz zulassen:

„Wir sind das, was wir „Gott" nennen".

Der ledige Geist

Wenn wir jetzt immer noch bei der Frage sind, wie wir das Loslassen, die Hingabe des Illusionären und somit die Erkenntnis des „Wir sind was wir Gott nennen" bewirken, kommen wir wieder auf Krishnamurti zurück, der uns immer wieder lehrt, alles was ist, zu beobachten ohne gleich zuzustimmen oder abzulehnen. Indem auf die Einschubladierung, auf die Bewertung des Erfahrenen bewusst verzichtet wird, wird automatisch eine innere Bewegung zugelassen, die uns immer mehr zu der Erfahrung und Erkenntnis dessen führt, was wirklich ist.

Gerade die Bewertung, wenn wir uns sagen: *„Das kenne ich schon, das gehört hier und dort hin, es ist nett oder verteufelnswert"*, ist der primäre Abwehrmechanismus, der dazu dient die Verwandlung zu vermeiden. Wir sperren die Wirklichkeit immer wieder aus, indem wir sagen: *„Wir brauchen diese Wirklichkeit nicht, wir haben schon unsere eigene"*.

Die Geisteshaltung, welche uns aber zur Wirklichkeit führen würde, wäre das, was ich den „ledigen Geist" nennen würde.

Ich meine damit folgende innere Haltung: *„Ich kenne das, was mir im Leben begegnet (z.B. meinen Lebenspartner) gar nicht, ich kann mich dem nur aussetzen und es kennen lernen, Moment für Moment, und so- weit es für mich geht. Ich weiß aber, dass diese Situation, oder dieser Mensch nichts mit meiner Vergangenheit zu tun hat, nichts mit den eingespeicherten*

Bildern von mir oder dem anderen, der Welt oder was auch immer. Es ist immer wieder anders und neu, ich kenne es/ihn/sie definitiv nicht."

Wenn wir der Welt und unseren Mitmenschen mit der Haltung des „ledigen Geistes" begegnen, also mit einem Geist, der nicht tausende von Vorstellungen und Konditionierungen in sich trägt, können wir dem Anderen wahrhaftiger begegnen, als wenn nur gegenseitige Vorstellungen aufeinander treffen. So wird es möglich, die Wunder des Lebens zu erfahren. Durch Bewerten und Erwarten nehmen wir dem, was wir im Moment erleben, das Potential, mit dem es uns zu einer tieferen Wirklichkeit führen könnte.

Bereitschaft, sich der Verwandlung auszusetzen, heißt, so einen „ledigen Geist" zu „haben". Einen Geist, der eben nicht das im Moment Erfahrene an einen Haken hängt, an dem schon Ähnliches hängt, sondern der jeden Moment als neu und einzigartig erkennt. Der jeden Moment behandelt wie ein unausgepacktes Geschenk. Statt das Geschenk unausgepackt zu den Millionen anderen zu stellen und zu sagen: *„Kenn' ich schon"*, sehen wir was sich hinter der Verpackung verbirgt und nehmen unser Geschenk mit Dankbarkeit an.

Das Leben aus dem „ledigen Geist" nimmt das Leben ernst und stellt die Bereitschaft, Offenheit und Leere dar, durch die die „Verwandlung" wirken kann. Gleichzeitig ist das Handeln aus dem „ledigen Geist" die Überwindung des Paradoxons des „Wu Wei", des Handelns ohne zu handeln. Es ist eine Handlungsanweisung für das Loslassen (an sich ein Widerspruch, der sich hier auflöst), denn Loslassen ist das Einzige im Leben, was nicht durch Handeln oder Tun zu erreichen ist. Loslassen ist etwas dem Leben Wesentliches, im Gegensatz zu allem, was mit Tun zu erreichen ist, welches immer vordergründig bleibt und somit dem Verfall anheimgestellt ist.

Wenn Sie also eine Handlungsanweisung wollen, wie die „Verwandlung", die Rückkehr zur Glückseligkeit zu „bewerkstelligen" sei, hier ist sie:

In jedem Moment Ihres Lebens erleben Sie irgendetwas, Sie haben eine Begegnung oder sind innerlich oder äußerlich mit irgendetwas beschäftigt. Werden Sie sich Ihrer ständigen Bewertungen gewahr.

Beispielsweise: dieser Moment ist langweilig oder jener spannend, jener Mensch ist liebeswert oder nervtötend, diese Beschäftigung ist... Dann sagen Sie sich bewusst: „Ich kenne die Situation doch gar nicht, ich vergleiche sie nur gerade mit tausend anderen ähnlich langweiligen Stunden (z.B. in meiner Arbeitsstelle), aber diese jetzige Situation ist anders, ich kenne ihr Potential nicht, ich setze mich diesem jetzigen Moment aus und schaue was passiert, einfach neugierig, aber ohne Erwartung".

Was passiert, ist dass sich das Geschenk des Moments entpackt.

Ich habe vielleicht plötzlich eine Idee, oder meine Wahrnehmung schwenkt auf etwas, das ich nicht bemerkt hätte, wenn ich den Moment – als einen wie hunderttausend andere – den ich ja meine, schon zur Genüge zu kennen, weggeworfen hätte. Diese neue Idee oder Wahrnehmung könnte einfach sein, mich an den frischen Kaffee zu erinnern, der in der Küche auf mich wartet; es könnte aber auch etwas sein, was mein Leben grundlegend verändert. Auf jeden Fall bin ich aus dem Leben in der Vergangenheit (dem: „Kenn ich schon") ausgestiegen und im 'Hier und Jetzt' gelandet, was immer den Geist öffnet.
Wir werden uns also unserer Bewertung, der inneren Schubladen bewusst, entdecken den Moment als unbekannt und neu, setzen uns dem aus und haben – ohne es zu bemerken – die Bereitschaft zur Verwandlung hergestellt.

Das ist es, was wir dabei tun können, alles andere darf losgelassen werden, alles andere geht durch Umstellung der Matrix, mit der wir verbunden sind. Diese wird nun etwas Neues, Erfüllenderes in unserem Leben in Erscheinung bringen. Alle unsere positiven und liebevollen Gedanken sind gerade auf dem Weg, sich in Erscheinung zu bringen.
Der Preis, all die Geschenke aller Momente annehmen zu dürfen, ist das Annehmen und Lieben seiner selbst. Nur dadurch ist es möglich, Liebe über sich hinaus zu den scheinbar anderen fließen zu lassen. Gleichzeitig ist das der einzige Weg, die Welt mit allen Unbilden zu nehmen, wie sie ist. Indem ich annehme, lasse ich auch los, werde Kanal, werde offen, den reinen Geist durch mich hindurchfließen zu lassen und werde satt im Füttern „anderer".

Jenseits der Zeitlichkeit, die ja der Täuschung angehört, sind wir schon verwandelt, sind wir schon, was wir schon immer waren und immer sein werden. Ich bin.... Wir sind..."das was wir Gott nennen".

Nachtrag

Gedanken zum Karzinogenen-Zeitalter

Beim Durchsehen des Buches ist mir nachträglich ein sehr wichtiger Punkt aufgefallen, der, wenn er nicht noch einmal klärend besprochen wird, gegebenenfalls Anlass zu einem fatalen Missverständnis geben könnte. Dieses Buch soll voll und ganz der Gesundung und Besserung aller Lebensumstände der Leser dienen und natürlich keinen Schaden anrichten. Deshalb muss hier ein wichtiger Punkt nochmals geklärt werden, obgleich er im Buch zwar angesprochen wurde, aber wohl leicht übersehen wird.

Es geht hierbei um das, was im Buch zur Haltung des inneren „Ja" gesagt wird. Diese Haltung betrifft die grundsätzlich bejahende Einstellung gegenüber dem Leben, der Welt, aller möglichen auftauchenden Situationen und Menschen in unserem Leben gegenüber. Diese Haltung wird im Text eingehend beschrieben. Zur Erinnerung: Es geht dabei darum, nicht mit den auftauchenden Situationen in Kampf zu treten sondern sie „hindurchfließen" zu lassen. Wenn im Leben etwas „Schwieriges" in Erscheinung tritt, neigen wir aufgrund abgespeicherter Gedankenmuster dazu, in eine Gegenposition zu gehen und aufgrund der inneren Abwehr immer dichter zu werden. Es ist also der Heilung und dem Wachstum dienlich, nicht an schweren Gedanken festzuhalten, sondern sie durch innere Annahme gleichzeitig auch wieder gehenzulassen. Dies alles kann man an den gegebenen Stellen im Buch nochmals nachlesen.

Ja und Nein existieren auf verschiedenen Ebenen nebeneinander

Die Fähigkeit, an der richtigen Stelle „Nein" sagen zu können, ist von dem oben genannten Umstand jedoch völlig unbenommen. Beide Fähigkeiten gehen sogar Hand in Hand.
Bitte leiten Sie aus dem Text nicht ab, zu allem im Leben „Ja" sagen zu müssen, wenn sie damit nicht gefühlsmäßig übereinstimmen.

Ja, das Leben ist leichter, wenn ich was kommt auch annehmen kann, aus einer tiefen inneren Überzeugung und Erkenntnis heraus (wie es dieses

Buch zu vermitteln sucht). Doch wo diese Einsicht nicht gegeben ist oder so schnell nicht gefunden werden kann, wäre es fatal, rein aus einem Prinzip heraus sich vorzumachen etwas anzunehmen, das momentan nicht angenommen werden kann. Man würde sich auf diese Weise nur selbst belügen.

Noch ein Paradoxon

Zum anderen kann die scheinbar paradoxe Situation entstehen, dass ich etwas innerlich zwar grundsätzlich annehme aber äußerlich dennoch „Nein" sagen muss, um eine nötige Grenze zu ziehen.

Zum Beispiel könnte ich innerlich grundsätzlich den Umstand annehmen, dass mich jemand bestehlen oder „übers Ohr hauen" möchte (weil ich weiß, dass es das gibt in der Welt; um nicht in inneren Kampf zu treten oder weil es ganz einfach gerade so ist) und andererseits es äußerlich nicht zulasse, dass mir jemand etwas wegnimmt.

Nun könnte man vielleicht sagen: „Ich füge mich auch diesem Schicksal und wehre mich nicht, nehme es demütig an" oder „der Andere hat es vielleicht nötiger als ich, eigentlich habe ich Mitleid mit ihm; der „Täter" zeigt mir gerade, dass ich an materiellen Dingen nicht festhalten soll, usw."

Ich meine, wenn jemand so eine Haltung haben kann ohne sich etwas vorzumachen, hat das Größe. Doch allzu leicht ist so eine Haltung eher durch pseudospirituelle Prinzipien geprägt und einfach nur Vermeidung. Weit sinnvoller ist es hier, den Anderen nicht zum Täter und sich selbst nicht zum Opfer werden zu lassen.

Übergehen Sie ihre Gefühle auf keinen Fall, nur um dem im Buch genannten Prinzip zu folgen. Die Haltung des inneren „Ja" ist nämlich gar kein Prinzip, sie ist vielmehr Lebenskunst.

Bitte schärfen Sie ihren Blick durch Übung, das eine vom anderen unterscheiden zu können. Dennoch hängen inneres „Ja" und äußeres „Nein" auch zusammen.

Wenn Sie offen sind - was auch immer für ein Schicksal in Ihrem Leben erscheint - das zu integrieren und in sich einen Platz zu geben, wird Sie genau das dazu befähigen, sich äußerlich abzugrenzen.

Das Wesen der Aggression

Um sich abgrenzen zu können, ist es ausschlaggebend, seine inneren Impulse wahrnehmen zu können. Dazu muss ich mit mir selbst im Kontakt sein und mich selbst spüren. Als nächster Schritt muss es mir auch möglich sein, diese Impulse auszudrücken, möglicherweise um damit jemandem eine Grenze zu setzen. Um mich ausdrücken zu können, ist positive oder natürliche Aggression nötig. Gemeint ist damit jede Aggression, die einfach unmittelbar mit ihrem Entstehen ausgedrückt werden kann und nicht gestaut werden muss. Diese Aggression ist fruchtbar und bringt Beziehungen ins Gleichgewicht. Zerstörerisch ist Aggression nur, wenn sie gestaut wird und dann im Entladen andere oder sich selbst angreift. Natürliche Aggression ist gewissermaßen das Lebenselixier, das uns durchs Leben trägt. Wenn wir das Wort Aggression aus dem Lateinischen übersetzen, stoßen wir auf die Wurzel: „Herangehen" (aggredere). Wir haben jetzt ein Bild von der Aggression als vitale Lebenskraft, welche uns befähigt an etwas - z.B. eine (schwierige) Situation - heranzugehen.
Wenn wir versuchen die Aggression nicht zu leben, weil wir den Wunsch haben uns anzupassen, Anerkennung und Liebe von anderen nicht zu verlieren oder aufgrund innerer Glaubensmuster nicht für uns selbst eintreten dürfen, wendet sie sich - wenn sie nicht mehr „gepuffert" werden kann - zerstörerisch nach innen und macht uns krank.

Aggression in unserer Zeit

Das Gesagte hat gerade für die Zeit, in der wir leben, eine große Bedeutung. Wir werden immer unsicherer im Ausdruck, da es immer mehr verpönt ist, sie auszudrücken. Aggressiv ist man einfach nicht mehr, wenn man sich nicht eine Blöße geben will. Aggression riecht nach Gewalt und das wollen wir im Zeitalter der Amokläufer doch lieber gleich im Keim ersticken und erschaffen gerade auf diese Weise zerstörerische Gewalt.
Selbst Kindern oder auch mal seinem Partner Grenzen zu setzen fällt schwer. In der heutigen Zeit wollen viele Menschen sozial dastehen, wollen nicht egoistisch erscheinen, wollen Anerkennung und Liebe nicht verlieren und stehen nicht zu ihren Bedürfnissen. Sie wollen lieber den lieben Frieden (der schon lange geschwunden ist) erhalten, zerreden ihre Angelegenheiten

in endlosen Beziehungs- und Teamgesprächen, nur um die Maske zu wahren, nur um zu verhindern, dass andere bzw. sie selbst merken, dass es auch noch andere Seiten in ihnen gibt.

Aggression und Geschichte

Gerade hierzulande hat der Umgang mit Aggression eine tiefgehende Geschichte, die wie ein Pendel mal in die eine extreme Richtung schlägt, um dann wieder im Gegenteil zu landen. So liegen viele Wurzeln unserer Unsicherheit mit dem Ausdruck der Aggression noch im Zeitalter der schwarzen Pädagogik. Das war die Zeit unsere Vorväter, bis noch vor vielleicht drei Generationen und weiter zurück. Zu dieser Zeit rieten die Erziehungsratgeber und Pädagogen den Willen der Kinder so schnell wie möglich zu brechen, um sie dann leichter in ein stark rigides Regel- und Strafsystem pressen zu können. Aggression, Widerstand und eigene Impulse wurden damit im Keim erstickt. Die auf diese Weise erzogenen Kinder konnten keinen Ich- oder Selbstkern entwickeln. Sie waren angewiesen, ihre leere Hülle mit den Dogmen eines „äußeren" Führers zu füllen. Diese Menschen wählten und bildeten die Zerstörungsmaschine des dritten Reichs. Als der Rausch des Wahns abgeklungen war und man die Geschehnisse nüchterner betrachten konnte, war man tief erschüttert, wie sehr man den inneren Dämonen seiner gestauten aggressiven Kraft begegnet war. Und war umso mehr verunsichert, wie man mit dieser Kraft in Zukunft umgehen solle.
Nun versuchte man es mit antiautoritärer Erziehung und Laisser-faire. Man versuchte sich sexuell und wie auch immer zu befreien und löste seine aggressiven Impulse in Love & Peace auf. Doch kurze Zeit später entstand die RAF, vielleicht um nicht nur die bei ihnen persönlich verdrängte Aggression auf destruktivste Art zu entladen.

Jetzt, in der Postpostmoderne angekommen, sind wir meinem persönlicher Eindruck und der Erfahrung nach verunsicherter denn je, was den Umgang mit unserer Aggression anbelangt. Wir sehen aus der Geschichte, dass wir weder unsere Aggression zerstörerisch entladen, noch durch pseudospirituell-esoterischen Methoden auflösen können. Die Erfahrungen der Vergangenheit lehren uns, dass wir keine andere Wahl haben, als sich unserer Aggression zu stellen. Dann können wir sie so einsetzen, dass sie zu mehr Selbstbewusstsein, Selbstwert, Orientierung, zu direkterer Kommunikation, zu Selbstschutz, zu Trennungen die nötig sind und zu mehr Klarheit und Beziehungen führt.

Der depressive/karzinogene Zeitgeist

Der als morphogenetisches Feld prägend auf unsere Gesellschaft einwirkende Zeitgeist führt dazu, dass immer mehr Menschen in der Diffamierung ihrer aggressiven Anteile in eine depressive Persönlichkeitsstruktur flüchten. Depressiv im Sinne von Fritz Riemann, der Autor der „Grundformen der Angst"[19].
Der in diesem 1961 erschienenen psychologischen Standardwerk beschriebene depressive „Menschentyp" will oder kann, ebenso wie die „gebrochenen" Kinder der schwarzen Pädagogik, kein Ich, kein Selbst oder Zentrum bilden. Diese Menschen (die es natürlich in dieser Reinform nicht gibt, aber eben doch „mehr oder weniger") suchen daher tendenziell durch und für andere Menschen zu leben. Sie definieren sich über Leistung und beziehen daraus ihre Existenzberechtigung. Sie überfordern sich im Tun, sorgen und dienen für andere und können ihre eigenen Impulse und Bedürfnisse schwer wahrnehmen bzw. ausdrücken. Diese Menschen erlauben sich meist in nur geringem Maße, für sich selber da zu sein. Dementsprechend schwer können sie sich gegenüber Anderen abgrenzen, zumal sie ihre Grenzen und ihre Aggression bei einer Grenzüberschreitung nicht spüren. Die Aggression wird dabei verdrängt. Wir können feststellen, dass die Verdrängung aggressiver Emotionen, sowie der damit verbundene Umstand, seine inneren Impulse zu wenig spüren und sich für diese einsetzen zu können, zu karzinogenen Erkrankungen führen kann.
Daher wird das aktuelle Zeitalter in der miasmatischen Homöopathie[20] auch das karzinogene Zeit-alter genannt. Diese Zeit ist geprägt durch die Ausklammerung der Aggression.

Von den systemischen Gesetzmäßigkeiten wissen wir jedoch, dass man nichts wirklich ausklammern kann. Das Unerwünschte kommt als Symptom wieder hervor und macht darauf aufmerksam, dass hier etwas abgespalten wurde, das dazugehört. So sehen wir uns heute oft als Eltern mit stark gebremster Fähigkeit, die positive Aggression als Regulationsinstrument in Beziehungen einzubringen und stehen einer Flut von AD(H)S Kinder gegenüber, die die ausgeklammerte Aggression wieder ins Spiel bringen müssen. Selbst die zunehmenden Amokläufer könnte man in diesem Zusammenhang sehen, obgleich hier natürlich noch weitere systemische und individuelle Bedingungen beteiligt sind.

Die Kunst, sich selbst zu sein

Wir sehen an dem Gesagten, dass es geradezu lebenswichtig sein kann, seine Bedürfnisse und Impulse wahr und ernst zu nehmen, um sie als ausgleichendes und/oder abgrenzendes Element in seine Beziehungen (auch in der sich selbst gegenüber) einbringen zu können. Auch wenn es durch unbewusste Gedankenmuster schwierig ist, einen Ich-Kern zu entwickeln (wenn man etwa aus der Familientradition oder aus frühkindlichen Erfahrungen heraus unbewusst gesteuert ist, „selbstlos" und fürsorglich zu leben). Dazu ist es nötig, auch zu reflektieren, wie sehr man ohne ein Ich-Zentrum darauf angewiesen ist, seinen Selbstwert und seine Existenzberechtigung von außen zu beziehen und sich damit von allem Möglichen abhängig gemacht und überfordert hat. Gleichzeitig ist es ausschlaggebend sich bewusst zu werden, dass der Selbstwert auch aus sich selbst (bzw. aus dem Erkennen von sich selbst als das, „was wir Gott nennen") heraus bezogen werden kann: „Ich bin wertvoll und gut, so wie ich bin".

Selbstwert fließt nur aus der ursprünglichen Quelle

Es ist möglich, den Selbstwert von andern Menschen sowie von seiner Leistung und Perfektionsansprüchen abzuknüpfen.

Um sich selbst und seine Grenzen spüren zu können, ist es paradoxerweise jedoch unerlässlich, eine innere Haltung des generellem „Ja" dem Leben und den darin auftauchenden Situationen gegenüber zu entwickeln. Das funktioniert jedoch auf keinen Fall nur durch eine therapeutische Intervention allein, sondern nur in der Hinwendung zu dem allumfassenden Geist, aus dem wir durch Verdichtung in Erscheinung getreten sind; zu demselben Geist, der wir aber immer noch sind - also zu dem, was wir „Gott" nennen. Nur in der Erkenntnis der Einheit von allem mit allem, der Erkenntnis des Eins-Sein mit der allumfassenden Geistigkeit, dem, was wir üblicherweise Gott, Buddha, Tao, Wahrheit, das Absolute, das Wesentliche usw. nennen, ist es möglich den Selbstwert aus Gott - also aus sich selbst heraus zu beziehen.

Ich hoffe, ich konnte verdeutlichen, dass Abgrenzung, da wo sie angebracht ist, für die menschliche Entwicklung sehr not-wendig ist und der Haltung des inneren „Ja", so wie sie im Text geschildert wird, nicht widerspricht. Im Gegenteil, ich möchte hier noch einmal betonen, wie nötig diese offene Haltung des inneren „Ja" ist, um so viel Selbstwert aus der mit dem „Ja" verbundenen Hinwendung zum allumfassenden Geist (unserer Heimat, unseres wahren Seins) beziehen zu können. Das erlaubt uns innerlich erst, uns zu spüren in unseren Emotionen, Impulsen und Bedürfnissen, um unser inneres Gleichgewicht zu erhalten, uns vor Übergriffen zu schützen und mehr Klarheit in unsere Beziehungen zu bringen. Und das bedeutet, auch mal „Nein" sagen zu können.

Zu den hermetischen Gesetzen

Wie kommen die „hermetischen Gesetze"[21] in dieses Buch

Nun, - das weiß ich auch nicht. Ich habe nur nach Fertigstellung des Buches, beim Studium der Schriften von Peter Gienow[22], der sich mit der Verbindung von miasmatischer Homöopathie mit den hermetischen Gesetzen befasst hat, festgestellt, dass der Text des Buches weitgehend als eine Neuinterpretation der hermetischen Gesetze gesehen werden kann. Wie ich schon berichtet habe, ist dieses Buch entstanden, indem ich aufgeschrieben habe, was ich innerlich hörte.
Der inspiratorischen Quelle meines inneren Hörens, scheint es jedenfalls wichtig gewesen zu sein, diese hermetischen Gesetze wieder in Erinnerung zu bringen sowie auch diese in einem neuen und umfassenderen Licht zu beleuchten.

Hermes Trismegistos und die hermetischen Gesetze

Was sind die hermetischen Gesetze?
Diese postulierten Gesetzmäßigkeiten gehen auf Hermes Trismegistos zurück welcher verschiedenen Quellen nach zu Zeiten Moses in Ägypten gelebt haben soll. Ob es sich hierbei jedoch um eine historische Person handelt ist sehr zweifelhaft. Ich persönlich sehe den Ursprung der Gesetze eher in einer sehr inspirierten Denkströmung jener Zeit. Allein der Name Hermes ruft die Erinnerung an den Götterboten wach, und Trismegistos könnte man als „der dreifach Große" übersetzen. Das könnten ebenfalls Hinweise auf eine inspiratorische oder mediale Quelle der Gesetze sein.

Nun zu den Gesetzen selbst.
Es sind Sieben an der Zahl. Ich werde das Gesetz im Originalton nennen und aufzeigen, wo es im Buch vorkommt und in welchem Licht es dort erscheint.

1. hermetisches Gesetz

„Das All ist Geist, das Universum ist geistig".

Die Grundregel des gesamten Buches ist, dass alles aus Geist besteht. Das Allumfassende Ganze, das wir Gott nennen, ist Geist. Das ist der (Nicht)Stoff, aus dem alles Manifestierte und Unmanifestierte, alles Sichtbare und Unsichtbare durch Schwingungsverdichtung entsteht.

2. hermetisches Gesetz

„Wie oben so unten; wie unten so oben".

Dieses Gesetz sollte uns zeigen, dass die gleichen Gesetzmäßigkeiten im Mikro- wie im Makrokosmos herrschen. Dass auch Mikrokosmen wieder Universen bilden, die wie die Universen des Weltalls funktionieren, sodass in Mikro- wie in Makrowelten die Ausdehnung unendlich ist.

Im Buch nimmt dieses Gesetz den Platz ein, uns zeigen zu wollen, dass einfach Alles, nicht nur All und Universum, (was ja an sich schon alles umschließt, nur um keine Missverständnisse aufkommen zu lassen), Geist ist. Außerhalb dieses Geistes ist nichts.
Diese Gesetzmäßigkeit taucht auch an diesen Stellen im Buch auf, in denen es darum geht, dass wenn etwas durch Verdichtung für uns Menschen in Erscheinung tritt, es aber dennoch gleichzeitig auch Geist bleibt. Der „materielle" Teil des Manifestierten tritt nur für uns in Erscheinung, bleibt aber gewissermaßen Illusion und im Wesentlichen unmanifestiert und reiner Geist. Nur Schwingungsmuster ändern sich. Der allumfassende Geist, außerhalb dessen nichts sein kann (Oben), bleibt auch im so- genannten Materiellen sowie in menschlichen Gedanken und Gefühlen (Unten) Geist. Wir können das Gesetz so verstehen, dass auf allen verschiedenen Schwingungsebenen mit ihren unendlichen verschiedenen Schwingungs- und Dichtegraden der Geist immer Geist bleibt, in den „oberen", entdichteteren und Gottes natürlichem Wesen am nächsten stehenden Schwingungen, wie in den „unteren" dichteren, schwereren, materielleren Schwingungen.

Im Buch führt das dazu, das metaphorische Bild des Paradieses als Interpretation des wenig dichten Lebensgefühls, des Zustand der inneren Haltung des „Ja" heranzuziehen. Dieses Paradies (Oben) ist nicht für immer durch die manifeste Weltlichkeit (Unten) verloren, sondern kann durch die Entdichtung, z.B. seiner Gedanken (von Ablehnung zur Versöhnung, zum „Ja" dem Leben und der Welt gegenüber) wieder- gefunden werden. Das Buch sagt uns, dass das Tor zum Paradies immer offen steht, wir mögen nur eintreten. Wir können das erfahren, in Situationen der Versöhnung mit jemand mit dem wir im Krieg standen, in der Annahme einer schweren Situation, im inneren „Ja" der Welt, dem Sein, dem Leben gegenüber. Doch da sind wir eigentlich schon beim 3. hermetischen Gesetz:

3. hermetisches Gesetz

„Gesetz der Polarität: Alles ist zweifach, alles ist polar und hat zwei Gegensätze"

In dieser Welt hat (scheinbar) alles, was erscheint, sein Gegenteil. So sprechen wir auch von einer Welt der Polarität. Wenn es Hell gibt, gibt es damit auch Dunkel. Wenn es Gut gibt, gibt es damit auch Schlecht usw. Im Buch erfahren wir dazu, dass die (scheinbaren) Gegenteile gar keine Gegenteile sind, weil sie aus dem gleichen (Nicht)Stoff gemacht sind – aus dem, was wir „Gott" nennen, aus dem Geist eben. Sie sind nur gradmäßig als Aggregatzustand unterschieden, nicht aber gegensätzlich. Durch Entdichtung kann der Aggregatzustand verändert werden und auf diese Weise das positive Potential, welches im verdichteten Zustand verborgen-, eben verdichtet war, zur Wirkung bringen.
Auf dieser Weise sind Hell und Dunkel sowie Gut und Schlecht keine Gegenteile sondern, auf geistiger Ebene dasselbe, jedoch in unterschiedlichen Verdichtungsgraden oder Aggregatzuständen.

Von dieser Gesetzmäßigkeit können wir lernen, dass es keinen Sinn hat, Gegensätzliches, oder sagen wir lieber, scheinbar Andersartiges zu bekriegen, da dieser Prozess zu immer mehr Verdichtung und Negativität führen würde. Man kann nichts loswerden oder ausrotten, man kann es nur umgekehrt in der Annahme und Wertschätzung entdichten.

Das gilt auch für persönliche Probleme. Man kann sie nicht loswerden, man kann sie nur entdichten. In jedem Problem sowie in jedem scheinbar „Andersartigen" oder „Verdichtetem" steckt ein großes Potential.

4. hermetisches Gesetz

„Alles besteht aus Schwingung"

Dieses Gesetz sollte zum Ausdruck bringen, dass sich nichts in einem Ruhezustand befindet, sondern immer in Bewegung ist.

Wir wissen ja schon aus dem Physikunterricht, dass die materiellen Dinge nur scheinbar so in Ruhe dastehen, wie der Schreibtisch auf dem ich gerade schreibe. Betrachte ich ihn in einem großen Mikroskop, sehe ich subatomare Teile kreisen und umher rasen. Es ist also schon in dem Sinn tatsächlich alles in Bewegung.
Im Text des Buches wird dieses Gesetz bestätigt, durch die Darstellung des Prinzips, dass alles, was in Aggregatzuständen eines Ur(Nicht)Stoffes ist, der Geist ist, geistige Schwingung. So ist alles, was in Erscheinung tritt, manifestierte Geistigkeit in Schwingung. Schwingung ist Bewegung, ist Leben. Die Unterschiede der Dinge sind also in unterschiedlicher Dichte und somit in unterschiedlichen Schwingungsmustern zu suchen.
Alles tritt durch Schwingung in Erscheinung. Schwingung ist Bewegung, sie steht nie. Auch in den Schwingungshöhen oder Schwingungstälern gibt es keine kleine „Pause", die Bewegung hört nie auf.

5. hermetisches Gesetz

„Alles besteht aus Rhythmus"

Im Buch erscheint das Gesetz der Rhythmik einesteils durch das Hindeuten auf den Umstand, dass einseitige Zustände für uns nicht erkennbar oder wahrnehmbar wären. Man stelle sich vor, man würde in fortwährender Glückseligkeit leben, die sich nie ändert, die immer gleichbleibt. Dadurch dass es nichts gibt, das als anders wahrgenommen werden könnte, könnte über die Zeit auch Glückseligkeit als solches nicht mehr wahrgenommen werden. Damit wir Glückseligkeit, als das was es ist, genießen können, brauchen wir die Erfahrung einer Veränderung. Wir brauchen die Erfahrung eines Lebensrhythmus. Ein Rhythmus von einem andersartigen (verdichteten) Zustand, der sich mit Glückseligkeit (entdichteten) abwechselt.

Wir brauchen also die Erfahrung eines Gegenteils, von dem wir ja inzwischen wissen, dass es kein echtes Gegenteil ist, sondern eigentlich im Wesentlichen das Gleiche, nur verdichtet. Also bewegt sich der Rhythmus des Lebens zwischen Verdichtung und Entdichtung hin und her, damit wir überhaupt unterschiedliche Zustände wahrnehmen können. Auf diese Weise können wir lernen, welcher der wesentlichere Zustand ist (der entdichtendere), und wie wir ihn immer wieder durch liebevolles Geben, Versöhnung, Vergeben, Wertschätzung, Anerkennung usw. herstellen können.
Der Rhythmus des Lebens der zwischen Verdichtung und Entdichtung hin und her gleitet, dient also dem menschlichen Wachstum, ohne den es nicht möglich wäre. Dieses Wachstum zielt auf immer weitergehende grundsätzliche Entdichtung hin, um dem Ur(Nicht)Stoff „ Gott" immer ähnlicher zu werden, und zwar bewusst.

Andererseits taucht das Gesetz der Rhythmik im Buch auf, indem auch von Schwingung die Rede ist. Denn die Schwingungsamplituden stellen, gleichgültig ob es sich um einen dichteren oder weniger dichten Aggregatzustand handelt, ebenfalls einen Rhythmus dar. Die Schwingungen zwischen Amplitudengipfeln und Amplitudentälern sind nichts anderes als schnellere oder langsamere Rhythmen. Auch in diesem Sinne können wir sagen: „Alles Leben ist Rhythmus".

6. hermetisches Gesetz

„Jede Ursache hat ihre Wirkung"

Die Tatsache, dass Wirkungen, Erscheinungen Ursachen haben und dass auch Ursachen wiederum Wirkungen anderer Ursachen sind, ist ja hienieden bekannt.

Was aber ist die Ur-Sache aller Ursachen. Das Buch gibt uns darüber Auskunft und benennt den Geist als die Ur-Sache. Der Geist wird durch das in unzählig verschiedenen Rhythmen Schwingen zur sichtbaren und unsichtbaren Welt. Die Schwingungen gehen aber überlappende Schwingungsmuster ein. D.h., dass sich Schwingungen beeinflussen. Die stärkere Schwingung hat die Tendenz, die schwächere in ihre Richtung zu verändern.

Das hat besondere Bedeutung in der Begegnung von Menschen. Ein Mensch der viele dichte, schwere Gedanken oder Gedankenmuster in sich trägt, wird vielleicht in der Begegnung andere Menschen in ihrer Stimmung „herunterziehen", während ein sehr lichter Mensch mit weniger dichten Gedanken und inneren Haltungen, allein durch die Begegnung mit anderen Menschen diese positiv beeinflussen und in ihrer „Stimmung" erhöhen wird. Das passiert auch, ohne dass gesprochen wurde, ohne das Gedanken „ausgetauscht" werden mussten, einfach nur durch In-Kontakt-Treten und das Aufeinander-Einwirken von aufeinander treffenden Schwingungsmustern.

Ursachen werden zu Wirkungen, welche wieder zu neuen Ursachen heranreifen. Dies geschieht jeweils durch die Bewegungen der Schwingungen zwischen dicht und weniger dicht. Gleichzeit ist ja alles in Bewegung, das heißt, dass dichte Schwingungen sich irgendwann wieder entdichten und entdichtete wieder dichter werden müssen. Daraus entstehen die Entwicklungen im Leben.

Nun können wir darüber hinaus aber auch ein zielgerichtetes Moment in der Schicksalsentwicklung oder in menschlichen Entwicklungs- und Wachstumsprozessen erkennen.
Wir können dieses Moment auch in der Evolution selbst entdecken.

Am Anfang war das Weltgeschehen sehr dicht, es gab nur Materie, Stein, Erde usw. Doch irgendwann entwickelte sich aus dem anorganischen das organische Leben. Dieser Umstand ist nicht allein aus Ursache- und Wirkungsketten erklärbar. Damit eine Evolution eine Richtung hat, muss eine steuernde Dynamik gegeben sein.
Es werden zwar ständig für einen neuen größeren Evolutionsschritt unzählige kleine Evolutionsschritte gesetzt, in vollkommener Sinnhaftigkeit und Logik, dennoch braucht es einen verwandelnden Impuls, der eine

Entwicklung auf eine andere Ebene heben kann. Aus diesem Umstand kann ich erkennen, dass der reine Geist durch alle entstandenen geistigen Felder (morphogenetische Felder) hindurch so auf uns einwirkt, dass zwar durch ständige „Rückfälle" immer wieder teilweise zurückgeworfen, aber doch eine ständige Entwicklung sichtbar wird, uns wieder mehr der reinen unverdichteten Geistigkeit anzunähern.

Im Wesentlichen kann man jedoch sagen, dass entdichtende (positive) Einwirkung auf andere Menschen, Leben, Natur entdichtende Wirkung nach außen sowie nach innen hat. Es bewirkt etwas Positives, Angenehmes in meinem eigenen Gefühl sowie auch im „scheinbaren" Außen. Verdichtendes Denken und Handeln hat natürlich umgekehrte Wirkung. Je mehr sich etwas in Richtung Verdichtung bewegt, umso unangenehmer fühlt es sich an und Leiden entsteht. Je mehr ich durch immer entdichterere Schwingungen mich dem reinen Geist annähre und mit ihm und somit mit Leben und Welt in Einklang komme, umso angenehmere Empfindungen erlebe ich, und das ist Glückseligkeit. Im Grunde ist das auch das Gesetz des „Karma", welches besagt, dass wenn ich leide, ich die Wurzeln selbst gesät habe, in dichtem Denken und Handeln. Oder eben umgekehrt, wenn ich Glückseligkeit empfinde und erleuchtete Zustände erlebe, habe ich die Basis in entsprechendem Denken und Handeln geschaffen, die eine fortschreitende Entdichtung von Denken und Handeln ermöglichte.

Indem ich an Verdichtetes glaube und das Illusionäre für-wahr nehme anstelle des Wesentlichen, setze ich den Samen wiederum, „neues" Illusionäres auf meinem inneren Bewusstseinsdisplay erscheinen zu lassen, da dort immer das erscheint, an was ich glaube und für-wahr halte. Es erscheint, um mir immer wieder eine Chance zu geben, das Illusionäre als Illusion erkennen zu können und dahinter meine wahre Natur, die das ist, `was wir „Gott" nennen´. Nur auf diese Weise können wir dem Lebenslabyrinth, der Illusionen, dem `Samsara´ entrinnen. Nur die Wahrheit lässt uns durch. Auch diese Zusammenhänge kann man aus dies Gesetz herauslesen.

7. hermetisches Gesetz

„Alles ist geschlechtlich"

Dieses Gesetz wurde so interpretiert, dass alles was erscheint ein
männliches oder weibliches Prinzip in sich trägt. Das wäre ähnlich dem
Gesetz der Polarität, wobei hier den Polen eine bestimmte Qualität
(männlich oder weiblich) zugeschrieben wird.
Wir erinnern uns vielleicht an die chinesische Sichtweise des Yin & Yang
(männlich und weiblich) und des dazugehörigen Symbols. Hier können wir
sehen, dass es keine rein männliche und keine rein weibliche Seite gibt,
sondern dass immer ein gewisses Maß des „Gegenteils" (eines anderen
Verdichtungsgrades) vorhanden ist, und auf diese Weise alle Dinge aus
einem bestimmten Mischungsverhältnis von männlich und weiblich
bestehen.
Wir wissen ja auch, dass wir, obwohl wir Männer sind, auch weibliche Teile
in uns haben, sowie Frauen wissen, dass sie auch männliche Teile in sich
tragen.
Fernöstliche Lehren laden uns oft zu der Sichtweise ein, dass das männliche
Prinzip das des himmlischen, spirituellen (Shiva, Gottvater) sei und das
weibliche Prinzip das der Erde (Shakti, Muttererde, Gaya). Doch diese
Lehren sagen uns auch, dass der Mensch sein Menschsein erst richtig
verwirklicht, wenn Himmel und Erde - also männliches und weibliches
Prinzip – in ihm im rechten Maß zusammenkommen.
Wenn wir das männliche Prinzip also nach „Oben" verlagern und das
weibliche Prinzip nach „Unten" wären wir wieder beim 1. hermetischen
Gesetz: „wie oben so unten". Das was „Oben" (bei Gott) ist, soll nach
„Unten"(auf die Erde) kommen oder: Das Königreich Gottes ist inwendig, um
sich auf der Erde durch die Menschen entfalten zu können.

Wir sehen hierbei einmal mehr, dass die hermetischen Gesetze nicht
abgetrennte oder auf sich aufbauende Kapitel sind, sondern ein Hologramm
des Ineinander-verwoben-Seins, wobei in jedem einzelnen Gesetz Facetten
aller andern vorhanden sind.
Die bisherige Interpretation des 7. Gesetzes ist bislang eine eher
Oberflächlichere. Wie ich auch bei den anderen Gesetzmäßigkeiten erst
versucht habe, das Gesetz zunächst von einer oberflächlicheren Ebene zu

beleuchten, um dann tiefer zu gehen. Das ist dann meist die Ebene, die auch im Buch beschrieben ist.

Auf einer tieferen Ebene geht es, meines Erachtens, bei diesem Gesetz gar nicht primär um Geschlechtlichkeit, (vielleicht ein Übersetzungsfehler der sich im Laufe der Jahrtausende eingeschlichen hat), sondern um Trennung. Die Einheit des reinen Geistes, das was wir „Gott" nennen, trennt sich um in Erscheinung zu treten zuerst einmal aus der Einheit in die Polarität. So wie wir es aus der Taoistischen Philosophie kennen: „Am Anfang war der große Sinn, aus dem entstanden Yin & Yang und aus diesem die Zehntausend Dinge (alles andere)."

Das Wesentliche dabei ist dabei für mich, nicht so sehr die geschlechtliche Qualität (Yin & Yang), sondern dass, wenn etwas z.B. auf der Erde in Erscheinung treten will, eine „scheinbare" Trennung stattfinden muss. Wenn wir auf die Welt kommen, kommen wir aus der Einheit. Aus der Einheit, die wir spätestens am Ende der symbiotischen Kindheitsphase verlieren, und uns in der sogenannten analen Kindheitsphase (Trotzphase) gänzlich als abgetrenntes Wesen wiederfinden und uns fortan als Bub oder Mädchen immer mehr mit unserem Geschlecht identifizieren.

Wir sind, bildlich gesprochen, mit der Trennung aus der Einheit aus dem Paradies gefallen. Wir sind dies, um das Paradies im Bewussten wiederzufinden. Das Paradies finden wir wieder, wenn wir das Gefühl der Trennung entdichten, um wieder die Einheit zu erkennen, die wir auch durch die Menschwerdung nicht wirklich verlassen haben.

Der allumfassende Geist, das „was wir Gott nennen", trennt sich nicht auf, es bleibt immer eine Einheit, auch wenn sich Teile davon verdichten und Leben und Welten in Erscheinung bringen. Der Geist bleibt immer ganz und Einheit. Wir sind im Grunde keine abgetrennten Körpereinheiten, wir sind mehr als Brüder und Schwestern - wir sind Eins. Wir sind zusammen mit dem allumfassenden Geist ein Körper, eine Seele, ein Geist.

So gesehenen, spielen sich alle verdichtenden oder entdichtenden Aktionen immer innerhalb einer einzigen Einheit ab, womit klar wird, dass alles, was wir anderen tun, wir auch uns tun (siehe 6. hermetisches Gesetz).

Wir gehen hier auf der Welt also in eine scheinbare Trennung, um hier die Gelegenheit zu haben, die Trennung wieder aufzulösen und zwar diesmal bewusst und inkarniert im Weltlichen.

Wie kann man die Trennung wieder aufheben? Vom mehr Körperlichen her kann man es in der Vereinigung von Mann und Frau. In der sexuellen Verschmelzung entsteht ein Gefühl des Einsseins. Die Geschlechtlichkeit bietet also einen Weg der Auflösung der Getrenntheit, zumindest bis zu einem bestimmten Grad. Dieser Weg deutet jedoch auf einen weiteren, tiefergehenden: Indem ich alle Gegensätzlichkeiten in mir vereine, den ständigen Lebenskampf der Polarität in meinem Herzen damit in Frieden bringe, entschleiert sich mein Blick für die Einheit mit Jedem und Allem sowie mit dem großen, allumfassenden Geist, der niemals getrennt war.

Ich glaube, es ist deutlich geworden, wie sehr das Buch „Wir sind das, was wir „Gott" nennen" eine tiefere Interpretation und Deutung der hermetischen Gesetze darstellt, als sie bislang zugänglich war.
Ich erlebe diese hermetischen Gesetze als den Schlüssel zum Verständnis von Leben, Schicksal und Sterben sowie als eine Anleitung zum Glückseligsein. Ich möchte Sie hiermit herzlich einladen, das Buch auch für sich als Anleitung zur Glückseligkeit zu nutzen.

Die Entstehung und Lösung der Schuld

Systemische Gesetzmäßigkeiten und das Phänomen „Schuld"

Das Phänomen „Schuld" ist sicherlich der Hemmschuh Nr. 1, uns selbst anzunehmen wie wir sind und uns unseren vollen Selbstwert zuzugestehen. In der systemischen Arbeit und der Arbeit mit dem Familienstellen geht es sogar mitunter nicht nur um individuelle Schuld. Wir begegnen dort auch den systemischen Verstrickungen, die meines Erachtens nur aufgrund innerer Schuld entstehen können (denn sie dienen so dem Ausgleich dieser Schuld) und führen dazu, mir selbst, dem Anderen und auch dem Leben immer mehr schuldig zu bleiben.

Mir sind Parallelen aufgefallen zwischen dem systemischen Denken und dem ganz universellen Entstehen des Phänomens „Schuld", die ich hier schildern möchte und die uns vielleicht einen Schritt näher an das Verstehen des Phänomens „Schuld" bringen könnten.
Ich möchte zuerst einmal das „Grundgerüst", wie Verstrickungen entstehen und wie sie gelöst werden können, aus meiner Sicht schildern. Das dürfte zwar für alle Aufsteller Allgemeingut sein, doch möchte ich dann diese Zusammenhänge auf das essentielle Entstehen von „Schuld" übertragen. Dies wiederum sollte ein Erklärungsmodell bieten für die Frage, wie Verstrickungen, auch in einem spirituellen Kontext, überhaupt entstehen können.

Schauen wir uns also zuerst einmal die Gesetzmäßigkeiten an, die uns die Arbeit mit dem Familiensystem gezeigt hat.

In der Arbeit mit dem Familienstellen oder in jeglichen Systemaufstellungen überhaupt konnten wir sehen, dass sich jedes System verhält wie eine Homöostase, auch Fließgleichgewicht genannt.
Der Begriff der Homöostase wird in Wikipedia folgendermaßen definiert:
Homöostase (altgriechisch ὁμοιοστάσις homoiostásis „Gleichstand") bezeichnet die Aufrechterhaltung eines Gleichgewichtszustandes eines offenen dynamischen Systems durch einen internen regelnden Prozess. Sie ist damit ein Spezialfall der Selbstregulation von Systemen. Der Begriff wird in zahlreichen Disziplinen wie zum Beispiel in der Physik, Chemie, Biologie,

Ökologie, in den Wirtschaftswissenschaften, der Soziologie, der Psychologie, der Medizin oder in der Rechtswissenschaft angewendet.

Die Homöostase muss immer in Balance, d.h. ausgeglichen und vollständig sein. Ist sie es nicht, weil sie durch irgendein Ereignis in ein Ungleichgewicht gebracht wurde, gleicht sie sich durch eine systemimmanente Balancedynamik wieder aus.

Das, was die Homöostase in einem Familiensystem ins Ungleichgewicht bringen kann, sind beispielsweise schwere Schicksalsschläge oder Personen oder Situationen, die keinen Platz bekommen haben und somit ausgeklammert sind. Dadurch ist die Vollständigkeit der „Einheit" des Systems gestört. Das Familiensystem stellt die Homöostase dadurch wieder her, dass ein Familienmitglied meist späterer Generation ein Symptom entwickelt. Das Symptom ist nun Repräsentant dessen, was im System keinen Platz bekommen hat und stellt auf diese Weise die Vollständigkeit wieder her. Das Symptom kann in seiner Symptomsprache an das, was im Familiensystem nicht gesehen oder gewollt ist, erinnern. In der Art und Weise, wie sich das Symptom zeigt oder in dem, was es bewirkt, weist es oft auf das hin, was im System fehlt und integriert werden will. So kann das Hervorstoßen obszöner Worte in einem Tourette Syndrom der Versuch sein einen Todesschrei auszustoßen, der jedoch im wahrsten Sinne des Wortes jemandem im Halse steckenblieb. Die obszönen Ausdrücke können Hinweis sein auf das sexuelle Thema, in der sich diese „nicht gesehene" Geschichte ereignet hat (dies Beispiel stammt aus einer Supervisionssitzung Bert Hellingers mit einer Klientin von mir, nachzulesen in dem Buch „Ordnungen des Helfens" von Bert Hellinger, sowie zu sehen im gleichnamigen Video).

Wenn die Homöostase in einem aus der „Ordnung" geratenen Mehrgenertions-familiensystem dadurch ausgeglichen wird, indem jemand ein Symptom trägt, nennen wir dies „Ausgleich im Negativen". Der „Augleich im Positiven" wäre dagegen, wenn jemand im Angesicht des Schicksals enes Anderen sein Leben und seine Potentiale voll und ganz annimmt und lebt. Ein wundervoller Lösungssatz dazu stammt von Bert Hellinger, den ein Klient (oder ein Repräsentant eines Klienten) gegenüber einem Familienmiglied, mit dem er verstrickt war, äußert: „ ...jetzt gehe ich in mein eigenes Leben und mache etwas Gutes daraus, auch Dir zur Ehre und zum

Andenken". Wird dieser Satz im Inneren vollzogen, erkennt der Sprecher, dass...

1. meine Verstrickung weder dem andern noch mir hilft.
2. die Verstrickung keine Not wendet, sondern im Gegenteil noch mehrt, weil sich ja der Klient dadurch dasselbe oder ein ähnliches Schicksal wählt.
3. sie eine Anmaßung dem anderen Menschen sowie dem Schicksal gegenüber darstellt.
4. derjenige sich verstrickt, indem er unbewusst für den anderen etwas tragen will, diesem etwas wegnimmt, das dieser zu seiner Entwicklung und seinem Wachstum braucht. Jeder kann nur mit seinem eigenen Schicksal umgehen.
5. derjenige, der sich verstrickt, sein eigenes Leben und sein eignes Schicksal nicht nimmt.

Im Vollzug der oben genannten Lösungssätze jedoch wendet sich der Klient aus dem Schicksal und den Angelegenheiten eines Anderen heraus und seinem eigenen zu, im Idealfall ohne Schuldgefühle, da ich ja sehe, dass das für beide eine viel bessere Lösung ist, als Teil einer endlosen Kette von Verstrickungen zu sein.

Wir können also beim Familienstellen beobachten, dass ein Späterer für jemand Früheren eine Last auf sich nimmt oder ihm ähnlich wird, um ihm (vermeintlich) zu helfen, oder an ihn zu erinnern. Innerlich wirkt dabei eine Art „blindes Gewissen", wie wir es nennen, das dem, der sich verstrickt nahelegt, diesen Ausgleich im Negativen zu machen. Er wird dabei quasi Sklave der Homöostase, die über ihn einen Ausgleich sucht und der ihm eine Last, eine Krankheit z.B, manchmal bis zur bitteren Neige tragen lässt. Um aus diesem unbewussten Computerprogramm der Verstrickung in den Bereich des positiven Ausgleichs zu gelangen, muss eine Stufe der Bewusstwerdung genommen werden. Die Systemaufstellung ist die Hilfestellung, um diese Stufe zu nehmen. Durch den inneren Vollzug wird die Verstrickung aufgelöst und die oben genannten Punkte 1 - 5 werden mehr oder weniger bewusst. Mit dieser Bewusstwerdung entsteht eine viel größere Möglichkeit der Selbst- Gestaltung des Lebens.

Wenn der Ausgleich im Negativen doch so unsinnig und zerstörerisch ist, warum wird er doch unbewusst von Menschen gewählt? Man könnte natürlich sagen, damit sich der Mensch bewusst zum Leben entscheiden kann, braucht er eine Alternative. Doch wenn all diese Verstrickung so unbewusst und durch das „blinde Gewissen" so ferngesteuert abläuft, wo hat man da eine Entscheidungsmöglichkeit?

So denke ich, dass man in den essenziellen Urgrund des Seins vorstoßen muss, um zu ergründen, warum Menschen unbewusst versuchen wollen, ein Schicksal zu tragen, das ihnen Lebensqualität und Gesundheit raubt. Auch überdies hinaus können wir beobachten, dass wir Menschen das Leiden geradezu suchen, immense Kraft aufwenden, Teile des Selbst massiv zu unterdrücken und man sich aufgrund innerer, unbewusster Werte selbst den Selbstwert vorenthält, den man sich zuweisen könnte.

Theoretisch wäre ja alles ganz einfach, man nimmt sich selbst einfach an, wie man ist, denn außer den inneren Werten und Maximen könnte einem nichts davon abhalten, das zu tun. So könnten wir uns den vollen Selbstwert zuweisen und verantwortungs- und liebevoll mit uns und anderen umgehen. Wir könnten „Ja" sagen zum Leben, wie es ist und ohne Schuldgefühle genießen. Doch etwas scheint uns zu hindern, denn wir kreieren immer wieder Angst, Schuld und Leid. Wenn wir uns noch einmal das Bild der Homöostase in Systemen vergegenwärtigen, könnte man auf die Idee kommen, dass all das Leid, das wir ja offensichtlich durch innere Interpretation der Dinge kreieren, ein Ausgleich im Negativen darstellt. Nur… was muss hier ausgeglichen werden?

Werfen wir dabei einmal einen Blick auf eine anderes homöostatisches System, nämlich unser körperliches, geistiges und seelisches Gleichgewicht und die Regulation von „Krankheit" und Gesundheit. Man könnte sehen, dass das, was wir „Krankheit" nennen, nicht die wahre Krankheit ist. Denn wenn man genau hinschaut, erkennt man, dass die „Krankheit", die die Körper-, Geistes- und Seeleneinheit kreiert, nur ein Versuch ist, die nötige Homöostase trotz einer „Störung" des Systems wiederherzustellen. Die wahre „Störung" oder Krankheit muss also wo anders liegen und das, was wir Krankheit oder ein „Symptom" nennen, ist nur der Versuch eines

Ausgleichs, eines Ausgleichs im Negativen also. Doch was ist dann die wahre Unbalance, die wahre „Krankheit"?

Ein Spruch Lao Tzes hat mir jedoch geholfen zu verstehen, wo die wahre Krankheit liegt. Im Tao Te Ching heißt es in Spruch 18:
„*Geht der große Sinn zugrunde, so gibt es Sittlichkeit und Pflicht. Kommen Klugheit und Wissen auf, so gibt es die großen Lügen. Werden die Verwandten uneins, so gibt es Kindespflicht und Liebe. Geraten die Staaten in Verwirrung, so gibt es die treuen Beamten.*" (Übersetzung: Richard Wilhelm)

Die wahre „Abweichung", „Unbalance", das an dem wir wirklich kranken ist also, dass uns der große Sinn verloren geht und wir nun Ersatz (Ausgleich) suchen in künstlichen Gesetzen und Moral. So sind es also innere Haltungen, die unser inneres Gleichgewicht stören. Innere Haltungen, die z.B. der Buddhismus mit Unwissenheit oder Verblendung bezeichnet. Wir sehen also nicht klar, halten uns an Illusionen fest, sind zu egozentrisch, verpuffen damit zu viel Lebensenergie und können unsere innere Körper-, Geistes- und Seeleneinheit nicht in Balance halten. Die Folge ist, dass ein Ungleichgewicht in der Homöostase durch ein Symptom ausgeglichen werden muss, um die Lebensfähigkeit des ganzen Organismus zu erhalten. Erst wenn das Symptom den Ausgleich nicht mehr erwirken kann, kommt es zu lebensbedrohlichen Situationen.
Die Lösung wäre hier, Klarheit über „den Sinn des Lebens" zu erlangen, um, wie man sagt, „zu seiner Mitte" (Balance) zu finden. Z.B., um zur Erkenntnis zu gelangen, dass es sinnvoller ist, im rechten Maß anderen zu dienen, als egozentrisch zu leben und illusorischen Zielen nachzujagen. Doch auch hier stellt sich die Frage, „wieso geraten wir so leicht in diese Unbalance und können unsere Mitte und somit z.B. unsere Selbstannahme so schwer halten?" Nach meinem Bild ist das Entstehen des menschlichen Lebens mit einer enormen Unbalance der gesamten Homöostase unseres Seins hier auf der Erde verbunden, die nun ständig unbewusst nach einem Ausgleich sucht. Unsere Aufgabe dabei ist, zu wählen zwischen dem Ausgleich im Negativen oder den Ausgleich im Positiven.

Was war nun dieser „Big Bang" unseres Seins hier auf der Erde, der zu einer solchen Unbalance in unserem Inneren geführt hat?

Wenn wir uns mit der spirituellen Entwicklung unseres Lebens befassen und damit fast automatisch bei den mystischen Zugangswegen aller Kulturen landen, so ist bei allen Richtungen, sei es Hermetik, Zen-Buddhismus, Taoismus, der Mystik der Sufis und Hindus sowie in der christlichen Mystik eine Gemeinsamkeit zu sehen. Vor oder besser jenseits unserer Zeit und der Welt der Erscheinungen ist eine allumfassende Einheit zu postulieren, die alles Existierende und alle Möglichkeiten einschließt. Wir mögen dies als unseren Urgrund sehen. Dies spiegelt sich wieder in dem hermetischen und buddhistischen Wissen, in dem alles Existierende sowie der Bereich der Möglichkeiten ein geistiger Bereich ist.

Das Alte Testament beschreibt dieses Stadium des „alles ist eins, ist Geist" schlicht als „Paradies". Ein Paradies, das wir verlassen mussten, weil wir angeblich einen "Fehler" gemacht haben und des Paradieses nicht mehr wert und würdig waren. Doch anstelle eine Wertung in diese „Paradiesgeschichte" zu bringen, könnten wir auch sehen, dass der „Fall" aus dem Paradies einfach nur das war: Sich selbst als getrennt vom allumfassenden Einen zu erkennen. Sich selbst als eigenständig und abgetrennt vom allumfassenden Einen zu sehen mag zwar Illusion sein, weil die Welt der Erscheinungen „dahinter" immer noch das allumfassende Eine, Geistige geblieben ist, aber andererseits kann nichts entstehen, wenn es sich nicht vom allumfassenden Einen absetzt. So könnten wir den „Fall" aus dem „Paradies" einfach als Abspaltung in die Welt des Getrenntseins und der Dualität bezeichnen. Unsere Wirklichkeit in der Welt der Erscheinungen wäre nur eine relative, während die der absoluten Wahrheit im allumfassenden Geistigen liegt.

Nun ist es, wie es sich mir zeigt, gerade dieser „Fall" aus der Einheit in die Getrenntheit, welcher die kollektive Homöostase unseres Menschseins sehr aus der Balance bringt, da wir tief unbewusst diesen „Fall" (fast so wie uns das mit dem Begriff der „Erbsünde" glaubhaft gemacht werden sollte), als schuldhaft erleben. Und tatsächlich sind wir uns durch unseren Glauben an die duale Welt die Einheit schuldig geblieben. Ich verwende hier allerdings den Begriff Schuld einfach als Funktion, an die keinerlei moralische Werte geknüpft sind. Eben wie in der Funktion des sogenannten „Blinden Gewissens" in der familiensystemischen Homöostase. Der „Fall" aus der Einheit wird innerlich als ein „Mangel" empfunden, welcher uns nun ständig antreibt, diesen Mangel wieder auszugleichen, um der „Einheit" wieder würdig zu werden. Im Zuge dessen wird eine Möglichkeit, die „Schuld" zu sühnen gesucht. Und diese bringt uns neben anderen „Sühneformen", die wir kreiert haben, dazu, uns systemisch zu verstricken und eine Last auf uns zu nehmen, um am Leid oder „Unglück" unser „Vergehen" zu sühnen. Gleichzeitig mag, obwohl wir als aufgeklärte Menschen nicht mehr an die Erbsünde glauben, sie doch noch als archaisches Feld da sein und auf uns wirken.

Obwohl das im christlichen Kulturkreis durchaus auch eine Rolle spielen kann, betrifft meine Schichtweise jedoch jeden Menschen. Es betrifft jeden Menschen, der einen Ausgleich im Negativen sucht, in dem er sich nicht voll annimmt, wie er ist und Leiden oder Verstrickung kreiert, um zu sühnen. Doch, genau wie bei der Verstrickung im Familiensystem, ist der Ausgleich im Negativen nicht die einzige Alternative der „Not-wenigkeit". Der Ausgleich im Positiven wäre hier, die Einheit alles Existierenden wieder zu erkennen und die untrennbare Eingebundenheit in alles und mit allem. Dieses Erkennen als innerer Vollzug würde zu einem reiferen Leben führen, zu Demut, Sozialität, Solidarität, Selbstverantwortung, Selbstannahme, Selbstsicherheit und vielen anderen positiven Aspekten mehr, kurz, zu dieser inneren Mitte, von der ich weiter oben sprach. Ein Bewusstseinsquantensprung kann uns also aus dem Ausgleich im Negativen zum Ausgleich im Positiven führen und weist vielleicht auf eine Aufstellungsarbeit, die auch diese wesentlichen, spirituellen und archaischen Aspekte mit im Blick hat.

Wie es weiterging –

Ein Nachwort zur zweiten überarbeiteten Version

Auch wenn ich in den „Gedanken zum Buch" geschrieben habe, man sollte nicht wieder ein System, ein Evangelium aus dem Inhalt des Buches machen, hat es mich natürlich in meiner psychotherapeutischen Arbeit inspiriert. Der Inhalt ist natürlich auch als innere Haltung in meine Arbeit eingeflossen und führte im Laufe der Jahre dazu, mir zu zeigen, was den Dreh- und Angelpunkt menschlichen Leidens, menschlicher Probleme sowie auch menschlicher Entwicklung und Wachstum darstellt. Sowie ich daraus auch gleichzeitig eine methodische Hilfestellung entwickeln konnte, Probleme und Leiden in Entwicklung und Wachstum zu entdichten, soweit der einzelne Klient eben damit gehen will (wie groß also seine Bereitschaft zur Verwandlung ist).

Dieser Dreh- und Angelpunkt zeigte sich mir als die innere Spaltung, der wir alle in unserem Menschsein unterliegen. Kurz nachdem wir auf die Welt kommen, trennen wir uns teilweise von unserem wahren Wesen und bilden dem gegenüber einen zweiten inneren Teil, der aus dem besteht, was wir alles gelernt in uns zu Mustern festgemacht haben, was zu inneren Moralsätzen - zu Ego und Gewissen geworden ist. So leben wir mit zwei Teilen, zwei Versionen von uns mit uns. Ein Teil ist das ganz und gar Ursprüngliche in uns, das wir in seiner Essenz mit auf die Welt gebracht haben, es vertritt die entdichtete geistige Welt in uns, die dadurch in uns gegenwärtig ist. Der andere Teil ist mehr oder weniger das angst- und vernunftmäßig gesteuerte Ego in uns. Beide Teile interagieren nun in uns. Aus dieser inneren Interaktion erschaffen wir alles in unserer scheinbaren „äußeren" Situation. Diese innere Interaktion könnte liebevoll sein, ist aber oft kämpferisch und dem ursprünglichen Teil in uns gegenüber, aus Angst vor der innewohnenden Lebendigkeit dieses Teils, unterdrückend. Ist dies der Fall, ist auch die äußere Situation von Kampf geprägt. Die Impulse und Inspirationen, die durch unser ursprüngliches Selbst in uns kommen und durch das rigide Abblocken des anderen Teils nicht umgesetzt werden können, verdichten und daraus werden „Schattenanteile" der Persönlichkeit, innere Blockaden, Boykottprogramme und Trotz beispielsweise. Doch unsere Lebensaufgabe ist es, beide Teile wieder innerlich zu versöhnen, um nun liebevoll mit sich selbst umgehen zu können. Auf diese Weise verändert sich auch die äußere Lebenssituation. Und in der inneren Versöhnung mit sich selbst kann alles das eintreten, von dem wir in diesem Buch gesprochen haben. Durch die Versöhnung der inneren Spaltung kommen wir auf den Weg, uns selbst als das zu erfahren, `was wir „Gott" nennen`. Wir können das Paradies der Einheit mit allem erfahren, das wir nach dem auf-die-Welt-Kommen aufgrund der inneren Spaltung verloren haben, doch jetzt in vollem Bewusstsein. Das scheint unsere Lebensaufgabe zu sein und auch unserer Erfüllung. Für diesen Prozess der inneren Versöhnung brauchen wir aber auch all die Hindernisse, welche in unserem Leben und aufgrund der inneren Spaltung auftreten.

Ich habe all die Gesetzmäßigkeiten und Zusammenhänge, die mir in diesem Buch geschenkt wurden mit verschiedenen Methoden wie Gestalttherapie, Transaktionsanalyse und Systemaufstellung verbunden und heraus kam dieser methodischer Ansatz der Versöhnung der inneren Spaltung als Möglichkeit, Menschen in ihre innere Spaltung zu führen und ihnen ein Angebot der inneren Versöhnung zu machen. Gleichzeitig werden dabei die Zusammenhänge zwischen dem inneren Umgang mit sich selbst und der scheinbar äußeren Situation bewusst.

Ich habe all dies, was mit dieser Thematik zu tun hat, in dem Buch „Sich selbst lieben lernen" dargelegt. Desweiteren gibt es eine gleichnamige Dokumentation über meine Arbeit (auf YouTube oder kostenfrei bei mir als DVD zu beziehen). Das Buch kann man durchaus als Fortsetzung und Konkretisierung dieses Werks ansehen.

Literaturhinweise

[1] Rainer Maria Rilke   Duineser Elegien/Die Sonette an Orpheus,
Frankfurt a. M. 1996

[2] Laotse   Tao Te King,Übersetzung: Richard Wilhelm,
Köln 1978

[3] Franz Kafka   Zitiert aus Deepak Chopra, Die Quelle von Wohlstand
und Glück, Berlin 2005

[4] Oscar Ichazo   The Aria Psycho-Catakyzers/Holy Ideas/Mind
Catalyers, New York 1972

[5] Das Neue Testament, Matthäus 10:39

[6] Das Herz Sutra ist eine alte buddhistische Lehrrede, ich habe mich einer
Übersetzung bedient wie sie von „Lotus Sangha of World Sozial Buddhism",
Hawai verwendet wird.
Im Original heißt die Schrift: „Prajna Paramita Hrdaya Sutra". Hilfreiche
Kommentare dazu:
Dalai Lama   Der buddhistische Weg zum Glück, Frankfurt
a.M. 2004
Osho   Das Herz Sutra, Wien 1994

[7] Carlos Castaneda   Zitiert aus Deepak Chopra, Die Quelle von
Wohlstand und Glück, Berlin 2005

[8] Platon   Das Höhlengleichnis, Frankfurt a. M. 2009

[9] Zum Thema Erziehungs- und Bindungswissenschaften sei Ihnen die Literatur von Margaret S.Mahler, Donald Woods Winnicott, John Bolwby, Mary Airsworths und Karl H. Brisch empfohlen

[10] Zum Thema Urvertrauen sei Ihnen folgendes Buch sehr ans Herz gelegt: A.H. Almaas   Facetten der Einheit, Bielefeld 2004

[11] Hermann Hesse   Klein & Wagner, Frankfurt a. M. 1973

[12] Laotse   Tao Te King, Übersetzung: Richard Wilhelm, Köln 1978

[13] „Triffst Du Buddha unterwegs " ist ein alter buddhistischer Zen-Spruch, siehe dazu auch Sheldon B. Kopp   Triffst Du Buddha unterwegs, Köln 1976

[14] Siehe Literaturhinweis Nr. 7

[15] Jürgen Linnewedel   Meister Eckharts Mystik, Stuttgart 1983

[16] Siehe 1

[17] Siehe 2

[18] Siehe 3

[19] Fritz Riemann   Grundformen der Angst, München 1961

[20] Siehe dazu: Rosina Sonnenschmidt Miasmen und Kultur, Berlin 2007

[21] Anonym   Das Kybalion, Hamburg 2009

[22] Peter Gienow   Miasmatische Schriftenreihe Nr. 1, Die hermetischen Gesetze als Grundlage der Homöopathie, Bargfeld 2006

Hinweisen möchte ich auch auf erstaunliche Übereinstimmungen mit den Inhalten des Buches der Neuinterpretation der Verse des Neuen Testaments von Paramahansa Yogananda.

Siehe dazu: Paramahansa Yogananda, The second coming of christ, Los Angeles 2008

Paramahansa Yogananda, Der Yoga Jesu, Los Angeles 2009

Autor

Konrad Pinegger, geboren 1959, ist Vater von 3 Kindern und lebt im oberbayerischen Wonneberg. Er ist Psychotherapeut für Kinder & Jugendliche und arbeitet in freier Praxis, sowie an einer Beratungsstelle für Eltern, Kinder und Jugendliche. Er ist darüber hinaus als Supervisor, sowie im Aus-, Fort-, und Weiterbildungsbereich tätig. Er bietet alleine oder in Zusammenarbeit mit Kollegen eine Vielzahl von Gruppen an. Der Autor arbeitet mit einer selbstentwickelten Methode, deren Basis die Systemaufstellung (Familienstellen) darstellt. In den letzten zwei Jahrzehnten war der Autor mit der Erforschung, Praxis und Weitergabe der Gesetzmäßigkeiten des systemischen Arbeitens im Zusammenhang mit den allgemeinen Gesetzmäßigkeiten des Lebens beschäftigt. Besonders der Thematik der Transformation von Angst und Schuld widmete er seine Aufmerksamkeit, welche er als Grundbausteine menschlichen Leides sieht. Schon sein Erstlingswerk (1989) „Das Paradies ist ein Zustand, sich selbst und die Welt ohne Angst zu sehen", behandelt eine Form des Umgangs mit Gefühlen von Angst und Schuld in Beratungsgesprächen, um diese zur Erweckung von Entwicklungspotentialen zu nützen.

Pinegger studierte Sozialpädagogik und hat Ausbildungen in Bioenergtik und Gestalttherapie, Familientherapie, sowie systemisch Phänomenologischer Therapie absolviert.

Besonders die Erkenntnisse aus dem Familienstellen, aber auch aus der intensiven Beschäftigung mit Physik, Philosophie und Mystik gaben viel Antworten, warfen aber auch neue Fragen auf. Bis in einem Zustand eigener großer Angst und Verzweiflung innerlich eine Stimme anklopfte, deren Botschaft der Verfasser aufschrieb und in diesem Buch allen Menschen zugänglich macht, die sich von ihr angesprochen fühlen und „verwandeln" lassen wollen.

Buchempfehlung

Der verborgene Tempel: Eine Innenreise von der Spaltung zur Einheit – Gebundene Ausgabe

„Je mehr wir uns verhüllen, desto größer wird unser Schatten."

Zum Miterfahren und Miterleben lädt dieses außergewöhnliche Buch ein, zur Teilnahme an einer Reise, bei der sich reiche Erkenntnisse gewinnen lassen.

Was hindert Menschen an einem erfüllten Leben? Was erzeugt Selbstwertprobleme, Konflikte und Krisen?

Drei verschiedene Wege führen zum „verborgenen Tempel" und so zur Überwindung der inneren und äußeren Spaltung und zur Harmonie mit sich selbst und der Welt. Der erste Weg ist eine Lebensgeschichte: Sowohl realistisch als auch symbolisch geht sie durch dramatische Wendungen, wobei sie der Leserin oder dem Leser Spielraum lässt, sich selbst in ihr zu finden. Es ist die Geschichte von einem, der in einer anderen Welt mit zerstörerischen Kräften konfrontiert ist und auf die Erde kommt, um zu lernen. Der zweite Weg sind beeindruckende Bilder von Marah Strohmeyer-Haider, die anregen, sich sinnlich mit den Fragen des Daseins auseinanderzusetzen. Schließlich dokumentiert ein Tagebuch die Stufen, auf denen der suchende Mensch immer bewusster wird, bis er so weit ist, dass er sich mit sich versöhnt. Dieser Bericht bringt psychotherapeutische und systemische Ansätze ein, fasst die Erfahrungen der Lebensreise zusammen und erklärt die Hintergründe spirituell.

So kann das Buch helfen, sich in der Welt zu orientieren. Lösungen werden möglich, um in Selbstbestimmung und Liebe zu leben. Es wird deutlich, wie nahe die Einheit liegt.

Gebundene Ausgabe: 128 Seiten
Verlag: Books on Demand; 1. Auflage (2. Februar 2017)
Sprache: Deutsch
ISBN-10: 374317832X
ISBN-13: 978-3743178328
Größe: 19,5 x 1,7 x 27,7 cm